संवैधानिक–राजनीतिक व्यवस्था

शासन प्रणाली और निर्वाचन प्रक्रिया

संवैधानिक-राजनीतिक व्यवस्था

शासन प्रणाली और निर्वाचन प्रक्रिया

जर्मनी, ब्रिटेन, फ्रांस, रूस, ऑस्ट्रेलिया, चीन, संयुक्त राज्य अमेरिका और भारत

डॉ. सुभाष काश्यप

राजकमल प्रकाशन

ISBN : 978-81-267-2926-5

मूल्य : ₹450

पहला संस्करण : 2016
दूसरा संस्करण : 2021

प्रकाशक : राजकमल प्रकाशन प्रा. लि.
1-बी, नेताजी सुभाष मार्ग, दरियागंज
नई दिल्ली-110 002

शाखाएँ : अशोक राजपथ, साइंस कॉलेज के सामने, पटना-800 006
पहली मंजिल, दरबारी बिल्डिंग, महात्मा गांधी मार्ग, प्रयागराज-211 001
36-ए, शेक्सपियर सरणी, कोलकाता-700 017

वेबसाइट : www.rajkamalprakashan.com
ई-मेल : info@rajkamalprakashan.com

मुद्रक : बी.के. ऑफसेट
नवीन शाहदरा, दिल्ली-110 032

SAMVAIDHANIK-RAJNITIK VYAVASTHA
Shasan Pranali Aur Nirvachan Prakriya
by Subash Kashyap

भूमिका

डॉ. काश्यप देश के जाने-माने संविधान विशेषज्ञ हैं। संवैधानिक व्यवस्था और विधायी प्रक्रियाओं के सम्बन्ध में उनकी टिप्पणियाँ और व्याख्याएँ गम्भीरता से पढ़ी जाती हैं और उनसे राजनीति-कर्मियों को वैचारिक खुराक मिलती है।

प्रस्तुत पुस्तक में लेखक ने आठ देशों—जर्मनी, ब्रिटेन, फ्रांस, रूस, ऑस्ट्रेलिया, चीन, संयुक्त राज्य अमेरिका और भारत की संवैधानिक व्यवस्था, शासन प्रणाली और निर्वाचन प्रक्रिया का विवेचन किया है। आज जब वैश्विक-ग्राम (ग्लोबल-विलेज) की संकल्पना सामने आई है, ऐसे में विभिन्न देशों की राजनीतिक एवं प्रशासनिक व्यवस्थाओं को जानना-समझना जरूरी हो गया है। ज्ञान और अनुभव की इस साझेदारी से विकास का नया रास्ता खुलता है तथा दृष्टिपथ (विजन) का विस्तार होता है।

यह पुस्तक न सिर्फ राजनीतिशास्त्र एवं समाज विज्ञान की उच्च कक्षाओं के छात्र-छात्राओं के लिए बल्कि राजनीति में दिलचस्पी रखनेवाले तमाम लोगों के लिए भी उपयोगी साबित होगी। मैं डॉ. सुभाष काश्यप के इस स्तुत्य प्रयास का स्वागत करता हूँ और इस कृति के लिए उन्हें हार्दिक बधाई देता हूँ।

—नीतीश कुमार
मुख्यमंत्री, बिहार

आमुख

इस पुस्तक में भारत सहित आठ प्रमुख राष्ट्रों की राजनीतिक व्यवस्था, शासन प्रणाली और निर्वाचन प्रक्रिया का एक सरल, सुगम और संक्षिप्त विवरण-विश्लेषण प्रस्तुत करने का प्रयास किया गया है। भारत के अतिरिक्त जिन देशों का अध्ययन किया गया है, वे हैं— जर्मनी, ब्रिटेन, फ्रांस, रूस, ऑस्ट्रेलिया, चीन और संयुक्त राज्य अमेरिका।

यह नितान्त आवश्यक है कि आम नागरिक अपनी स्वतंत्रताओं, अधिकारों और दायित्वों के प्रति सचेत हों और उस संवैधानिक राजनीतिक व्यवस्था के बारे में जानें जिसके अधीन वह रहते हैं और शासित होते हैं। अपनी व्यवस्था की उपलब्धियों और असफलताओं, अच्छाइयों और कमियों को पहचानने-समझने के लिए हमें विश्व के अन्य प्रमुख राष्ट्रों की व्यवस्थाओं और अनुभवों के बारे में भी जानकारी होनी चाहिए।

मैं बिहार विधान परिषद् का आभारी हूँ क्योंकि उन्हीं के आग्रह पर और सक्रिय सहयोग से मैंने इस कृति के प्रणयन का बीड़ा उठाया। अपने शताब्दी समारोह के अवसर पर विधान परिषद् ने इस पुस्तक की कतिपय प्रतियाँ मुद्रित कराकर वितरित भी कीं।

पुस्तक का लेखन प्रारम्भ करने से पूर्व मैंने सबसे पहले यह पता करने की कोशिश की कि क्या हिन्दी में कोई इस तरह की पुस्तक पहले से ही उपलब्ध है। कुछ खोज के बाद पता चला कि ऐसी कोई पुस्तक नहीं है और उसकी कमी अनुभूत की जाती रही है। प्रस्तुत विनीत कृति इस शून्य को भरने का छोटा-सा प्रयास है। इस विषय पर मोटी-ताजी विस्तृत पुस्तक लिखना अपेक्षाकृत आसान रहता। किन्तु मेरा प्रयत्न यह रहा है कि कम से कम पृष्ठों में आवश्यक जानकारी प्रस्तुत की जा सके और विषय के विभिन्न आयामों को संक्षेप में, वस्तुनिष्ठ और सहज ढंग से, ऐसी सरल भाषा में रखा जाए

जो गैर-तकनीकी और यथासम्भव विद्वत्ता की शब्दावली के बोझ से मुक्त हो।

पुस्तक में कुल दस अध्याय हैं। प्रथम अध्याय में राजनीतिक व्यवस्था, निर्वाचन प्रणाली, राजनीतिक दल पद्धति, शासन तंत्र आदि की परिभाषाएँ, प्रकार, लक्षण, वर्गीकरण आदि को लेकर आवश्यक संकल्पनात्मक स्पष्टीकरण प्रस्तुत करने का प्रयास किया गया है। इसके बाद के सात (दो से आठ तक) अध्याय कुछ प्रमुख देशों—जर्मनी, ब्रिटेन, फ्रांस, रूस, ऑस्ट्रेलिया, संयुक्त राज्य अमेरिका और चीन—की राजनीतिक व्यवस्था के बारे में हैं। नौवाँ अध्याय—जो अपेक्षाकृत कुछ विशद है—भारत की व्यवस्था, उसके उद्‌भव, विकास और वर्तमान पर केन्द्रित है। अन्तिम (दसवाँ) अध्याय उपसंहार है, जो सुधारों की अविलम्ब आवश्यकता और रूपरेखा के बारे में कुछ विचार सामने लाता है और इस ओर इंगित करता है कि विदेशों की व्यवस्थाओं और अनुभवों से हम क्या सीख सकते हैं।

पुस्तक आम नागरिकों, विधायकों, विद्यार्थियों और साधारण पाठकों के लिए एक प्रवेशिका है। यह विद्वत्तापूर्ण विवेचन अथवा मौलिक ज्ञान देने का कोई दावा नहीं करती। इसकी पांडुलिपि तैयार करने में मुझे विभिन्न विद्वानों की कृतियों, इंटरनेट पर लेखों और स्वयं अपनी पूर्व प्रकाशित पुस्तकों से बहुत सहायता मिली है, जिसे मैं साभार स्वीकारता हूँ। जो कमियाँ या त्रुटियाँ रह गई हों, उनका पूरा उत्तरदायित्व मेरा है। सुधार के सुझावों का सदैव स्वागत होगा।

पुस्तक के बारे में कुछ शब्द लिखकर बिहार के माननीय मुख्यमंत्री श्री नीतीश कुमार ने मुझे जो सम्मान दिया, उसके लिए मैं उनका हृदय से आभारी हूँ।

पुस्तक के लिए यथेष्ट सामग्री एकत्र करने के लिए मैं अधिवक्ता अभय काश्यप का आभारी हूँ। उनके सहयोग के बिना, अन्य व्यस्तताओं के चलते, मैं यह काम नहीं कर पाता।

आशा है, पुस्तक पठनीय सिद्ध होगी और इसका व्यापक स्वागत होगा।

—सुभाष काश्यप

काश्यप चौराहा
62 सैनिक फार्म्स
नई दिल्ली-110062

अनुक्रम

1

राजनीतिक व्यवस्था

संकल्पना, स्वरूप और प्रकार

राजनीतिक व्यवस्था क्या है ? राजनीतिक व्यवस्था एक सामाजिक संस्था है जो राज्य के संचालन और जनता के साथ उसके सम्बन्धों का नियमन-निर्धारण करती है। एक देश की राजनीतिक व्यवस्था आमतौर पर उन संस्थाओं की संरचना को रेखांकित करती है जो राज्य और उसकी सरकार का निर्माण करती हैं। यह राज्य की संस्थाओं और उसके अंगों—विधायिका, कार्यपालिका और न्यायपालिका—के अन्तर्सम्बन्धों एवं उनकी कार्यप्रणाली को निर्धारित तथा आम जन से उनके सम्बन्धों को सुनिश्चित करती है। राजनीतिक व्यवस्था कुछ ऐसे मूलभूत सिद्धान्तों को रूप और आकार देती है, जिसके आधार पर राजनीति और राजनीतिक संस्थाओं का विकास होता है या देश पर शासन के लिए इन्हें संगठित किया जाता है। राजनीतिक व्यवस्था में वे तौर-तरीके भी शामिल किए जाते हैं जिनके तहत शासक चुने या नियुक्त किए जाते हैं, सरकारों का गठन होता है और राजनीतिक फैसले लिये जाते हैं। समाज में राजनीतिक संवाद और विभिन्न मसलों पर निर्णय के लिए ढाँचे व प्रक्रियाएँ सभी देश की राजनीतिक व्यवस्था में सन्निहित होती हैं।

संसार के विभिन्न भागों में अनेक प्रकार की शासन व्यवस्थाएँ प्रचलित हैं। ये व्यवस्थाएँ एक-दूसरे से काफी भिन्न हैं और यह कहना कठिन है कि कौन सी व्यवस्था ज्यादा अच्छी है। प्रत्येक देश की अपनी-अपनी पृष्ठभूमि, परिस्थितियाँ और आवश्यकताएँ हैं। जो व्यवस्था जिस देश के लिए उपयोगी हो, उसकी आवश्यकताएँ पूरी करती हो, वही उसके लिए सर्वश्रेष्ठ है।

किसी भी देश की राजनीतिक व्यवस्था का मूल ढाँचा उसके संविधान द्वारा तय किया जाता है। संविधान से ही पता चलता है कि लोगों ने अपने लिए कौन-सी और कैसी व्यवस्था अपनाई और वे किस प्रकार शासित होते हैं। राजनीतिक

व्यवस्थाओं को कई बार तरह-तरह से वर्गीकृत और श्रेणीबद्ध किया जाता है। वर्गीकरण के निम्न आधार हो सकते हैं—

1. शक्ति संरचना जिसके आधार पर पता चलता है कि कौन सी प्रमुख संस्थाएँ शामिल हैं और राजनीतिक शक्ति कहाँ केन्द्रित है।
2. शक्ति के धारकों की संख्या और उनके द्वारा शक्ति का प्रयोग।
3. शक्ति को हासिल करने का तरीका जिसके तहत शक्ति का उत्तराधिकार तथा हस्तान्तरण प्रभावी होता है और यह भी कि किस तरह जाँच-पड़ताल के तंत्र के जरिए शक्ति के दुरुपयोग को रोका जाता है। इसमें शक्ति का हस्तान्तरण स्वतंत्र और निष्पक्ष चुनाव जैसे शान्तिपूर्ण संवैधानिक तरीकों से किया जा सकता है, जैसा कि आधुनिक प्रतिनिधि लोकतंत्र में होता है। यह वंशानुगत उत्तराधिकार की व्यवस्था के तहत भी हो सकता है, जैसा कि वंशानुगत राजतंत्र में होता है। एकल पार्टी या अधिनायकवाद जैसी स्थिति में यह पार्टी के आदेश और सशस्त्र सेनाओं की शक्ति से भी हो सकता है। इसके अलावा राजनीतिक या सैन्य विद्रोह तथा क्रान्ति के जरिए भी सरकारों को उखाड़ फेंका जा सकता है।

सरकार के रूप, संघटन, कार्य और अंग सामान्यत: वहाँ अपनाई गई राजनीतिक व्यवस्था के प्रकार तथा सरकार की इकाइयों एवं राज्य के अंगों के बीच शक्तियों के वितरण की प्रकृति से सम्बन्धित होते हैं। यहाँ तक कि राज्य की प्रकृति और आकार में भी बड़ा भेद होता है। ध्यान रहे कि राष्ट्र-राज्य अपेक्षाकृत नवीनतम धारणा है। इस धारणा ने यूरोप में आकार ग्रहण किया और यू.के. एवं फ्रांस सबसे पहले राष्ट्र-राज्य के रूप में सामने आए। बाद में 19वीं शताब्दी में ही इटली और जर्मनी ने भी इसका अनुसरण किया।

राज्यों का वर्गीकरण

राष्ट्र-राज्य को दो वर्गों में बाँटा जा सकता है—एकात्मक और परिसंघीय (यूनिटरी और फेडरल) व्यवस्था के रूप में। कभी-कभी इन्हें सरकारों का एकात्मक और परिसंघीय रूप भी कहा जाता है, एक ऐसे संवैधानिक तरीके के अनुसार जिसमें सरकार की शक्तियाँ संघ या संघीय सरकार तथा राज्य या इकाई स्तर की सरकारों के बीच बँटी होती हैं।

एकात्मक व्यवस्था—एकात्मक राष्ट्र-राज्य-व्यवस्था में सभी शक्तियाँ एक केन्द्रीय सत्ता—केन्द्रीय विधायिका/सरकार—में निहित होती हैं, निचली उप-राष्ट्रीय इकाइयाँ इसके ही अधीन होती हैं और वे केवल इसके एजेंट के तौर पर कार्य करती हैं। जिन शक्तियों का प्रयोग ये इकाइयाँ करती हैं वे प्रदत्त होती हैं, जिन्हें

कभी भी वापस लिया जा सकता है। यूनाइटेड किंगडम, फ्रांस और न्यूजीलैंड एकात्मक व्यवस्था के उत्कृष्ट उदाहरण हैं, हालाँकि आयरलैंड, स्कॉटलैंड और वेल्स के क्षेत्रीय दबाव के चलते यूनाइटेड किंगडम में इधर स्थितियाँ बदलने लगी हैं और फ्रांस में भी स्थानीय इकाइयों को राज्य संचालन की पर्याप्त शक्तियाँ दी जा चुकी हैं।

परिसंघीय व्यवस्था—परिसंघात्मक राजनीतिक व्यवस्था में एक मजबूत और लिखित संविधान होता है। यह सर्वोच्च होता है और यही परिसंघीय सरकार एवं इकाइयों की सरकारों के बीच विधायिका तथा कार्यपालिका शक्तियों का स्पष्ट विभाजन करता है। सरकार के ये दोनों स्तर अपने निश्चित अधिकार क्षेत्र में अपनी निर्धारित शक्तियों का स्वतंत्र रूप से प्रयोग करते हैं। असल में एक उत्कृष्ट परम्परागत परिसंघ में परिसंघीय सरकार केवल उन्हीं शक्तियों का प्रयोग कर सकती है जो इसकी इकाइयों द्वारा सन्धि के तहत दी गई हों। साथ ही वहाँ परिसंघ और राज्यों के बीच किसी प्रकार का विवाद होने पर उसके निपटारे के लिए एक स्वतंत्र सर्वोच्च न्यायालय भी होना चाहिए।

परिसंघीय व्यवस्था में विधायिका द्विसदनीय होनी चाहिए जिसमें एक सदन आमतौर पर राज्यों या परिसंघ की विधायी इकाइयों का प्रतिनिधित्व करता है। परिसंघ और इसकी इकाइयों के बीच शक्ति का सन्तुलन अलग-अलग परिसंघों में अलग-अलग तरीकों से होता है। परिसंघीय शासन व्यवस्था में कमजोर इकाइयों और मजबूत इकाइयों के बीच अन्तर परिसंघीय सत्ता में शक्ति के केन्द्रीकरण के आधार पर होता है। ऐसा समझा जाता है कि परिसंघीय व्यवस्था विभिन्न संस्कृतियों, भाषाओं और क्षेत्रों के लोगों के बीच एकता की भावना बनाए रखती है। परिसंघ निर्माता इकाइयों की क्षेत्रीय स्वतंत्रता भी इस तरह संरक्षित होती है कि वे अपने समुदाय और क्षेत्र की विशिष्ट विशेषताओं को खोती नहीं हैं। किसी परिसंघ के निर्माण के सर्वोच्च उद्देश्यों में एक यह भी है कि सभी इकाइयाँ जनता को अधिकतम लाभ देने के लिए अपने संसाधनों को आपस में बाँट सकें। संयुक्त राज्य, कनाडा, ऑस्ट्रेलिया और ब्राजील परिसंघीय कोटि के उदाहरण हैं।

बहुस्तरीय व्यवस्था—सरकार के कुछ बहुस्तरीय मॉडल भी हैं जिन्हें बहुस्तरीय परिसंघ व्यवस्था कहा जा सकता है। यहाँ शक्तियाँ निम्न से निम्नतर स्थानीय इकाइयों तक विकेन्द्रीकृत होती हैं। यहाँ जो कुछ भी स्थानीय स्वशासन स्तर पर किया जा सकता है, वह उनके स्तर पर ही करने के लिए छोड़ दिया जाता है। गांधीवादी संवैधानिक प्रतिमान या आधुनिक सब्सीडीएरिटी सिद्धान्त के तहत ऐसा ही माना जाता है। जर्मनी और यूरोपियन यूनियन इसके उदाहरण हैं। राजनीतिक विकेन्द्रीकरण की प्रक्रिया सरकारों के नए स्तर स्थापित करती है। स्वायत्तशासी इकाइयों का निर्माण और स्थानीय स्व-सरकार की स्थापना राजनीतिक विकेन्द्रीकरण

के उदाहरण हैं। विकेन्द्रीकरण प्रशासन को जनता के अधिक निकट ले आता है और जनसहभागिता को प्रोत्साहित करता है। इस तरह यह बुनियादी लोकतंत्र के सपने को साकार करता है।

इसके अलावा कुछ मिश्रित, संकर और उभय स्वभाव वाली व्यवस्थाएँ भी होती हैं, जो न तो एकात्मक होती हैं और न ही परिसंघीय, बल्कि इनमें एक तरफ परम्परागत एकात्मक व्यवस्था की कुछ खूबियाँ होती हैं, तो दूसरी तरफ परम्परागत परिसंघीय व्यवस्था की भी कुछ विशिष्टताएँ होती हैं।

सरकारों के रूप

सरकारों के रूपों को कोटिबद्ध करके एक देश के शासन की शक्ति संरचना को सामान्य तौर पर समझा जा सकता है। चूँकि प्रत्येक देश की व्यवस्था अपने-आपमें अनूठी है, इसलिए सरकार के रूपों को कोटिबद्ध करना एक जटिल कार्य है। परिसंघीय और एकात्मक व्यवस्था से इतर, व्यापक अर्थों में इन्हें लोकतांत्रिक और सर्वाधिकारवादी प्रकारों में भी वर्गीकृत किया गया है। व्यवहार में कई सरकारें विभिन्न रूपों का मिला-जुला प्रकार भी हैं।

सत्तावादी (ऑथेरिटेरियन) रूप

इसमें सरकार का रूप चाहे जो भी हो, सभी नागरिक राज्य की शक्ति के अधीन होते हैं। सत्तावादी शब्द का प्रयोग एक ऐसे राज्य या शासन की व्याख्या के लिए किया जाता है, जो जनता की राय जाने या उसकी स्वीकृति लिये बगैर उसके विरुद्ध तानाशाही या दमनकारी नीतियाँ लागू करता है। सत्तावाद की बुनियाद मतभेद के प्रति असहनशीलता और इस पूर्वग्रह पर टिकी होती है कि शासक हमेशा सही होता है। सम्भावित सत्तावादी व्यवहार के कुछ विभेद भी होते हैं—

पूर्ण राजतंत्र (ऐब्सोल्यूट मोनार्की)—आमतौर पर राजतंत्र वंशानुगत होता है। आधुनिक समय में वंशानुगत शासकों में से कुछ राज्यों के संवैधानिक प्रमुखों के रूप में मौजूद हैं, जहाँ वास्तविक सत्ता जनता के प्रतिनिधियों के हाथ में होती है। यू.के., स्वीडन, नॉर्वे, बेल्जियम, जापान, थाइलैंड, डेनमार्क, नीदरलैंड्स, स्पेन और मोनाको आदि में ऐसा ही है। लेकिन अभी कुछ ऐसे भी राज्य हैं जो पूरी तरह राजतंत्रात्मक व्यवस्था द्वारा ही शासित हैं। पूर्ण राजतंत्र की व्यवस्था हमेशा सर्वाधिकारवादी ही होती है।

पूर्ण राजतंत्र सरकार का वह रूप है जहाँ शासक के पास देश पर शासन करने के लिए सभी शक्तियाँ होती हैं। उस पर अपने अधिकारों के सन्दर्भ में कानून की कोई बाध्यता नहीं होती और न वहाँ संगठित विपक्ष की अनुमति ही होती है। आधुनिक विश्व में सऊदी अरब, ब्रुनेई और स्वाजीलैंड सम्पूर्ण राजतंत्र के कुछ

उदाहरण हैं। जॉर्डन और मोरक्को में राजशाही के पास पर्याप्त शक्तियाँ हैं (हालाँकि वहाँ सम्पूर्ण राजशाही नहीं है)।

तानाशाही (डिक्टेटरशिप)—तानाशाही व्यवस्थाएँ हमेशा सर्वाधिकारवादी होती हैं। यह सरकार का वह रूप है, जहाँ एक सम्पूर्णतावादी या स्वेच्छाचारी शासक सभी शक्तियाँ अपने पास केन्द्रित कर लेता है। ऐसा आपातकाल या अन्य स्थितियों में हो सकता है। अक्सर तानाशाही व्यवस्था सशस्त्र सैन्य विद्रोह के जरिए शक्तियों के अपहरण के परिणामस्वरूप लागू की जाती है। लेकिन, कभी–कभी, लोकतांत्रिक पद्धति से चुनाव के जरिए सत्ता के शीर्ष पर पहुँचा कोई व्यक्ति भी तानाशाह हो जाता है। तानाशाही सभी संवैधानिक मर्यादाओं को तोड़ देती है। यह एक ऐसा शासन होता है जहाँ शासक बहुत अधिक शक्तियाँ अपने ही हाथों में केन्द्रित कर लेता है, खासतौर से निर्वाचित विधायिका की किसी प्रभावी भूमिका के बगैर कानून बनाने के अधिकार।

आधुनिक राजनीति के शब्दों में कहें तो तानाशाही स्वत: बर्बरता और दमन से भी जुड़ी होती है। एक तानाशाह और सेना के बीच गठजोड़ आम बात है, क्योंकि ज्यादातर तानाशाह सैन्य विद्रोह के जरिए ही सत्ता में आते हैं। आधुनिक काल के तानाशाहों में चाइल के ऑगस्ट मिनोशे, क्यूबा के फिदेल कास्त्रो, युगांडा के ईदी अमीन और कम्बोडिया के पोल पोट के नाम प्रमुख हैं।

सर्वाधिकारवाद (टोटलिटेरियनिज्म)—एक सर्वाधिकारवादी राज्य आमतौर पर नागरिक जीवन के व्यक्तिगत, आर्थिक और राजनीतिक यानी सभी पक्षों पर अपना नियंत्रण स्थापित करना चाहता है। अपनी तानाशाही की सकारात्मक व्याख्या के लिए बोमितो मुसोलिनी ने पहली बार सर्वाधिकारवाद शब्द का प्रयोग किया था। सर्वाधिकारवादी सरकार उन सभी गतिविधियों पर रोक लगा देती है जो शासन के लक्ष्य के विरुद्ध होते हैं। एक नई अर्थव्यवस्था की रचना के लिए यह समाज की क्रान्तिकारी पुनर्रचना के प्रति कटिबद्ध होती है जैसे कि साम्यवाद या संस्थागत जातीयता-वाद, मसलन नाजीवाद या फिर कट्टरपन्थी अतिवादी जो धर्म के जरिए मानवीय स्वभाव को ही बिलकुल बदल देना चाहते हैं, जैसे कि तालिबान। सर्वाधिकारवादी शासक खुफिया पुलिस, प्रचारतंत्र और विरोधियों के दमन के जरिए शक्तियों का प्रयोग करते हैं। सर्वाधिकारवादी समझे जानेवाले शासन के प्रमुख उदाहरण हैं—नाजी जर्मनी, फासिस्ट इटली, बाथवादी इराक, माओ के नेतृत्व वाला साम्यवादी चीन और खीमारुज के नेतृत्व वाला कम्बोडिया आदि।

सत्तावादी शासन स्तर और सम्भावना दोनों ही सन्दर्भों में सर्वाधिकारवाद से भिन्न है। सत्तावादी प्रशासन अपेक्षाकृत कम दमनकारी है और इसके पीछे सेना के सहयोग की अनिवार्यता भी नहीं होती। खासतौर से सत्तावादी व्यवस्था में सरकार के संचालन की प्रक्रिया एक अभिजात समूह के हाथ में होती है, जो सत्ता में बने

रहने के लिए दमनकारी साधनों का प्रयोग करता है। सर्वाधिकारवादी व्यवस्था के विपरीत, इसमें व्यक्ति के जीवन के सभी पक्षों पर नियंत्रण की राज्य की कोई इच्छा नहीं होती और न ही वह इसके लिए कोई वैचारिक दलील देता है। सर्वाधिकारवादी सरकार क्रान्तिधर्मी दिखना चाहती है और समाज की आधारभूत संरचना ही बदल देना चाहती है, जबकि सत्तावादी व्यवस्था दिखने में परम्परावादी होती है।

लोकतंत्र

यूनानी शब्द डेमॉस का अर्थ है—लोग या जनता और क्रेटॉस का अर्थ है—सरकार या शासन। इस तरह डेमॉक्रेसी का अर्थ होता है जनता के द्वारा सरकार। राजतंत्र या तानाशाही में एक व्यक्ति का मनमाना शासन होता है। यह गुटतंत्र (ऑलिगार्की) अथवा अभिजात तंत्र (अरिस्टोक्रेसी) के भी विरुद्ध होता है, जिनमें कुछ लोगों का शासन होता है। लोकतंत्र के बुनियादी मानक धर्म, जाति, रक्त, रंग और लिंग से मुक्त होते हैं तथा आर्थिक, शैक्षिक या व्यावसायिक पृष्ठभूमि के मानकों से भी मुक्त होते हैं। यहाँ विधि के समक्ष सभी समान होते हैं और प्रत्येक व्यक्ति स्वयं पर शासन के लिए सक्षम होता है। अपने सभी मामलों को वह उसी तरह प्रबन्धित कर सकता है जैसे कि स्वयं सही समझे। लोकतंत्र में लोग अपने स्वामी स्वयं होते हैं। उनके पास अपने शासन का अहस्तान्तरणीय अधिकार होता है। वे उसी तरह शासित होते हैं जैसे कि वे स्वयं चाहते हैं और जैसे कि वे स्वयं चुनते हैं।

लोकतंत्र एक गतिशील अवधारणा और लोकप्रिय राजनीतिक विचार है, जिसने समय के साथ विभिन्न क्षेत्रों में विभिन्न अर्थ ग्रहण किए हैं। इनमें से अधिकतर समाज में हुए परिवर्तनों और इन परिवर्तनों के परिणामों की लोकतंत्र के लिए की गई विभिन्न व्याख्याओं और विश्लेषणों से निकले हैं। किसी देश में व्यवस्था के तौर पर लोकतंत्र के सार्थक मूल्यांकन के क्रम में सबसे पहले उस देश को जानना और समझना होगा, क्योंकि अपनी संस्थागत पद्धतियों और अन्य सामाजिक, राजनीतिक एवं सांस्कृतिक आयामों में लोकतांत्रिक व्यवस्थाएँ बहुत भिन्न होती हैं। साथ ही, राष्ट्रीय सरकार के अधीनस्थ स्थानीय स्थितियों के अलावा अन्तर्राष्ट्रीय स्थितियों के प्रति सचेत रहना भी जरूरी है।

सफल लोकतंत्र का सबसे बड़ा गुण यह है कि यह शस्त्रों या बल प्रयोग के जरिए सरकार को उखाड़ने की सम्भावनाएँ मिटा देता है। यह सत्ता के संघर्ष के लिए बल प्रयोग के हिंसक प्रयास की जगह बहस, विमर्श और मतदान जैसी पद्धतियों के विकल्प प्रस्तुत करता है। यह शान्तिपूर्ण परिवर्तन और सत्ता के हस्तान्तरण की सम्भावना प्रस्तुत करता है। बन्दूक की गोली (बुलेट) की जगह यहाँ बैलेट (मतपत्र) ले लेती है। लोकतंत्र वैधानिक विरोध और विपक्ष को पुष्पित-पल्लवित होने तथा वैकल्पिक शक्ति के एक केन्द्र के तौर पर बने रहने एवं संवैधानिक एवं शान्तिपूर्ण

तरीके से सत्ता प्राप्त करने की अनुमति देता है। लेकिन लोकतंत्र एक सरकार के रूप से अधिक भी कुछ है। यह जीवन का एक तरीका है, समाज की एक व्यवस्था है, संस्कृति की एक पद्धति है, आर्थिक सम्बन्धों का एक प्रारूप है, राजनीतिक व्यवस्था का एक रूप है और शासन का एक प्रकार है।

जनता की सम्प्रभुता

परिभाषा के अनुसार, लोकतंत्र के अन्तर्गत सम्प्रभुता जनता में निहित होती है। लेकिन केवल आरम्भिक या क्रान्ति की स्थिति को छोड़कर जनता की सम्प्रभुता सूक्ष्म तौर पर एक अमूर्त स्थिति है। किसी भीड़ मात्र को जनता का पर्याय मान लिया जाए तो इससे अराजकता की स्थिति भी उत्पन्न हो सकती है। सामान्य तौर पर एक भीड़ के हाथ में सम्पूर्ण सत्ता का होना बिलकुल वैसे ही है जैसे किसी पहाड़ से पूरे वेग के साथ निकलती नदी की अथाह ऊर्जा, जो बड़े पैमाने पर विध्वंस और तबाही मचा देती है। इस ऊर्जा को उद्देश्यपूर्ण ढंग से उपयोग में लाने के लिए नदी को नियंत्रित करके दिशा देनी होती है। इसके लिए बाँध बनाने होते हैं और उत्पादित बिजली को भी नियंत्रित कर विधिवत् दिशाबद्ध एवं नियोजित करके उपयोग के लायक बनाना होता है। अव्यवस्थित और असंगठित लोगों के द्वारा प्रभुसत्ता का उपयोगी एवं सुरक्षित प्रयोग नहीं किया जा सकता। संविधान वह बाँध है जो राजनीतिक व्यवस्था के संस्थानीकरण की तथा उसे सही रूप और आकार देने की दिशा देता है। जनता को अपनी प्रभुसत्ता की शक्ति और इच्छाओं को साकार करने तथा उसकी अभिव्यक्ति के लिए राजनीतिक संस्थानों एवं उपकरणों की जरूरत होती है।

जनता अपने अहस्तान्तरणीय अधिकार का प्रयोग ऐसी राजनीतिक व्यवस्था चुनने के लिए करती है, जिससे वह अपनी आवश्यकता की पूर्ति कर सके और अपनी इच्छाओं को मूर्त रूप देने में सक्षम हो सके। जब एक राष्ट्र विदेशी दासता से मुक्त होता है तथा स्वाधीनता की ओर कदम बढ़ाता है या जब एक क्रान्ति पूरे देश पर छा जाती है या जब किसी अन्य तरीके से एक नए प्रभुसत्तासम्पन्न राज्य का उदय होता है तब लोग अपने संविधान के जरिए मूलभूत नियम तय करते हैं, जिसके तहत राज्य के विभिन्न अंगों त.। कार्यकारिणी को कुछ निश्चित अधिकार दिए जाते हैं।

एक लोकतांत्रिक व्यवस्था के अन्तर्गत वैसे तो वैधानिक प्रभुसत्ता सर्वोच्च कानून निर्माता और कानून का प्रवर्तन करनेवाले अंग के पास होती है, लेकिन इसके पीछे भी लोगों की इच्छा होती है जो कि सभी अधिकारों का परम और अन्तिम स्रोत है। यही वह अदालत है जिसके फैसले पर कोई अपील नहीं हो सकती। डायसी के अनुसार, जिस प्रभुसत्ता को कानूनविद् मान्यता देते हैं, उसके पीछे एक और प्रभुसत्ता होती है, उसके सामने वैधानिक प्रभुसत्ता को झुकना पड़ता है। वैधानिक प्रभुसत्ता बहुत लम्बे समय तक नहीं चल सकती, अगर यह जानबूझकर और

लगातार जनता की इच्छाओं का अनादर करती रहे। ऐसी स्थिति में जनता क्रान्ति के माध्यम से उस सत्ता को हटने के लिए मजबूर कर नई सरकार स्थापित कर सकती है। समयबद्ध चुनावों, स्थानीय स्वशासन, मतसंग्रह, उपक्रमण और वापस बुलाने जैसे उपायों से सरकार को जनता के प्रति सीधे जवाबदेह बनाया जा सकता है। सर्वाधिक महत्त्वपूर्ण बात यह है कि लोकतंत्र में अधिकार मनमाने ढंग से प्रयोग के लिए नहीं, बल्कि उस भूभाग के कानून के अनुसार तथा जनता के प्रति सम्पूर्ण जवाबदेही के भाव से हासिल किए जाते हैं।

लोकतंत्र के प्रकार

लोकतंत्र कोई एकल स्पष्ट अवधारणा नहीं है। वास्तव में तो लोकतंत्र के कई सिद्धान्त या प्रारूप हैं। इनमें सभी अपने को लोकप्रिय शासन के रूप में प्रस्तुत करते हैं। केवल रूप और व्यवस्था के स्तर पर ही लोकतंत्र के कई भेद नहीं हैं, मूल रूप से इसे तार्किक ठहराने के और भी कई बिलकुल भिन्न आधार हैं। लोकतंत्र के विभिन्न भेदों को बताने के लिए विभिन्न शब्दों का उपयोग किया जाता है—क्लासिक अथवा परम्परागत, सुरक्षावादी, विकासपरक, विचारपरक, जनधर्मी, निर्देशित, आधारभूत, तृणमूल आदि। पिछली शताब्दियों में लोकतांत्रिक सरकारें भी कई तरह की होती रही हैं। सम्भवत: विभिन्न लोकतांत्रिक व्यवस्थाओं में सबसे मूलभूत अन्तर शासन में जनता की सीधी भागीदारी और किसी तरह से प्रतिनिधित्व के जरिए संचालन के आधार पर किया जाता है। इस तरह लोकतंत्र के दो परस्पर विरोधी स्वरूप सामने आते हैं—प्रत्यक्ष लोकतंत्र और प्रातिनिधिक लोकतंत्र।

प्रत्यक्ष लोकतंत्र का आशय लोकतंत्र के उस स्वरूप से है जिसमें सभी नागरिक राजनीतिक निर्णय प्रक्रिया में सीधी भागीदारी करते हैं। परम्परागत रूप में प्रत्यक्ष लोकतंत्र लोगों द्वारा स्वयं पर सीधा शासन है। प्राचीन भारतीय ग्राम गणराज्यों और यूनानी नगर राज्यों में सभी नागरिक एक जगह जुटते थे और शासन के मुद्दों पर निर्णय लेते थे। इस तरह राज्य के निर्णायक मामलों में लोग अपने अधिकारों का सीधा इस्तेमाल करते थे और इस तरह की राजनीतिक व्यवस्था को प्रत्यक्ष लोकप्रिय या भागीदारी लोकतंत्र कहा जा सकता था। इस मामले में वैधानिक और राजनीतिक दोनों तरह की प्रभुसत्ता जनता में ही निहित कही जा सकती थी। लेकिन, राजनीतिक इकाइयों के आकार और जनसंख्या में क्रमिक विकास तथा खासकर आधुनिक राष्ट्र-राज्यों के उदय के साथ राज्य के मसलों पर विमर्श करके आसानी से किसी फैसले तक पहुँचने के लिए सभी लोगों का एक जगह जुटना असम्भव हो गया। साथ ही, विधि निर्माण और राज्य प्रशासन के मामले भी ज्यादा से ज्यादा जटिल होते गए। परिणामत: प्रत्यक्ष लोकतंत्र के सभी रूप दुनिया भर से जल्दी ही प्राय: लुप्त हो गए। मोटे तौर पर देखें तो एकमात्र मसला जिस पर विभिन्न देशों में लोग बड़े

पैमाने पर अपना मत देने के लिए जुटते हैं, वह उनके प्रतिनिधियों का चुनाव है। इसलिए आधुनिक लोकतंत्र की विवशता हो गई कि वह अप्रत्यक्ष प्रातिनिधिक लोकतंत्र का रूप ले और सरकार का संचालन और कानूनों का निर्माण लोगों द्वारा चुने गए प्रतिनिधियों द्वारा किया जाए।

आधुनिक राज्य संरचना में कभी-कभी ऐसा लगता है कि प्रत्यक्ष लोकतंत्र के कुछ लक्षणों का नीचे दिए गए उपायों से पुनः आविष्कार सम्भव है—

1. उपक्रमण अथवा विधि निर्माण के लिए प्रस्ताव पेश करने का जनता का अधिकार।
2. जनमत संग्रह, विधायिका द्वारा पारित किसी विधिक प्रस्ताव को स्वीकार या अस्वीकार करने का जनता का अधिकार। इसके द्वारा जनता को सरकार के विधि निर्माण पर प्रतिवेद्य का अधिकार दिया जाता है।
3. वापस बुलाना, याचिका या जनमत संग्रह के जरिए अपने प्रतिनिधियों को वापस बुलाने का जनता का अधिकार।
4. जनमत संग्रह, किसी विशेष राजनीतिक मसले पर अपनी राय व्यक्त करने का जनता का अधिकार।

स्विट्जरलैंड में स्थानीय और संघीय दोनों ही स्तरों पर उपक्रमण और जनमत संग्रह का प्रावधान है। कुछ स्विस प्रान्तों में आज भी किसी खास दिन पर स्कूल बन्द किए जाने या ब्रेड के मूल्य में वृद्धि जैसे मसलों पर फैसला जनता के वोट से किया जाता है। कुछ जगहों पर बहुत महत्त्वपूर्ण राजनीतिक मसलों पर भी जनमत संग्रह के प्रावधान हैं। कुछ देशों के संविधान में (उदाहरण के लिए फ्रांस, आयरलैंड, जापान और स्विट्जरलैंड) ऐसे प्रावधान हैं, जिनके तहत संविधान में संशोधन के लिए भी जनमत संग्रह होते हैं।

प्रातिनिधिक लोकतंत्र के पक्ष में उत्तर-औद्योगिक क्रान्ति वाले उन राष्ट्र-राज्यों में आम राय बनी, जहाँ बड़ी जनसंख्या थी। आधुनिक उदार लोकतंत्र वस्तुतः प्रातिनिधिक लोकतंत्र के महत्त्वपूर्ण उदाहरण हैं। लोकतंत्र का वह रूप प्रातिनिधिक लोकतंत्र है जहाँ मतदाता अपने हित में कार्य के लिए प्रतिनिधियों का चुनाव करते हैं। प्रतिनिधि के तौर पर व्यक्ति विशेष का चुनाव किसी विशेष क्षेत्र के कुल मतदाताओं द्वारा किया जाता है, जिसे उसका निर्वाचन क्षेत्र कहते हैं।

आधुनिक प्रातिनिधिक लोकतंत्र के कुछ प्रमुख अवयव हैं—

(क) प्रतिनिधियों को चुनने के लिए सावधि, स्वतंत्र और निष्पक्ष चुनाव।

(ख) सभी नागरिकों को अपनी पसन्द के अनुसार राजनीतिक दल बनाने या किसी राजनीतिक दल में शामिल होने की स्वतंत्रता। लोकतांत्रिक राजनीतिक व्यवस्था राजनीतिक दलों के जरिए ही संचालित की जाती है तथा चुनाव लोगों द्वारा अपने प्रतिनिधियों के चयन एवं सत्ता के एक

से दूसरे हाथों में शान्तिपूर्ण ढंग से हस्तान्तरण के लिए लड़े जाते हैं। ये दल ही शासक और शासित अर्थात् सरकार और जनता के बीच सेतु का कार्य करते हैं।

(ग) सार्वभौमिक वयस्क मताधिकार अर्थात् सभी वयस्क नागरिकों को किसी कुल, धर्म, जाति और लिंग के भेद के बगैर मत देने का अधिकार, एक पुरुष (या महिला) को एक वोट देने का अधिकार।

(घ) सभी लोकतांत्रिक व्यवस्थाएँ बहुमत के निर्णय को प्राथमिकता देने की वांछनीयता मानते हुए बहुमत की इच्छा के महत्त्व का सम्मान करती हैं, लेकिन साथ ही यह भी जरूरी है कि अल्पसंख्यकों के धार्मिक, भाषायी और उनके ऐसे ही अन्य अधिकारों को पर्याप्त संरक्षण मिले। प्रत्येक नागरिक को अपने धर्म को मानने और अपनी भाषा की रक्षा के सम्बन्ध में पूरी स्वतंत्रता होनी चाहिए।

(ङ) बिना किसी भेदभाव के सभी नागरिकों के मानवाधिकारों की रक्षा के मामलों में बराबरी।

(च) एक स्वतंत्र न्यायपालिका और विवादों के निपटारे के लिए न्यायिक तंत्र।

(छ) जनता के प्रति सीधे या उनके प्रतिनिधियों के माध्यम से जिम्मेदार और उत्तरदायी तथा उनकी चाहतों, इच्छाओं एवं आवश्यकताओं के प्रति जवाबदेह शासन।

(ज) एक संविधान या मूलभूत कानून जो राजनीतिक व्यवस्था का स्वरूप तय करता हो, राज्य के अंगों की स्थापना करता हो तथा उनकी भूमिकाओं एवं एक-दूसरे के साथ व लोगों से उनके सम्बन्धों को परिभाषित करता हो और सीमाएँ तय करता हो, उन पर जाँच-पड़ताल की प्रक्रिया तय करता हो तथा उन्हें सत्ता के मनमाने प्रयोग या दुरुपयोग से रोकता हो। प्रत्येक संविधान विधायिका, कार्यपालिका और न्यायपालिका को राज्य के मुख्य अंगों के रूप में मान्यता देता है। क्रमशः तीनों अंगों की शक्तियों और उनके बीच सम्बन्धों की प्रवृत्ति, शक्तियों की साझेदारी या विभाजन, एक-दूसरे से उनकी स्वतंत्रता की सीमाओं आदि से ही संवैधानिक प्रातिनिधिक लोकतंत्र की विभिन्न राजनीतिक व्यवस्थाओं का उदय होता है। प्रातिनिधिक लोकतंत्र के दो सर्वाधिक विशिष्ट प्रकार हैं—संसदीय और अध्यक्षीय।

संसदीय व्यवस्था

संसदीय व्यवस्था में, परिभाषा के अनुसार, संसद को सर्वोपरि माना जाता है। इसमें कार्यपालिका और विधानपालिका की शक्तियों का संगलन होता है, क्योंकि

कार्यपालिका संसद से ही निकलती है, इसका ही हिस्सा मानी जाती है और इसके प्रति जिम्मेदार रहती है। ये दोनों शक्ति के अलग-अलग केन्द्र नहीं हैं और इन दोनों के बीच विभाजन की सम्भावना नहीं होती है। वास्तव में कार्यपालिका की सभी शक्तियों का प्रयोग कैबिनेट या मंत्रिमंडल द्वारा किया जाता है। मंत्री संसद के सदस्य होते हैं और मंत्रियों की जिम्मेदारी की अवधारणा के अन्तर्गत वे संसद में निर्वाचित जनप्रतिनिधियों के प्रति जवाबदेह होते हैं। संसद के प्रति कार्यपालिका की जवाबदेही की अवधारणा पर संसदीय व्यवस्था का ज्यादा जोर होता है। जिस किसी भी क्षण मंत्रिमंडल सदन में बहुमत खो देता है (या, ज्यादा स्पष्ट शब्दों में कहें तो जब सदन का बहुमत इसके विरुद्ध हो जाता है) तो इसे जाना पड़ता है। कोई भी सदस्य अविश्वास प्रस्ताव रख सकता है। किसी महत्त्वपूर्ण विधेयक या नीति के मुद्दे पर या आपूर्ति अस्वीकार कर या धन के दुरुपयोग का हवाला देकर सदन किसी सरकार को गिरा सकता है।

संसदीय व्यवस्था में सरकार का मुखिया राज्य के मुखिया से भिन्न होता है। राज्य का संवैधानिक प्रमुख क्राउन हो सकता है, जैसा कि यूनाइटेड किंग्डम में है या राष्ट्रपति हो सकता है, जैसा कि भारत में है। सरकार का प्रमुख प्रधानमंत्री होता है। यू.के. संवैधानिक वंशानुगत राजतंत्र के साथ संसदीय व्यवस्था का क्लासिक उदाहरण है। यह एक एकात्मक राष्ट्र-राज्य है। ब्रिटेन में लिखित संविधान नहीं है। संसद कानून बनाती है और कम से कम सिद्धान्त रूप में ब्रिटिश संसद ही सर्वोच्च एवं सम्प्रभु है। इसकी शक्तियों की कोई सीमा नहीं है तथा न्यायपालिका को संयुक्त राज्य अमेरिका की अदालतों की तरह पूर्ण न्यायिक समीक्षा का अधिकार नहीं है। यह अलग बात है कि व्यवहार में स्थितियाँ, एक तरफ तो यूरोपीय संघ के अस्तित्व में आने के साथ और दूसरी तरफ क्षेत्रीय शक्तियों के दबाव में, बहुत हद तक बदल गई हैं।

अध्यक्षीय व्यवस्था

संवैधानिक सरकार और प्रातिनिधिक लोकतंत्र का दूसरा भेद अध्यक्षीय प्रणाली है। इसका सर्वश्रेष्ठ उदाहरण संयुक्त राज्य अमेरिका है। वैसे दुनिया के विभिन्न हिस्सों में कहने के लिए कई तरह की अध्यक्षीय व्यवस्थाएँ हैं, जो हो सकता है न तो संवैधानिक हैं और न ही प्रातिनिधिक या लोकतांत्रिक। कई बार सैन्य विद्रोह या अन्य गैर-लोकतांत्रिक, गैर-संवैधानिक या हिंसक तरीकों के जरिए सत्ता पर काबिज हो जानेवाले भी स्वयं को राष्ट्रपति घोषित कर देते हैं। यहाँ तक कि सैन्य तानाशाह अक्सर संवैधानिक रूप से निर्वाचित राष्ट्रपति और राज्य प्रमुख बने होने का दावा भी करने लगते हैं।

अध्यक्षीय प्रणाली की एक विशेषता यह है कि इसमें राष्ट्रपति या राष्ट्राध्यक्ष एक नियत अवधि के लिए राज्य के प्रमुख के तौर पर सीधे जनता द्वारा चुना गया

होता है। वही सत्ता का केन्द्र और राज्य का प्रमुख होता है, साथ ही सरकार का भी। आमतौर पर उसे अपनी नियत कार्य अवधि के दौरान हटाया नहीं जा सकता, क्योंकि उसका कार्यकाल विधायिका का विश्वास प्राप्त करने या अपनी नीतियों के लिए बहुमत का समर्थन हासिल करने पर निर्भर नहीं होता। कार्यपालिका के सभी अधिकार उसमें निहित होते हैं और वह विभिन्न विभागों के प्रमुखों, जिन्हें सचिव या मंत्री कहा जा सकता है, को चुनने के लिए स्वतंत्र होता है। कहा जाता है कि अध्यक्षीय प्रणाली व्यवहार में कार्यपालिका, विधायिका एवं न्यायपालिका के बीच शक्तियों के पृथक्करण तथा उनके दायित्वों के भेद के सिद्धान्त पर आधारित है। संसदीय व्यवस्था जैसी स्थिति के विपरीत कार्यपालिका या मंत्री न तो विधायिका से लिये जाते हैं, न उसके सदस्य होते हैं और न ही उसके प्रति जवाबदेह होते हैं। न्यायिक समीक्षा लगभग निर्बाध होती है और सर्वोच्च न्यायालय समय-समय पर यह फैसला करता रहता है कि संयुक्त राज्य का संविधान क्या है। हालाँकि व्यवहार में वहाँ राज्य के तीनों अंगों के बीच शक्तियों के पृथक्करण के बजाय उनकी साझेदारी ज्यादा है। उदाहरण के लिए विधि निर्माण में राष्ट्रपति की भारी भूमिका होती है और कांग्रेस या इसकी सीनेट की भूमिका कार्यकारी, कूटनीतिक और यहाँ तक कि न्यायिक नियुक्तियों को स्वीकृति देने और सन्धियों के पुष्टीकरण आदि में भी होती है। कहा जाता है कि इस योजना के तहत तीनों अंग परस्पर नियंत्रण और सन्तुलन की व्यवस्था के जरिए विवादों का समाधान आपस में ही कर लेते हैं।

अध्यक्षीय-संसदीय

संसदीय व्यवस्था का ज्यादा जोर कार्यपालिका की जवाबदेही की अवधारणा पर होता है, जबकि अध्यक्षीय प्रणाली स्थिरता पर ज्यादा जोर देती है। चूँकि दोनों की आवश्यकता महसूस की गई, इसलिए बाद में कुछ देशों में अध्यक्षीय और संसदीय व्यवस्था दोनों के गुणों वाली मिश्रित व्यवस्था का प्रयोग किया गया। इस प्रयोग की सफलता का स्तर फ्रांस, श्रीलंका, बांग्लादेश आदि देशों में अलग-अलग रहा।

भागीदारी लोकतंत्र

हाल के दशकों में विविध क्षेत्रों में और राजनीति में सक्रिय कर्मियों में आई चेतना के चलते कई आधुनिक प्रातिनिधिक लोकतांत्रिक व्यवस्थाओं को शासन के मामलों और जनता से जुड़े सीधे मसलों में भी नागरिकों की सीधी भागीदारी सुनिश्चित करके ज्यादा से ज्यादा भागीदारी वाला बनाने पर जोर दिया गया है। कभी-कभी इसे अपने अधिकारों के लिए निरन्तर संघर्ष और साथ ही सामूहिक हित के लिए संसाधनों के विकास हेतु सामूहिक प्रयास की तत्परता के जरिए जनता का सशक्तीकरण भी कहा जाता है। इसका मुख्य उद्देश्य यह है कि जिन मामलों से आम जनता का

जीवन सीधे प्रभावित होता है, उनमें उसे अपनी आवाज बुलन्दी से और निर्णायक स्वर में उठानी चाहिए। ऐसा समझा जाता है कि इस तरह एक अधिक अधिकारवादी (मैक्सिमलिस्ट) राज्य का रूपान्तरण भिन्न और विकेन्द्रित स्वशासित इकाइयों के रूप में किया जा सकता है। यह सत्ता के ऊपर से नीचे आने के बजाय नीचे से ऊपर जानेवाली व्यवस्था के बुनियादी लोकतंत्र का प्रारूप होगा। इसका कुल परिणाम यह होगा कि हर स्तर पर एक जिम्मेदार और जवाबदेह सरकार स्थापित की जा सकेगी।

भागीदारी लोकतंत्र को अब अधिकाधिक वांछनीय ही नहीं, वरन् अत्यावश्यक समझा जा रहा है। भूमंडलीकरण की स्थितियों में, जहाँ राजनीतिक एवं आर्थिक निर्णय की शक्ति-संरचना आम जनता से दूर होती जा रही है और प्रतिनिधित्व की राष्ट्रीय स्तर की संस्थाएँ वैश्विक शक्तियों की सहयोगी बनती जा रही हैं, भागीदारी लोकतंत्र की राजनीति नए सिरे से प्रासंगिक हो गई है।

लोकतंत्र के भेदों की कुछ नई अवधारणाएँ, जो इन दिनों चलन में हैं जैसे कि प्रत्याशी, सर्वसम्मति, वैचारिक, जैव-क्षेत्रीय, आधारभूत अथवा तृणमूल लोकतंत्र को भी मोटे तौर पर भागीदारी लोकतंत्र के अन्तर्गत रखा जा सकता है। लेकिन इनमें भागीदारी लोकतंत्र के बिलकुल निकट की अवधारणा आधारभूत अथवा तृणमूल लोकतंत्र ही है। भागीदारी लोकतंत्र का ही प्रकार होने के नाते, आधारभूत अथवा तृणमूल लोकतंत्र की पहचान अक्सर सशक्तीकरण के लिए संघर्ष वाली व्यवस्था के रूप में की जाती है और इसमें बिलकुल जमीनी स्तर पर कई छोटे-छोटे आन्दोलन चलते रहते हैं। इसमें विकास के लक्ष्य और उसे हासिल करने के साधनों को तय करने की प्रक्रिया में भी जनता की भागीदारी होती है।

प्रतिनिधित्व

लोकतांत्रिक राजनीति की प्रमुख अवधारणाओं में एक प्रतिनिधित्व है। आधुनिक लोकतांत्रिक व्यवस्थाएँ अपना मूर्त रूप प्रतिनिधित्व के जरिए ही प्राप्त करती हैं। राजनीतिक प्रतिनिधित्व दो अलग-अलग इकाइयों—सरकार और शासित—के बीच सम्बन्ध को स्वीकारता है और यह मानता है कि इस सम्बन्ध के जरिए लोगों का दृष्टिकोण व्यक्त होता है और उनके हित सुनिश्चित किए जाते हैं। प्रतिनिधित्व का कोई एक निश्चित प्रतिमान या मॉडल नहीं है। अलग-अलग राजनीतिक व्यवस्थाओं में इसके अलग-अलग रूप हैं, लेकिन प्रतिनिधित्व की व्यवस्था की एक व्यापक समझ के लिए इन्हें चार मुख्य रूपों में वर्गीकृत किया गया है—

1. क्षेत्रीय प्रतिनिधित्व,
2. आनुपातिक प्रतिनिधित्व,
3. अल्पसंख्यक प्रतिनिधित्व,
4. कार्यशील प्रतिनिधित्व।

1. क्षेत्रीय प्रतिनिधित्व—भौगोलिक आधार पर भूभाग के निर्वाचन जनपदों (इलेक्टोरल डिसट्रिक्ट्स) में विभाजन के जरिए प्रतिनिधित्व की व्यवस्था है। इन निर्वाचन जनपदों को निर्वाचन क्षेत्र कहते हैं। ये एक सदस्यीय भी हो सकते हैं और बहुसदस्यीय भी। जब प्रत्येक निर्वाचन क्षेत्र से केवल एक प्रतिनिधि चुना जाता है तो इसे एकल सदस्यीय कहते हैं। इसके विपरीत जब प्रत्येक क्षेत्र से दो या अधिक प्रतिनिधि चुने जाते हैं तो वह बहुसदस्यीय निर्वाचन क्षेत्र कहलाता है। मतदाता और प्रतिनिधियों के बीच सीधा सम्बन्ध ही इस व्यवस्था की विशेषता है। किन्तु, यह व्यवस्था दोषपूर्ण भी है क्योंकि बहुदलीय स्थिति में प्रत्याशी डाले गए मतों के बहुमत से कम पाकर जीत जाते हैं।

इस व्यवस्था को सबसे अधिक मत पानेवाले की जीत (फर्स्ट पास्ट द पोस्ट या एफ.पी.टी.पी.) निर्वाचन व्यवस्था के रूप में भी जाना जाता है। चूँकि प्रतिनिधि का निर्वाचन मतों की बहुलता के आधार पर होता है, अत: इसे बहुमत निर्वाचन व्यवस्था (प्लूरैलिटी इलेक्टोरल सिस्टम) के रूप में भी जाना जाता है। आदर्श स्थिति में इस व्यवस्था से राजनीतिक दलों की संख्या में कमी आनी चाहिए और इसकी अत्यधिक सम्भावना होनी चाहिए कि किसी एक दल को विधायिका में बहुमत स्थानों पर जीत मिले।

एक सदस्यीय निर्वाचन क्षेत्रों का भी यह आशय है कि पार्टियाँ एक ही राजनीतिक धड़े के लोगों के बजाय पूरी जनसंख्या के विभिन्न वर्गों के एक बड़े हिस्से से जुड़ सकें और अतिवादी पार्टियों को हतोत्साहित किया जा सके।

एफ.पी.टी.पी. कुछ विशेष गुणों के कारण सभी चुनाव पद्धतियों में सबसे सरल है। प्रबन्धन की दृष्टि से यह ज्यादा तेज और आसान है। इसमें चुनाव संचालन की लागत भी कम आती है। चूँकि यह समझाने और समझने में आसान है, अत: मतदाताओं पर इसका असर भी सकारात्मक होता है। वैकल्पिक निर्वाचन व्यवस्थाओं में वे मतदाता वंचित हो सकते हैं जिनके लिए व्यवस्था को समझना मुश्किल हो और जो इस वजह से अपने वोट के सीधे प्रभाव से खुद को टूटा हुआ महसूस करने लगते हैं। कुछ मतदाता चुनाव को प्राथमिक तौर पर एक व्यक्तिगत प्रतिनिधि के चयन के रूप में देखते हैं अथवा अपने और राज्य के बीच सम्पर्क सूत्र के रूप में। एफ.पी.टी.पी. ऐसे मतदाताओं को एक प्रत्याशी के सीधे चयन का अवसर देता है, क्योंकि इसमें पार्टियों के बीच साझेदारी या सन्तुलन के लिए अतिरिक्त वोट नहीं होता। यह ऐसे मतदाताओं के लिए खासतौर से महत्त्वपूर्ण हो सकता है जो विशेष नीतिगत ढाँचे वाले ऐसे व्यक्तियों को चुनना चाहते हैं जिनका किसी पार्टी से जुड़ाव न हो और जो अपने मत का असर ऐसे लोगों पर नहीं पड़ने देना चाहते, जिन्हें वे नहीं चुनना चाहते।

एफ.पी.टी.पी. प्रणाली का सबसे ज्यादा दोहराया जानेवाला नुकसान यह है कि यह अक्सर गैर-आनुपातिक परिणाम देती है। उदाहरण के लिए ऐसे परिणाम जिनमें

एक पार्टी की सीटों की हिस्सेदारी इसके वोटों की हिस्सेदारी के अनुपात में नहीं होती। इस तरह जनमत का एक महत्त्वपूर्ण अंश अन्तिम परिणाम से बाहर ही रह जाता है और एक पार्टी मतों के बहुमत के बगैर सीटों के मामले में बहुमत हासिल कर लेती है। इस प्रणाली की गैर–आनुपातिक प्रकृति का यह अर्थ भी है कि सम्पूर्ण क्षेत्र के सांसद केवल एक ही पार्टी से हों। इस गैर–आनुपातिक परिणाम का सामान्य कारण यह है कि एक पार्टी के पास पूरे क्षेत्र में भारी मात्रा में वोट हों, लेकिन ये विशेष निर्वाचन क्षेत्रों में होने के बजाय पूरे क्षेत्र में बिखरे हुए हों। इस तरह जिन पार्टियों के पास समग्रता में कम समर्थन है, वे भी अगर क्षेत्र विशेष में केन्द्रीकृत समर्थन प्राप्त कर लें, तो खासकर उस पार्टी से, जिसके प्रति समर्थन पूरे क्षेत्र में बँटा हो, बहुमत से जीत सकती हैं। यह बुनियादी तौर पर गलत लगता है कि सीटों के मामले में किसी दल की हिस्सेदारी उसके पास वोटों की तुलना में कम या ज्यादा हो।

इससे एक समस्या उत्पन्न होती है, क्योंकि यह पार्टियों में पूरे देश के बजाय निर्वाचन क्षेत्र विशेष की जरूरतों और उनके हितों पर अधिक ध्यान देने की संकीर्ण भावना को प्रोत्साहित करता है। एक अन्य समस्या यह भी है कि सत्ता में मौजूद पार्टियाँ निर्वाचन क्षेत्रों की सीमाएँ तय करने में सक्षम होती हैं। इसलिए चुनाव के परिणाम अपने पक्ष में सुनिश्चित करने के लिए वे समर्थक मतदाताओं को एक निर्वाचन क्षेत्र में लाने के लिए चुनाव परिणाम को प्रभावित करने हेतु निर्वाचन क्षेत्रों का पुनर्सीमन या पुनर्निर्धारण भी करा सकती हैं।

इस व्यवस्था का एक और परिणाम यह भी होता है कि ऐसे कई चुनाव सारे मतों के मिलान के बगैर ही जीते हुए मान लिये जा सकते हैं, जहाँ स्थापित बहुमत को गिराने के लिए बिना गणना किए हुए पर्याप्त वोट न बचे हों। इससे मतदाताओं के बीच मताधिकार का प्रयोग न करने की भावना आ सकती है।

अन्य विधियों की तुलना में एफ.पी.टी.पी. बड़े पैमाने पर रणनीतिक मतदान तकनीक को बढ़ावा देती है, जिसे समझौते के नाम से जाना जाता है। इसमें मतदाताओं पर यह दबाव होता है कि वे दो प्रत्याशियों में से उस एक के पक्ष में मतदान करें जिसको जीतने की स्थिति में देख रहे हैं, भले ही वे उसके पक्ष में मतदान करने के लिए वैचारिक रूप से तैयार न हों। क्योंकि, किसी दूसरे प्रत्याशी को दिया गया मत बेकार जाएगा और अन्तिम परिणाम पर उसका कोई प्रभाव नहीं होगा।

एफ.पी.टी.पी. प्रणाली उन क्षेत्रीय पार्टियों को भी बढ़ावा देती है जो किसी एक भौगोलिक क्षेत्र में तो बहुत लोकप्रिय हो सकती हैं, लेकिन अन्य क्षेत्रों में उन्हें या तो बहुत मामूली समर्थन प्राप्त होता है या बिलकुल नहीं।

2. आनुपातिक प्रतिनिधित्व—प्रतिनिधित्व मतों की गिनती के बजाय उनके मूल्यांकन के सिद्धान्त पर आधारित होता है। इसके तहत विधायिका में प्रतिनिधियों का चयन पड़े हुए मतों के प्रतिशत के अनुपात में किया जाता है। इसका मतलब

यह है कि जिसके पक्ष में जितने ज्यादा लोग होंगे, उसका उतना ही अधिक प्रतिनिधित्व होगा। इसके विपरीत किसी के पक्ष में लोगों की संख्या जितनी कम होगी, उसका प्रतिनिधित्व भी उतना ही कम होगा। ऐसी प्रणाली में निर्वाचन क्षेत्र बहुसदस्यीय होते हैं और अल्पसंख्यक समूहों को भी पर्याप्त प्रतिनिधित्व मिल जाता है। इससे उन पार्टियों में सुरक्षा की भावना पनपती है, जो अल्पमत में हैं।

आनुपातिक प्रतिनिधित्व को निम्न विधियों से प्रयोग में लाया जा सकता है—

(क) **एकल हस्तान्तरणीय मत पद्धति**—बड़ी पार्टियाँ सीटों के हिसाब से बड़ी संख्या में प्रत्याशी खड़े कर सकती हैं, जबकि छोटी पार्टियाँ और निर्दलीय प्रत्याशी कुछ जगहों पर ही चुनाव लड़ सकते हैं। मतदाता उनकी मतपेटियों की पहचान कर प्राथमिकता के अनुसार उनमें से कुछ या सभी प्रत्याशियों को अपने वोट दे सकते हैं। इस तरह इनमें से कौन सा प्रत्याशी सफल होगा, इस पर अन्तिम निर्णय मतदाताओं का होता है, न कि किसी पार्टी का। तीन प्रत्याशियों के एक निर्वाचन क्षेत्र में एक प्रत्याशी को सफल होने के लिए एक-तिहाई मतों की प्राथमिकताएँ हासिल करनी होंगी और चार प्रत्याशियों वाले क्षेत्र में एक-चौथाई मतों की प्राथमिकताएँ और इसी तरह आगे भी। केवल कुछ मामलों में ही पहली गणना में ऐसा हो पाता है। दूसरे दौर की गणना में सबसे कम मत पानेवाले प्रत्याशी बाहर हो जाते हैं और दूसरी प्राथमिकता के दौर में उसके वोटों का पुनर्विभाजन हो जाता है। यह प्रक्रिया कई दौर में चलते हुए तब तक जारी रहती है जब तक कि सभी सीटें भर नहीं जातीं। हालाँकि गणना की यह प्रक्रिया जटिल है, लेकिन इसमें मतदान स्पष्ट होता है और अधिकतर मतदाता यह पाते हैं कि उनकी प्राथमिकताओं के अनुसार ही कोई निर्वाचित होता है।

(ख) **सूची प्रणाली**—इस प्रणाली में पार्टियाँ अपने द्वारा निर्धारित प्राथमिकताओं के आधार पर प्रत्याशियों को सूचीबद्ध करती हैं। इस बन्द सूची में मतदाता एक सूची को ही चुनते हैं, न कि प्रत्याशी को। प्रत्येक पार्टी को मतदाताओं द्वारा दिए गए प्राथमिकता क्रम में ही वोटों की संख्या के अनुपात में सीटें दी जाती हैं। एक खुली सूची में मतदाता उस सूची के अन्तर्गत अपनी प्राथमिकताएँ जाहिर करते हैं।

सूची प्रणाली का प्रयोग इजरायल में किया जाता है (जहाँ पूरा देश ही एक बन्द सूची निर्वाचन क्षेत्र है)। इसके अलावा नीदरलैंड्स में (खुली सूची) और यू.के. में यूरोपीय संसद के चुनावों के लिए (बन्द सूची), फिनलैंड में (बहुसदस्यीय जिलों और खुली सूची का प्रयोग करते हुए) भी सूची प्रणाली का ही प्रयोग किया जाता है।

3. अल्पसंख्यक प्रतिनिधित्व—अगर लोकतंत्र का अर्थ सबकी सरकार होता है तो इसमें समाज के सभी वर्गों को प्रतिनिधित्व भी मिलना चाहिए। लोकतंत्र के एक आवश्यक हिस्से के तौर पर अल्पसंख्यकों को भी इसमें पर्याप्त प्रतिनिधित्व मिलना चाहिए। अल्पसंख्यक प्रतिनिधित्व के लिए प्रयोग की जानेवाली कई विधियाँ इस तरह हैं—

(क) **दोबारा मतदान प्रणाली**—इस प्रणाली के अन्तर्गत सफल होने के लिए एक प्रत्याशी को कुल पड़े मतों का 50 प्रतिशत प्राप्त करना होता है। यदि कोई भी प्रत्याशी पूर्ण बहुमत प्राप्त नहीं करता है तो सबसे ज्यादा मत पानेवाले दो प्रत्याशियों के बीच दोबारा मतदान करवाया जाता है। इस तरह दूसरे दौर के मतदान में सफल प्रत्याशी स्पष्ट बहुमत हासिल कर लेता है।

(ख) **सीमित मत प्रणाली**—यह प्रणाली उन बहुसदस्यीय निर्वाचन क्षेत्रों में लागू की जाती है जहाँ कम से कम तीन सीटें हों। मतदाताओं को सीटों की संख्या से कम ही मत देने होते हैं। लेकिन वे एक ही प्रत्याशी के पक्ष में एक से अधिक वोट नहीं दे सकते। इस प्रणाली में अल्पसंख्यकों के पास कम से कम एक सीट हासिल करने का अवसर होता है, यदि वे सही ढंग से व्यापक, एकजुट और सुसंगठित हों तो।

(ग) **संचित मतदान प्रणाली**—इस प्रणाली के अन्तर्गत निर्वाचन क्षेत्र को आवंटित सीटों की संख्या के अनुरूप उतने ही मतों का अधिकार मतदाता को दे दिया जाता है। मतदाता को यह अधिकार होता है कि वह चाहे तो अपने सभी मत एक ही प्रत्याशी को दे या अपने मताधिकार को विभिन्न प्रत्याशियों के बीच बाँट दे। एक सुसंगठित अल्पसंख्यक समुदाय अपने सदस्यों से यह आग्रह कर सकता है कि वे अपने सभी वोट उस अल्पसंख्यक प्रत्याशी के पक्ष में ही दे दें, जो चुनाव लड़ रहा है।

(घ) **आरक्षित मतदान प्रणाली**—यह प्रतिनिधित्व की एक ऐसी प्रणाली है जिसमें विधायिका में कुछ सीटें किसी खास अल्पसंख्यक समुदाय के लिए आरक्षित होती हैं, लेकिन सभी मतदाताओं का उसी समुदाय से सम्बन्धित होना जरूरी नहीं होता।

4. कार्यशील प्रतिनिधित्व—इस प्रणाली के लिए यह आवश्यक है कि प्रतिनिधित्व का आधार समाज की पेशेवर बनावट के अनुसार हो। इसके पीछे विचार यह है कि राष्ट्रीय विधायिका में ऐसे सामाजिक, आर्थिक और पेशागत समूहों को प्रतिनिधित्व दिया जा सके जिनके अपने विशेष हित हों। इस प्रणाली की प्रेरणा मध्यकाल की उस सामाजिक व्यवस्था में निहित है, जहाँ सामुदायिक समूहों

के अपने स्वायत्त चरित्र होते थे। हालाँकि यह भौतिक स्वरूप प्रथम विश्वयुद्ध के बाद ले सका।

सक्रिय प्रतिनिधित्व के विचार का अपना खुद का आकर्षण है पर इसके गुणों की तुलना में दोष कहीं बहुत ज्यादा हैं। यह विधायिका को परस्पर अन्तर्विरोधी कर्म समूहों का एक अखाड़ा बना देता है। नतीजा यह होता है कि वर्गीय हित यहाँ राष्ट्रीय हितों को पीछे छोड़ देते हैं। सभी सामाजिक और आर्थिक व्यवस्थाओं की कोई मानक गणना कर पाना और तब उनके लिए पर्याप्त प्रतिनिधित्व का निर्णय कर पाना भी अत्यन्त मुश्किल कार्य है।

राजनीतिक दल प्रणाली और प्रक्रियाएँ

दल को लोगों के एक ऐसे ऐच्छिक संगठन के रूप में परिभाषित किया गया है जो किसी एक कारण या विचार आदि के पक्ष में संगठित हों, ऐसे दूसरे लोगों के विरुद्ध जो किसी भिन्न विचार या कारण के पक्ष में संगठित हों। राजनीतिक दल का अर्थ ऐसे संगठनों से होता है जो किसी सार्वजनिक पद पर कब्जे के लिए एक या अधिक संख्या में चुनावी प्रतिस्पर्द्धा में शामिल होते हैं। राजनीतिक दल शब्द का आविर्भाव उन्नीसवीं शताब्दी में यूरोप एवं अमेरिका में प्रतिनिधि संस्थाओं के विकास तथा मताधिकार के विस्तार के साथ हुआ।

राजनीतिक दल कोई समाज से अलग संस्थान नहीं है। राजनीतिक दल और प्रक्रियाओं का अध्ययन उन सभी ताकतों, संस्थाओं और एजेंसियों के प्रसंग में किया जाना चाहिए जो एक-दूसरे से तथा बाह्य पर्यावरण से संवाद स्थापित करते हैं।

दल प्रणाली के निर्धारक तत्त्व

एक समुदाय विशेष में मौजूद दल समान लक्षण अपनाए हुए होते हैं। दलों के लक्षणों को निम्न तीन मानदंडों पर निर्धारित किया जा सकता है—

1. सामान्य राजनीतिक व्यवस्था—दल प्रणाली को राजनीति के व्यापक आयामों के परिणाम के तौर पर देखा जाता है। दल आवश्यक रूप से चुनावी व्यवस्थाओं की पैदाइश होते हैं। चुनावी नियम ही विशिष्ट परिस्थितियों के अन्तर्गत दल प्रणाली के रूप को नियत करते हैं, जिसकी अनुपस्थिति विभिन्न परिणामों के रूप में सामने आ सकती है।

2. सामाजिक संरचना और संस्कृति—प्राथमिक रूप से दल प्रणाली को उन ढाँचों के रूप में देखा जा सकता है जो सामाजिक-सांस्कृतिक ताकतों को राजनीतिक रूप से मूर्त स्वरूप प्रदान करते हैं। दल प्रणाली सामाजिक संरचना और संस्कृति से प्रभावित होनेवाली मानी जाती है। मूल रूप से विभाजित समाज समेकित या एकीकृत पाटी प्रणालियाँ देने में सक्षम नहीं लगता। राष्ट्र विशेष की दल प्रणाली

में विभिन्न धार्मिक समूह और सामाजिक संरचना के वर्ग आमतौर पर देखे जा सकते हैं।

3. राजनीतिक दलों का अतीत—राजनीतिक दलों का इतिहास उनके लक्षणों को निर्धारित करने में महत्त्वपूर्ण भूमिका निभाता है। एक बार बन जाने के बाद वे बाहरी अवयवों के प्रति अत्यन्त संवेदी होते हैं। लेकिन, विकास की इस प्रक्रिया में वे अपने मूलभूत चरित्र नहीं बदलते। वे या तो अपने आवश्यक लक्षणों को बनाए रखते हैं या फिर उन्हें अत्यन्त धीमी गति से बदलते हैं जब तक वे राजनीतिक उठापटक में पूरी तरह नष्ट ही न हो जाएँ। उनका विकास उनके मूल स्वरूप में ही व्यापक तौर पर निहित होता है।

दल प्रणाली के प्रकार

दल हमेशा किसी समाज के विशिष्ट ऐतिहासिक अनुभव की देन होते हैं, जिनको कहीं और लागू नहीं किया जा सकता। वे गतिविधियाँ जिनमें दल संलग्न होते हैं, उनके सांगठनिक रूप और उनके पास उपलब्ध संसाधनों में बहुत फर्क होता है। इसलिए दल प्रणाली का कोई एक चरित्र विकसित नहीं हो सका है। प्रत्येक राजनीतिक व्यवस्था के अपने अनूठे चरित्र के ही आधार पर दल प्रणाली के विभिन्न रूप अस्तित्व में आए हैं। दलों की संख्या एक बुनियादी कसौटी है, जिसके आधार पर दल प्रणालियों में भेद किया जाता है। संख्या बल के आधार पर इनको मोटे तौर पर निम्न प्रकार से वर्गीकृत किया गया है—

1. एकल दल प्रणाली,
2. दो दल प्रणाली,
3. बहुदलीय प्रणाली।

एकल दल प्रणाली का चरित्र एक दल से नियत होता है जो सत्ता में होता है और वह या तो अन्य सभी समूहों पर हावी होता है या राजनीतिक विपक्ष को अपने में समेट लेने का प्रयास करता है या फिर अतिवादी मामलों में उन सभी विरोधी समूहों का दमन कर देता है जिन्हें प्रतिक्रान्तिकारी या सत्ता विरोधी समझा जाता है। इसे आगे दो उपश्रेणियों में विभाजित किया जा सकता है—

सर्वाधिकारवादी और लोकतांत्रिक। सर्वाधिकारवादी प्रारूप में सभी प्रकार के विरोधियों का निषेध किया जाता है, जबकि लोकतांत्रिक प्रारूप में राजनीतिक व्यवस्था के तहत सत्ताधारी दलों में ही कुछ समूहों को पनपने और चलते रहने की अनुमति दी जाती है। जर्मनी में नाजी पाटी और इटली की फासिस्ट पार्टी को पहली श्रेणी में रखा जा सकता है। भारत में शुरुआती दौर की कांग्रेस पार्टी को दूसरी श्रेणी में रखा जा सकता है।

दो दल प्रणाली (जिसे द्विदलीय प्रणाली भी कहते हैं) में सत्ता के संघर्ष में हिस्सा लेने के लिए दो दल पर्याप्त सक्षम होते हैं। इस प्रणाली की एक महत्त्वपूर्ण

विशेषता यह है कि इसमें बड़ी पार्टियों के साथ–साथ कुछ छोटी पार्टियाँ भी चल रही होती हैं। अमेरिकी दल प्रणाली जिसमें डेमोक्रेटिक पार्टी और रिपब्लिकन पार्टी शामिल हैं या ब्रिटिश की दल प्रणाली जिसमें लेबर पार्टी और कंजर्वेटिव पार्टी शामिल हैं, द्विदलीय प्रणाली के क्लासिक उदाहरण हैं।

बहुदलीय प्रणाली की पहचान राजनीतिक अखाड़े में मौजूद कई दलों के अस्तित्व से की जाती है। ऐसी व्यवस्था में कई दलों के अस्तित्व के कारण कई बार कोई भी पार्टी विधायिका में बहुमत हासिल कर पाने की स्थिति में नहीं होती। इसीलिए ऐसी राजनीतिक व्यवस्थाओं की पहचान साझा सरकारों से की जाती है। नेपाल, फ्रांस और इटली तथा हाल ही में भारत में भी वर्तमान दल प्रणाली को बहुदलीय प्रणाली के उदाहरण के तौर पर देखा जा सकता है।

हालाँकि दल प्रणाली का वर्गीकरण एकल दल, द्विदल और बहुदल प्रणाली के रूप में ही किया गया है, लेकिन वस्तुतः एक ही राजनीतिक व्यवस्था में इन सभी श्रेणियों का अस्तित्व भी देखा जा सकता है। यह राजनीतिक प्रक्रियाओं की आन्तरिक परिस्थितियों पर निर्भर है, लेकिन काल के किसी खास बिन्दु पर कहीं एक अकेली पार्टी प्रभावी हो सकती है, किसी समय दो पार्टियाँ और कभी कई पार्टियाँ भी परिदृश्य पर छा सकती हैं। दल प्रणाली की गतिशीलता और राजनीतिक व्यवस्था की प्रक्रियाओं को समझने के लिए इन सभी श्रेणियों का अध्ययन एक साथ किया जाना चाहिए।

निष्कर्ष

विभिन्न अवधारणाओं, राजनीतिक प्रणालियों और सरकार के रूपों और प्रकारों के विश्लेषण के बाद हम इस निष्कर्ष पर पहुँचते हैं कि हर देश को अपनी ऐतिहासिक पृष्ठभूमि, सांस्कृतिक बुनावट, जनसंख्या की प्रकृति, आर्थिक एवं सामाजिक बुनियादी ढाँचे तथा उपलब्ध प्रशासनिक प्रतिभा एवं उपकरणों की बुनियाद पर अपनी अलग व्यवस्था बनानी होती है। जो व्यवस्था इसकी जरूरतों को पूरी करने में सक्षम हो, वही इसके लिए सर्वश्रेष्ठ है।

अगले पृष्ठों में कुछ प्रमुख राष्ट्रों की राजनीतिक व्यवस्था पर विहंगम दृष्टि डाली जाएगी।

2

जर्मनी

परिसंघीय लोकतंत्रात्मक गणराज्य

नौ पड़ोसी राष्ट्रों से जुड़ा पूरब-पश्चिम और उत्तर-दक्षिण को मिलानेवाला जर्मनी (जर्मन परिसंघीय गणराज्य) यूरोप के हृदय स्थल में बसा है। दूसरे महायुद्ध के बाद जर्मन राष्ट्र विभाजित हो गया था किन्तु अक्टूबर 1990 में दो भाग एक बार फिर मिल गए और एकीकृत जर्मनी का पुनर्जन्म हुआ।

आधुनिक जर्मनी 16 राज्यों का परिसंघ है। इसकी राज्य-व्यवस्था 1949 के मूल विधान (बेसिक लॉ) पर आधारित है। यही, यथासंशोधित, जर्मनी का वर्तमान संविधान है। इसे 23 मई, 1949 से लागू हुआ माना जाता है। आज जर्मनी एक परिसंघीय लोकतंत्रात्मक गणराज्य है। मूल विधान के अनुच्छेद के द्वारा जर्मनी को एक लोकतांत्रिक, सामाजिक और परिसंघात्मक व्यवस्था के साथ बाँधा गया है और यह भी स्पष्ट कर दिया गया है कि इस अनुच्छेद को किसी संवैधानिक संशोधन के द्वारा भी बदला नहीं जा सकता अर्थात् जर्मनी का परिसंघीय, लोकतंत्रात्मक और सामाजिक गणराज्य स्वरूप [अनुच्छेद-20(4)] अपरिवर्तनीय है।

मूल अधिकार

जर्मन परिसंघीय गणराज्य के संविधान (बेसिक लॉ) में मानवीय मूल अधिकारों को महत्त्वपूर्ण स्थान दिया गया है। राज्य का यह दायित्व है कि वह व्यक्ति की गरिमा को संरक्षण और सम्मान प्रदान करे और हर किसी को अपने उत्कर्ष का अवसर सुनिश्चित करे। राज्य को व्यक्ति के जीवन में अवैध हस्तक्षेप करने का कोई अधिकार नहीं है। यह संवैधानिक मूल अधिकार जर्मन नागरिकों के साथ और सभी को प्राप्त है। इन मूल अधिकारों में, समाचार माध्यमों की स्वतंत्रता सहित व्यक्ति को वाक्-स्वातंत्र्य, धर्म की स्वतंत्रता तथा सम्पत्ति का अधिकार शामिल हैं। कला और ज्ञान के क्षेत्र में स्वतंत्रता, एकान्तता, गठबन्धन बनाने का अधिकार, बलात् श्रम

के विरुद्ध संरक्षण तथा असहमति अभिव्यक्त करने का अधिकार भी हर किसी को समान रूप से उपलब्ध है। इसके अतिरिक्त कुछ अधिकार ऐसे भी हैं जो केवल जर्मन नागरिकों को प्राप्त हैं, जैसे—राजनीतिक प्रक्रिया में भाग लेना, अपनी मर्जी का व्यवसाय अथवा वृत्ति चुनना, सम्मेलन तथा संगम और परिसंघ बनाने की स्वतंत्रता, मताधिकार, देश में सर्वत्र आने-जाने और रहने की स्वतंत्रता आदि। यह सभी अधिकार व्यक्ति और व्यक्ति के बीच समानता के सिद्धान्त पर आधारित हैं। जर्मन बेसिक लॉ के अन्तर्गत विधि के समक्ष सभी समान हैं, किसी के विरुद्ध विभेद नहीं किया जा सकता और न ही किसी को धर्म, मूलवंश, भाषा, आस्था अथवा राजनीतिक विचारों-विश्वासों के आधार पर कोई विशेषाधिकार सम्पन्न माना जा सकता है। स्त्री और पुरुष सभी समान सम्मान और अधिकारों के पात्र हैं।

सभी जर्मन नागरिक सरकारी पदों के लिए बराबर के अधिकारी हैं। जर्मनी की सारी राज्य-व्यवस्था सामाजिक न्याय के सिद्धान्त पर आधारित है। राज्य की ओर से उपलब्ध कराई जानेवाली सामाजिक सेवाओं में नागरिकों को सहायता के कतिपय साधन जुटाना भी है।

अन्य विधियों के द्वारा मूल अधिकारों को यथावश्यक सीमित तो किया जा सकता है किन्तु कभी भी किसी को मानवीय मूल अधिकारों के सारतत्त्व से वंचित नहीं किया जा सकता। देश की संसद, सरकार, अदालतें, पुलिस, सशस्त्र सेनाएँ तथा अन्य अधिकारी सभी मूल अधिकारों का सम्मान करने के लिए बाध्य हैं। प्रत्येक नागरिक को पूरा अधिकार है कि राज्य के द्वारा किसी मूल अधिकार के अतिक्रमण के विरुद्ध सीधे परिसंघीय संवैधानिक न्यायालय से शिकायत करे।

राज्य-व्यवस्था

जर्मन परिसंघीय गणराज्य (फेडरल रिपब्लिक ऑफ जर्मनी) लोकतंत्र और विधि के शासन की नींव पर निर्मित है। जर्मन लोकतंत्र में सम्प्रभुता और सार्वभौम सत्ता का वास जनसाधारण में है। संविधान (बेसिक लॉ) के अनुसार सरकार के सभी अंगों और प्राधिकारियों को शक्ति जनता से ही मिलती है। क्योंकि जर्मनी ने प्रातिनिधिक लोकतंत्र की व्यवस्था को अपनाया है, यह आवश्यक है कि सरकार जनता के प्रति उत्तरदायी और संवेदी हो।

जर्मन संविधान (बेसिक लॉ) राज्य के प्रमुख अंगों, विधायिका, कार्यपालिका और न्यायपालिका की स्थापना करता है, उनकी शक्तियों, अधिकार क्षेत्रों और परस्पर सम्बन्धों को परिभाषित और परिसीमित करता है। जनता अपनी संवैधानिक सार्वभौम शक्ति का प्रयोग मुख्यत: समयावधि पर होनेवाले संसदीय निर्वाचनों के अवसर पर करती है। जर्मन संविधान व्यवस्था में जनमत संग्रह जैसी प्रत्यक्ष लोकतंत्र की प्रक्रिया का प्रावधान केवल राज्यों की सीमाओं में फेरबदल के लिए रखा गया

है। राजनीतिक दलों को संवैधानिक साधनों के द्वारा, प्रातिद्वन्द्विक राजनीति की स्वतंत्रता है किन्तु संवैधानिक और लोकतंत्रात्मक तरीकों से भी किसी दल को देश की लोकतंत्रात्मक व्यवस्था को चोट पहुँचाने अथवा समाप्त करने का प्रयास करने की आजादी नहीं है।

परिसंघात्मक

परिसंघात्मक राज्य-व्यवस्था का अभिप्राय यह है कि पूरे परिसंघ राज्य के अलावा उसके परिसंघटक अंगों (लांडरों) को भी राज्य की कुछ शक्तियाँ प्राप्त हैं, भले ही वे कुछ निर्देशित क्षेत्रों तक सीमित हों। प्रत्येक लांडर का अपना संविधान और कुछ अपनी शक्तियाँ हैं जिनका प्रयोग वह अपनी विधायिका, कार्यपालिका और न्यायपालिका के द्वारा करता है। जनसमुदाय के प्रति राज्य सत्ता के दायित्वों का बँटवारा जिस प्रकार किया गया है उससे राज्य के विभिन्न अवयवों के बीच नियंत्रण और सन्तुलन (चैक्स एंड बैलेंसेज) का सिद्धान्त पुष्ट होता है तथा व्यक्ति के मूल अधिकारों और विधि के शासन को संरक्षण मिलता है।

प्रत्येक राज्य (लांडर) का अपना स्वतंत्र संविधान है। राज्यों के संविधान के लिए शर्त केवल यह है कि वह जर्मन संविधान (बेसिक लॉ) के मूल सिद्धान्तों, जैसे—परिसंघात्मक, लोकतांत्रिक, गणराज्य और सामाजिकता का अतिक्रमण न करता हो। राज्यों की सीमाओं में आवश्यकतानुसार कुछ परिवर्तन या समायोजन किए जा सकने का प्रावधान बेसिक लॉ में है। परिसंघ सरकार और राज्यों की सरकारों के संयुक्त संवैधानिक आयोग ने इस विषय में कुछ सरल प्रक्रिया सुझाई है।

बेसिक लॉ के निर्माता मानते थे कि जर्मनी को राज्यों का परिसंघ बनाने से देश की स्वतंत्रता और लोकतंत्र की रक्षा होगी और परिसंघ और राज्यों के बीच उत्तरदायित्वों और शक्तियों का वितरण सन्तोषजनक सिद्ध होगा। इससे प्रत्येक आम नागरिक को अपने ही क्षेत्र में लोकतांत्रिक राजनीतिक प्रक्रिया में भागीदार बनने का अवसर मिलेगा जिससे लोकतंत्र सशक्त होगा।

शक्तियों के बँटवारे में विदेश सम्बन्ध, सुरक्षा, वित्तीय मामले, रेलवे, हवाई यातायात और कुछ कर सम्बन्धी मामले परिसंघ सरकार के अनन्य क्षेत्र में आरक्षित रखे गए। समवर्ती क्षेत्रों में राज्य ऐसे विषयों पर कानून बना सकते हैं, जो परिसंघ के कानूनों के दायरे में न आते हों। ऐसे मामलों में परिसंघ तभी कानून बनाने की सोचेगा जब पूरे देश के लिए कोई समान कानून बनाना आवश्यक लगे। कुछ मामले, जैसे—विश्वविद्यालयों की इमारतें, क्षेत्रीय औद्योगिक और कृषि सम्बन्धी ढाँचे परिसंघ और राज्य सरकारों की संयुक्त जिम्मेदारी माने जाने लगे हैं। राज्यों को परिसंघीय स्तर पर विधायी प्रक्रिया में सक्रिय बुंडेसराद (परिसंघ परिषद) के द्वारा भागीदारी का अवसर मिलता है। आन्तरिक शासन पूर्णत: राज्य सरकारों के हाथों में रहता है और

अधिकांश परिसंघीय कानूनों और नियमों को लागू करने का अधिकार और दायित्व भी राज्य सरकारों और उनके प्रशासनिक तंत्र के पास रहता है।

स्थानीय शासन

जर्मन शासन व्यवस्था तीन स्तरीय है—परिसंघ सरकार, राज्यों की सरकारें और स्थानीय सरकारें। जर्मनी में आम आदमी की स्वतंत्रता की अभिव्यक्ति के रूप में सशक्त स्थानीय शासन की स्वायत्त संस्थाओं की एक लम्बी परम्परा है। बेसिक लॉ में स्वायत्तशासी नगरों और जनपदों (काउंटीज) को मान्यता दी गई है। वे संवैधानिक ढाँचे के भीतर रहते हुए स्थानीय मामलों में नियंत्रण का पूरा अधिकार रखते हैं। सभी नगरपालिकाओं और काउंटीज में लोकतंत्रात्मक व्यवस्था का आधार होना चाहिए। स्थानीय शासन के विषयों पर कानून बनाने का दायित्व राज्य सरकारों का है। सड़क निर्माण, बिजली, पानी, गैस उपलब्ध कराना, नगर आयोजन, नाली, नाले, स्कूल, खेलकूद, अस्पताल आदि मामले स्थानीय शासन के क्षेत्र में आते हैं। स्थानीय शासन संस्थाएँ अपने संसाधन करों आदि के द्वारा जुटाती हैं। इनमें भूमि कर और व्यापार कर प्रमुख हैं। इनके अतिरिक्त, परिसंघ सरकार और राज्य सरकारों से अनुदान और आयकर का कुछ भाग भी मिलता है। संक्षेप में, स्वतंत्रता और लोकतंत्र की रक्षा के लिए सबसे मजबूत किला स्थानीय शासनिक संस्थाएँ ही हो सकती हैं।

सामाजिक

सामाजिक राज्य की संकल्पना भी विधि के शासन का ही विस्तृत स्वरूप है। इसके अन्तर्गत राज्य से अपेक्षा की जाती है कि वह समाज के कमजोर लोगों को सुरक्षा और सामाजिक न्याय सुलभ कराए। विभिन्न कानूनों और न्यायालयों के निर्णयों के द्वारा वृद्धावस्था, अपंगता, स्वास्थ्य एवं बेरोजगारी के लिए बीमा, जरूरतमन्दों को सामाजिक सहायता, मकान किराया भत्ता, बाल-सहायता, औद्योगिक प्राधिकरणों में कर्मियों की सुरक्षा और काम की समय सीमा आदि को सुनिश्चित करने का प्रयास किया गया है। किन्तु राज्य की आर्थिक नीति के विषय में जर्मन संविधान निरपेक्ष रूप अपनाता है। संविधान की सीमाओं के भीतर रहते हुए, इस मामले में जर्मन संसद आवश्यक विधि निर्माण में स्वतंत्र है।

संविधान संशोधन

जर्मन संविधान (बेसिक लॉ) में संशोधन करने के किसी प्रस्ताव को पारित करने के लिए बुंडेसताग (परिसंघ संसद) में कुल सदस्यों का दो-तिहाई बहुमत और बुंडेसराद (परिसंघ परिषद्) में डाले गए मतों का दो-तिहाई बहुमत अनिवार्य है जो

प्रायः प्रतिपक्ष के सहयोग के बिना सम्भव नहीं होता। संविधान के कुछ प्रावधान तो ऐसे हैं जिन्हें दो–तिहाई बहुमत से भी बदला नहीं जा सकता, जैसे—परिसंघीय व्यवस्था, विधि का शासन, शक्तियों का पृथक्करण, लोकतंत्र तथा सामाजिक राज्य से सम्बन्धित भाग। इसी प्रकार मानव गरिमा एवं मूल अधिकारों और स्वतंत्रताओं से सम्बन्धित प्रावधान भी अपरिवर्तनीय हैं।

राज्य के प्रमुख अंग

जर्मन गणराज्य की कार्यकारिणी शक्तियों का वास मुख्यतः परिसंघ सरकार में है। जिसके प्रमुख हैं चांसलर और राष्ट्रपति (फेडरल प्रेसीडेंट)। विधायी दायित्वों का निर्वहन करने के लिए बुंडेसताग और बुंडेसराद हैं। संविधान से सम्बन्धित न्यायिक कृत्यों के लिए संवैधानिक न्यायालय हैं।

कार्यपालिका

राष्ट्रपति देश की राजनीतिक एकता का प्रतीक और दलगत विभेदों से ऊपर माना जाता है। उसका निर्वाचन एक निर्वाचकमंडल सम्मेलन के द्वारा होता है। परिसंघीय निर्वाचकमंडल एक संवैधानिक संस्था है, जो राष्ट्रपति के निर्वाचन के लिए ही अस्तित्व में आती है। इसमें बुंडेसताग के सभी सदस्य तथा उतनी ही संख्या में राज्य संसदों के द्वारा चुने गए सदस्य होते हैं। कभी–कभी कुछ ऐसे विशिष्ट व्यक्तियों का सम्मेलन में नाम निर्देशित किया जा सकता है जो राज्यों की संसदों के सदस्य न हों। राष्ट्रपति का निर्वाचन पाँच वर्षों के लिए होता है और यह बहुमत से होता है। वह केवल एक बार पुनः चुना जा सकता है।

जर्मनी की परिसंघ सरकार का और मंत्रिमंडल का मुखिया चांसलर होता है। चांसलर संसद द्वारा चुना जाता है और केवल रचनात्मक अविश्वास प्रस्ताव (कॉन्सट्रक्टिव वोट ऑफ नो कॉन्फीडेंस) के द्वारा ही उसे अपने पद से हटाया जा सकता है। 1982 में एक रचनात्मक अविश्वास का प्रस्ताव पास हो गया था। रचनात्मक अविश्वास प्रस्ताव तत्कालीन चांसलर के प्रति अविश्वास अभिव्यक्त करने के साथ ही नए चांसलर के नाम की भी पुष्टि कर देता है। चांसलर की सिफारिश पर राष्ट्रपति मंत्रिमंडल के सदस्यों की नियुक्ति और बर्खास्तगी करता है।

विधायिका

बुंडेसताग का निर्वाचन जर्मन गणराज्य की जनता के द्वारा हर चार साल बाद किया जाता है। बुंडेसताग का मुख्य काम कानून बनाना, चांसलर का निर्वाचन करना और सरकार के ऊपर नियंत्रण करना है। विधि निर्माण का काफी प्राथमिक काम संसदीय समितियों में होता है। समितियों की बैठकें प्रायः जनता के लिए खुली नहीं होतीं।

समितियों के माध्यम से संसद सरकार के कामों पर आवश्यक निगरानी और अंकुश रखती है। बुंडेसताग की समितियाँ सरकार के विभागों से सम्बन्धित होती हैं।

बुंडेसताग के सदस्य देश की सम्पूर्ण जनता का प्रतिनिधित्व करते हैं। वे अपने निर्वाचकमंडल के निर्देशों से बँधे नहीं होते। उनसे अपेक्षा की जाती है कि वे अपनी आत्मा की आज्ञा मानें। कभी-कभी आत्मा की आवाज और पार्टी के अनुशासन की माँग में टकराव की स्थिति आ सकती है और सांसद को अपनी पार्टी छोड़नी पड़ सकती है किन्तु ऐसे में भी उसकी बुंडेसताग सदस्यता बनी रहती है।

दूसरा सदन बुंडेसराद जर्मन परिसंघ के 16 राज्यों का प्रतिनिधित्व करता है तथा परिसंघीय विधि निर्माण और कार्यान्वयन में भागीदार रहता है। बुंडेसराद के सदस्य निर्वाचित नहीं होते अपितु राज्यों की सरकारों के सदस्य अथवा उनके प्रतिनिधि होते हैं। प्रत्येक राज्य की जनसंख्या के आधार पर उसे 3 से 6 तक मत का अधिकार होता है और हर राज्य को अपने मत एक ही ब्लॉक में डालने होते हैं।

आधे से अधिक विधेयक ऐसे होते हैं जिनको पारित करने के लिए बुंडेसराद की सहमति अनिवार्य है। मुख्य रूप से इस श्रेणी में ऐसे सब विधेयक आते हैं जो राज्यों के महत्त्वपूर्ण प्रशासनिक अधिकारों अथवा वित्तीय हितों से सम्बन्धित हों। संवैधानिक संशोधनों को पारित करने के लिए बुंडेसराद के दो-तिहाई बहुमत का समर्थन जरूरी है। इनके अतिरिक्त और मामलों में बुंडेसराद केवल अपना एतराज दर्ज कर सकती है और इसे बुंडेसताग खारिज कर सकती है। अगर किसी मामले में जिसमें दोनों सदनों की सहमति जरूरी हो, ऐसी सहमति न हो पाए तो दोनों सदनों के सदस्यों की एक मध्यस्थता समिति बुलाई जा सकती है जो प्राय: समझौते का रास्ता निकालने में सफल रहती है।

बुंडेसराद में दलीय हितों से ऊपर उठकर राष्ट्रहित को अधिक महत्त्व दिया जाता है। फलस्वरूप मतदान हमेशा राजनीतिक दलों के आधार पर नहीं होता। परिसंघीय ढाँचे के चलते कई बार राजनीतिक दल और राज्य विशेष के हितों में भी टकराव की स्थिति आ जाती है और ऐसे में सदस्य अपने दल नहीं वरन् अपने राज्य के पक्ष में मतदान कर सकता है, इससे जर्मनी के परिसंघात्मक व्यवस्था का सर्वोपरि महत्त्व उजागर होता है। परिसंघ के राष्ट्रपति की अस्वस्थता की स्थिति में बुंडेसराद का अध्यक्ष ही राष्ट्रपति के पद का भार सँभालता है।

परिसंघीय संवैधानिक न्यायालय (फेडरल कॉन्स्टीट्यूशनल कोर्ट)

परिसंघीय कॉन्स्टीट्यूशनल कोर्ट जर्मनी के मूल विधान (बेसिक लॉ) की सरंक्षक मानी जाती है। परिसंघ सरकार और राज्यों के बीच विभेदों का तथा विभिन्न राज्यों के परस्पर विवादों का फैसला यह कॉन्स्टीट्यूशनल कोर्ट ही करती है। किसी

राजनीतिक दल, आन्दोलन अथवा संगठन को यह असंवैधानिक और अवैध घोषित कर सकती है और उसके विघटन का आदेश दे सकती है अगर वह इस निष्कर्ष पर पहुँचे कि वह दल, लोकतंत्र आन्दोलन या संगठन लोकतंत्र, संवैधानिक शासन और स्वतंत्रता के लिए खतरा है। यही कोर्ट परिसंघ के और राज्यों के कानूनों को बेसिक लॉ की कसौटी पर परखती है और असंवैधानिक पाए गए कानूनों को निरस्त/निष्प्रभावी घोषित कर देती है। ऐसा करने के लिए यह जरूरी है कि परिसंघीय सरकार, राज्यों की सरकारों, संसद के कम से कम दो-तिहाई सदस्यों, निचली अदालतों आदि की ओर से माँग की गई हो। इस सबसे महत्त्वपूर्ण आम नागरिक का यह अधिकार है कि वह इस संवैधानिक अदालत के सामने अपने मूल मानवीय अधिकारों के राज्य द्वारा हनन मामलों में शिकायत पेश कर सकता है। हालाँकि ऐसा करने से पहले आवश्यक है कि उसने और सभी उपलब्ध वैधानिक उपचार नि:शेष कर दिए हों।

इस संवैधानिक अदालत में 8-8 न्यायाधीशों की दो पीठ होती हैं। आधे-आधे न्यायाधीश बुंडेसताग और बुंडेसराद की आम सहमति से चुने जाते हैं। सभी न्यायाधीशों का कार्यकाल 12 वर्ष का होता है और उन्हें पुन: नहीं चुना जा सकता।

निर्वाचन और दल व्यवस्था

आधुनिक लोकतंत्र में राजनीतिक दलों का अपना विशेष महत्त्व है। जर्मन बेसिक लॉ में राजनीतिक दलों के लिए एक अलग अनुच्छेद-(21) है जिसके अनुसार उनका प्रमुख काम जनता की राजनीतिक इच्छाशक्ति का निर्माण करना है। दलों का अपना आन्तरिक ढाँचा लोकतांत्रिक होना चाहिए तथा उन्हें अपने आय-व्यय के आँकड़े जनता को हर साल उपलब्ध कराना जरूरी होना चाहिए। इस विषय में दलों का पूरा विवरण कानून द्वारा दिया गया है। यह जरूरी है कि वे आय के स्रोत बताएँ और इनका यथापरीक्षित लेखा जनसुलभ हो।

जब 1949 में प्रथम बुंडेसताग के लिए चुनाव हुए तो 36 राजनीतिक दल मैदान में उतरे किन्तु 1990 के आते-आते केवल चार ही बुंडेसताग में रह गए थे। 5 प्रतिशत की धारा के अन्तर्गत केवल वही दल संसद में प्रतिनिधित्व पा सकता है जिसे कम से कम 5 प्रतिशत मत मिले हों या कम से कम तीन निर्वाचकमंडलों के निर्वाचित स्थान मिले हों। केवल राष्ट्रीय अल्पसंख्यकों के मामले में 5 प्रतिशत की शर्त लागू नहीं होती।

जर्मन संविधान (बेसिक लॉ) के अनुसार, जर्मनी में निर्वाचन 'साधारण, प्रत्यक्ष, स्वतंत्र, समान तथा गुप्त मतदान' द्वारा होते हैं। साधारण निर्वाचन से अभिप्राय है सभी नागरिकों को लिंग, मूलवंश, आय अथवा धन-दौलत, पद, शिक्षा अथवा धार्मिक विश्वासों के विचार के बिना मतदान करने का अधिकार है।

प्रत्यक्ष मतदान का अर्थ है कि मतदान सीधा दल के किसी उम्मीदवार के लिए किया जाता है। किसी प्राथमिकी (प्राइमरी) और निर्वाचकमंडल आदि का जर्मनी में कोई प्रावधान नहीं है। मतदान की स्वतंत्रता का भाव है कि मतदाता किसी दबाव अथवा अनुचित प्रभाव के बिना मतदान कर सकें, दलों और उम्मीदवारों के बारे में पूरी जानकारी पा सकें और उसके आधार पर पूरी स्वतंत्रता के साथ अपने मतदान के बारे में निर्णय लें। समान मतदान का अर्थ है, सभी मतों को समान महत्त्व और सभी मतदाताओं को बिना किसी धर्म, दौलत, मूलवंश, शिक्षा, लिंग अथवा राजनीतिक विचारधारा के आधार पर समान मताधिकार और उन सभी के मतों का समान मूल्य। गुप्त मतदान से अभिप्राय है कि मतदान की गोपनीयता सुरक्षित रखी जाती है।

जर्मनी के 18 वर्ष से ऊपर की आयु के हर नागरिक को मताधिकार प्राप्त है। उम्मीदवारों का चयन और नाम निर्देशन राजनीतिक दलों के द्वारा किया जाता है। बुंडेसताग के लिए सानुपातिक प्रतिनिधित्व पद्धति का अनुसरण किया जाता है। जर्मन निर्वाचन एक मिश्रित पद्धति पर आधारित है जिसमें एक ओर सानुपातिक प्रतिनिधित्व और सूची (PR with list system) का प्रावधान है और दूसरी ओर सापेक्ष बहुसंख्यक प्रणाली (FPTP) का। प्रत्येक मतदाता के पास दो मत देने का अधिकार होता है। पहला मत वह अपने निर्वाचकमंडल से अपनी पसन्द के उम्मीदवार को देता है और जिस उम्मीदवार को सापेक्ष बहुसंख्यक प्रणाली (FPTP) के अनुसार सबसे अधिक मत मिले हों, वही चुना हुआ माना जाता है। मतदाता अपना दूसरा मत दलों द्वारा प्रस्तुत उम्मीदवारों की परिसंघ राज्य सूची को देता है। इस प्रकार मतदाता अपनी पसन्द का दल चुनता है। यह मत भी पहले मत के साथ ही निर्वाचन के दिन दिया जाता है। सभी राज्यों में दल तथाकथित परिसंघ राज्य सूचियाँ प्रस्तुत करते हैं। दल निश्चित करते हैं कि सूचियों में से कौन से उम्मीदवार दल का प्रतिनिधित्व करेंगे और इन्हें किस क्रम में रखा जाएगा। यह क्रम उस सम्भावना अथवा निश्चय की भावना को अभिनिश्चित करता है जिससे उम्मीदवार स्थगन प्राप्त करने की आशा कर सकता है। परिसंघ राज्य सूचियों में उम्मीदवारों को जो दूसरे मत प्राप्त होते हैं वह अन्तत: दलों की आनुपातिक सत्ता का निर्णय करते हैं। परिसंघ राज्य सूची में शामिल उम्मीदवारों को प्राप्त मतों की क्षति को प्रत्यक्ष निर्वाचन मतों से पूरा किया जाता है। प्रत्यक्ष रीति से चुने सदस्यों के साथ परिसंघ राज्य सूचियों द्वारा निर्वाचित उतने ही सदस्यों का योग किया जाता है। निर्वाचकमंडलों के और परिसंघ राज्यों की सूचियों के लिए पड़े मतों को कुछ इस प्रकार सन्तुलित किया जाता है जिससे बुंडेसताग के गठन में दलों को मिले मतों का वितरण प्रतिबिम्बित हो। मतदाताओं द्वारा राज्यों की सूचियों पर मतदान कराने से यह सुनिश्चित किया जा सकता है कि सभी राजनीतिक

दलों की बुंडेसताग में सदस्य संख्या उन्हें मिले मतों से मेल खाती हो। दूसरी ओर, पहले मत से नागरिकों को अपनी पसन्द के उम्मीदवार को चुनने का अवसर मिलता है।

जर्मन आम चुनावों में लगभग 77 से 90 प्रतिशत या उससे भी अधिक मतदाता मतदान में भाग लेते हैं। आम चुनावों के द्वारा बुंडेसताग के प्राय: 598 सदस्य चार वर्ष की अवधि के लिए पद ग्रहण करते हैं बशर्ते कि बुंडेसताग का विघटन इससे पहले नहीं कर दिया जाता। जर्मनी में उप-चुनावों की आवश्यकता नहीं पड़ती क्योंकि किसी सदस्य की मृत्यु अथवा पदत्याग की अवस्था में जो व्यक्ति दल की परिसंघ राज्य सूची में अगले स्थान पर होता है, वह अपने आप ही स्थान ग्रहण कर लेता है।

सदस्यता शुल्क और चन्दों से मिले धन के अतिरिक्त राजनीतिक दलों को, विशेषत: चुनाव अभियान के लिए, सरकार से अनुदान प्राप्त होते हैं। प्रत्येक उस दल को, जिसने कम से कम 0.5 प्रतिशत मत पाए हों, 5 मार्क (DM) प्रति व्यक्ति के हिसाब से मतों के आधार पर मिलता है। एक निश्चित राशि से अधिक यदि कोई कम्पनी आदि किसी दल को चन्दे या दान के रूप में देना चाहे तो उसकी सूचना जनता को दी जानी चाहिए।

निर्वाचनों की प्रामाणिकता घोषित करने का काम संसद के निचले सदन बुंडेसताग को सौंपा गया है। अपील परिसंघीय संवैधानिक अदालत (फेडरल कॉन्स्टीट्यूशनल कोर्ट) में की जा सकती है और इसका निर्णय अन्तिम माना जाएगा। निर्वाचनों के लिए शासकीय और विधायी व्यवस्था के अन्तर्गत, परिसंघीय निर्वाचनों के परिचालन पर देखरेख रखने का दायित्व परिसंघीय निर्वाचन निरीक्षक (फेडरल इलैक्शन सुपरवाइजर) का है। उसके साथ सहयोग करते हैं 16 राज्यों के निर्वाचन निरीक्षक और निर्वाचकमंडल निरीक्षक। परिसंघीय सांख्यिकी कार्यालय का अध्यक्ष परम्परानुसार परिसंघीय निर्वाचन निरीक्षक नियुक्त किया जाता है और परिसंघ के स्तर पर निर्वाचन आयोग की अध्यक्षता करता है। उसी प्रकार राज्यों के निरीक्षक राज्य निर्वाचन आयोगों की और निर्वाचकमंडल निरीक्षक मंडल स्तरीय आयोगों की अध्यक्षता करते हैं।

बुंडेसताग की ओर से उसकी एक नौ सदस्यीय संसदीय समिति निर्वाचन सम्बन्धी विवादों के निपटारे की व्यवस्था को चलाती है। परम्परा है कि समिति में विभिन्न राजनीतिक दलों की सदस्य संख्या में अनुपात सदन में उनके अनुपात के अनुरूप ही रहता है। समिति के सभी निर्णयों के विरुद्ध कॉन्स्टीट्यूशनल कोर्ट में अपील की जा सकती है किन्तु उसके लिए कम से कम 100 नागरिकों के हस्ताक्षर चाहिए। निर्वाचन विवादों में अन्तिम निर्णय आने में लगभग दो वर्ष तक का समय लग जाता है।

संक्षेप

संक्षेप में जर्मन राजनीतिक व्यवस्था की कुछ विशेषताओं पर ध्यान केन्द्रित करें तो उनमें प्रमुख हैं—

- जर्मनी परिसंघीय लोकतंत्रात्मक गणराज्य है जिसमें न केवल सत्ता सार्थक और सशक्त विकेन्द्रीकरण हुआ है बल्कि अधिकतम प्रभुत्व शक्तियाँ तृणमूल स्तर पर छोड़ी गई हैं।
- जर्मन संविधान में मूल मानवीय और नागरिक अधिकारों को सुरक्षा प्रदान की गई है।
- जर्मन परिसंघ के संघटक अंगों (लांडरों अथवा राज्यों) के अपने संविधान हैं जो जर्मन संविधान (बेसिक लॉ) के मूल सिद्धान्तों का उल्लंघन नहीं करते।
- विधि के शासन, न्यायिक स्वतंत्रता एवं सामाजिक न्याय को पूरा महत्त्व दिया गया है।
- जर्मन चांसलर, जिसे प्रधानमंत्री का पर्याय माना जा सकता है को संसद द्वारा निर्वाचन के द्वारा चुना जाता है और केवल रचनात्मक अविश्वास के प्रस्ताव के द्वारा ही हटाया जा सकता है।
- जर्मन विधायिका द्विसदनीय है और विधि निर्माण और सरकार के कामों पर निगरानी रखने में संसदीय समितियों की विशेष भूमिका है।
- जर्मनी में राजनीतिक दलों को संवैधानिक मान्यता प्राप्त है। दलों में आन्तरिक लोकतंत्र, आय-व्यय के आँकड़ों का परीक्षण (ऑडिट) कराना और जनता के सामने रखना अनिवार्य है।
- जर्मनी में राजनीतिक दलों को निर्वाचन में प्राप्त मतों के आधार पर सरकार से अनुदान मिलते हैं।
- जर्मन निर्वाचन व्यवस्था एक मिश्रित प्रणाली पर आधारित है जिसमें एक ओर सानुपातिक प्रतिनिधित्व और सूची प्रणाली है और दूसरी ओर सापेक्ष बहुसंख्यक प्रणाली। जर्मन आम चुनावों में मतदाता का प्रतिशत 77 से 90 रहता है।
- जर्मन निम्न सदन बुंडेसताग का कार्यकाल नियत है और चार वर्ष की अवधि पूरी होने से पूर्व उसका विघटन नहीं किया जा सकता।

3

ब्रिटेन

संसदीय लोकतंत्र

ब्रिटेन, ग्रेट ब्रिटेन, इंग्लैंड अथवा यूनाइटेड किंग्डम (यू.के.) के नाम से जानेवाले राष्ट्र का पूरा नाम वस्तुत: 'यूनाइटेड किंग्डम ऑफ ग्रेट ब्रिटेन एड नॉर्दर्न आयरलैंड' (ग्रेट ब्रिटेन और उत्तरी आयरलैंड का संयुक्त राज) है। इस वर्तमान स्वरूप का उदय हुआ 1922 में, आयरलैंड के उत्तरी भाग के ब्रिटेन में मिलने तथा शेष आयरलैंड के स्वतंत्र राज्य (आयरिश फ्री स्टेट) बनने के बाद। फिर भी, प्राय: ब्रिटेन या यू.के. के नाम का प्रयोग किया जाता है।

यूरोपीय महाद्वीप के मुख्य भूस्थल से उत्तर-पश्चिम में स्थित ब्रिटिश द्वीप समूह में सबसे बड़ा द्वीप ग्रेट ब्रिटेन है जिसका उत्तरी भाग स्कॉटलैंड, पश्चिम-दक्षिणी भाग वेल्स तथा शेष भाग इंग्लैंड कहलाता है। ब्रिटिश द्वीप समूह का दूसरा बड़ा द्वीप आयरलैंड है। यूनाइटेड किंग्डम सचमुच इंग्लैंड, वेल्स, स्कॉटलैंड और कुछ छोटे-छोटे द्वीपों से मिलकर बनता है। इसके पड़ोस में प्रमुख राष्ट्र हैं—पश्चिम में आयरलैंड, दक्षिण में फ्रांस, पूर्व में नीदरलैंड्स, जर्मनी, बेल्जियम और डेनमार्क तथा उत्तर-पूर्व में नॉर्वे।

यूनाइटेड किंग्डम की आबादी 6 करोड़ से अधिक है और अब 1973 से वह यूरोपियन यूनियन के सदस्य राष्ट्रों में है। उसकी भाषा अंग्रेजी है और राजधानी लन्दन। कुल आबादी का 84 प्रतिशत इंग्लैंड में बसता है और शेष केवल 16 प्रतिशत स्कॉटलैंड, वेल्स और उत्तरी आयरलैंड में।

संविधान और राज्य-व्यवस्था

ब्रिटेन का कोई लिखित संविधान नहीं है। वस्तुत: अलिखित संविधान वाले देश का सर्वश्रेष्ठ उदाहरण ब्रिटेन ही है। उसके संविधान और राज्य-व्यवस्था का क्रमिक विकास हुआ। वह शनै:-शनै: अभिसमयों, लोकाचारों, परम्पराओं, न्यायिक निर्णयों,

पूर्व दृष्टान्तों और संसदीय अधिनियमों के द्वारा बनते रहे। इंग्लैंड का पूरा संविधान कभी लिपिबद्ध नहीं किया गया। हाँ, उसके कुछ विशिष्ट अंश, उदाहरणार्थ—मैग्नाकार्टा (1215), पेटिशन ऑफ राइट्स (1628), ग्रेट रिफॉर्म एक्ट और पार्लियामेंट एक्ट (1911) आदि अवश्य लेखबद्ध हैं। ब्रिटिश संविधान को अपने वर्तमान रूप में आने में कई सौ वर्ष लगे। इसके लिए पहला लम्बा संघर्ष हुआ सम्राट और सामन्तों के बीच। आनुवंशिक सम्राट देश पर शासन करना अपना ईश्वरीय अधिकार मानते थे। राज्य की सार्वभौम सत्ता और सर्वोच्च शक्तियों का वास सम्राट में ही था। संसद एक सामन्ती संस्था थी। जनता पर कर लगाने और शासन चलाने के लिए आवश्यक धन एकत्र करने के लिए सम्राट को संसद पर निर्भर रहना पड़ता था। धीरे-धीरे धन के बदले में सामन्तों ने संसद के माध्यम से कुछ अधिकार और स्वतंत्रताएँ माँगना और उनके लिए दबाव डालना प्रारम्भ किया। 1215 में तत्कालीन सम्राट जॉन को मैग्नाकार्टा नामक माँगपत्र पर हस्ताक्षर करने के लिए बाध्य किया गया। इसके द्वारा सम्राट को अपनी कुछ शक्तियों को सामन्तों के साथ बाँटना पड़ा। इसी बीच धीरे-धीरे संसद भी प्रातिनिधिक स्वरूप की ओर बढ़ने लगी। कहते हैं 1295 में एडवर्ड प्रथम ने जो संसद आहूत की और जिसे ब्रिटिश इतिहास में मानक संसद के नाम से जाना जाता है, वह पहली प्रातिनिधिक विधानसभा थी। 1341 में हाउस ऑफ लॉर्ड्स तथा हाउस ऑफ कॉमन्स को लेकर द्विसदनीय संसद की व्यवस्था का प्रादुर्भाव हुआ। 1688 की गौरवपूर्ण रक्तहीन क्रान्ति ने यह निश्चित कर दिया कि शासन के क्षेत्र में संसद की शक्ति सर्वोच्च है और जनता को अधिकार है कि वह जिस शासन को चाहे चुन सकती है। इसके साथ ही मर्यादित अथवा संवैधानिक राजतंत्र का धीरे-धीरे उदय हुआ और सम्राट की निरंकुश शक्ति का ह्रास होने लगा। 1701 के सेटिलमेंट अधिनियम के अनुसार ब्रिटेन के राजसिंहासन पर बैठनेवाला कोई व्यक्ति अथवा उसका पति/पत्नी कैथोलिक नहीं हो सकते। 1832 के सुधार अधिनियम (रिफॉर्म बिल) से लोकतंत्रात्मक व्यवस्था का प्रारम्भ हुआ माना जाता है। वर्तमान ब्रिटिश शासन व्यवस्था की एक मुख्य विशेषता यह है कि यू.के. के तीन भागों—स्कॉटलैंड, वेल्स और उत्तरी आयरलैंड—को विशेष दर्जा मिला हुआ है और उनके तीनों के अपने-अपने स्थानीय स्वायत्त प्रशासन हैं जिनके दायित्व और अधिकार-क्षेत्र काफी व्यापक हैं।

संसदीय शासन प्रणाली

ब्रिटिश शासन व्यवस्था को प्राय: संसदीय प्रणाली कहा जाता है। वस्तुत: ब्रिटेन ही इस व्यवस्था का सर्वश्रेष्ठ उदाहरण है। कह सकते हैं, इसका प्रारम्भ भी ब्रिटेन से हुआ। इसे मंत्रिमंडलीय प्रशासन प्रणाली (कैबिनेट फॉर्म ऑफ गवर्नमेंट अथवा मिनिस्टीरिअल फॉर्म ऑफ गवर्नमेंट) अथवा उत्तरदायी शासन प्रणाली आदि नामों

से भी जाना जाता है। क्योंकि जिस प्राचीन राजप्रासाद में ब्रिटिश संसद के दोनों सदनों की बैठक होती है उसे वेस्टमिंस्टर कहा जाता है, पूरी ब्रिटिश शासन व्यवस्था को वेस्टमिंस्टर सिस्टम के नाम से भी पुकारा जाता है। इस शासन की मुख्य विशेषता यह है कि इसमें मंत्रिमंडल वास्तविक कार्यपालिका होता है और वह विधानमंडल के प्रति उत्तरदायी होता है। इस शासन प्रणाली के प्रमुख लक्षण यह हैं—

1. राज्य का प्रधान नाममात्र का शासक होता है। उसके हाथों में कोई वास्तविक शक्ति नहीं होती। वह सदैव अपने मंत्रिमंडल के परामर्श के अनुसार कार्य करता है। ब्रिटेन में सम्राट नाममात्र का, औपचारिक अथवा संवैधानिक राष्ट्र प्रमुख है क्योंकि उसकी सारी शक्तियों का प्रयोग मंत्रिमंडल करता है। ब्रिटेन में सम्राट/सम्राज्ञी प्रधानमंत्री की सलाह पर हाउस ऑफ कॉमन्स का विघटन कर सकते हैं और संसद के विशेष अधिवेशन बुला सकते हैं।
2. मंत्रिमंडल विधानमंडल के साथ सहयोगपूर्वक कार्य करता है। प्रत्येक मंत्री के लिए यह आवश्यक है कि वह विधानमंडल के किसी-न-किसी सदन का सदस्य अवश्य हो। मंत्री विधानमंडल की कार्यवाही में सक्रिय भाग लेते हैं।
3. मंत्रिमंडल के सभी सदस्य प्राय: एक ही राजनीतिक दल के सदस्य होते हैं इसलिए उनकी राजनीतिक विचारधारा भी एक-सी ही होती है। जब कभी राष्ट्रीय संकट की घड़ियों में अथवा अन्य परिस्थितियों में संयुक्त सरकारों का निर्माण होता है तब भी यह आवश्यक समझा जाता है कि मंत्रिमंडल के सदस्य कम-से-कम आधारभूत प्रश्नों पर एकमत हों।
4. मंत्रिमंडल विधानमंडल के प्रति (अधिकतर निम्न सदन अथवा जनता द्वारा सीधे निर्वाचित सदन के प्रति) सामूहिक रूप से उत्तरदायी होता है। इसका अभिप्राय यह है कि मंत्रिमंडल के सदस्य एक साथ ही डूबते और एक साथ ही तैरते हैं। मंत्रिमंडल उसी समय तक सत्तारूढ़ रहता है जब तक कि उसे विधानमंडल के बहुमत का समर्थन मिलता रहता है। जैसे ही निम्न सदन का बहुमत मंत्रिमंडल का समर्थन करना बन्द कर देता है, वैसे ही मंत्रिमंडल के लिए यह आवश्यक हो जाता है कि या तो वह पद रिक्त कर दे या राज्य के प्रधान को यह मंत्रणा दे कि वह विधानमंडल का विघटन कर दे और फिर से आम चुनाव कराए।
5. मंत्रिमंडल प्रधानमंत्री के नेतृत्व में कार्य करता है।
6. मंत्रिमंडल को कानून बनाने में महत्त्वपूर्ण कार्य करना पड़ता है। ब्रिटेन में मंत्रिमंडल संसद का नेतृत्व तथा पथ-प्रदर्शन करता है। कोई विधेयक

पास होगा या नहीं, यह मंत्रिमंडल के दृष्टिकोण पर निर्भर होता है क्योंकि वह हाउस ऑफ कॉमन्स में बहुमत का नेतृत्व करता है। मंत्रिमंडल बिना संसद की स्वीकृति लिये युद्ध की घोषणा कर सकता है।

कैबिनेट अथवा मंत्रिमंडल

ब्रिटेन में 'कैबिनेट' अथवा मंत्रिमंडल के अन्तर्गत मंत्रिपरिषद् के उन कुछ प्रमुख और सबसे वरिष्ठ मंत्रियों को सम्मिलित किया जाता है जो सरकार के मुख्य-मुख्य विभागों के प्रधान होते हैं और प्रधानमंत्री के साथ मिलकर राष्ट्रीय नीति का निर्धारण तथा निर्देशन करते हैं। सर अर्नेस्ट बार्कर ने मंत्रिमंडल को नीति का चुम्बक कहा है। बैजहॉट के अनुसार, 'ब्रिटिश मंत्रिमंडल एक हाइफन है जो जोड़ता है, एक बकसुआ है जो कार्यपालिका तथा व्यवस्थापिका को जकड़ देता है।' लावेल ने मंत्रिमंडल को 'राजनीतिक वृत्तखंड के मेहराब के बीच का पत्थर' कहा है और सर जॉन मेरियट ने उसे वह धुरी बताया है जिसके चारों ओर सारा शासन-चक्र घूमता है।

ब्रिटेन की बहुत-सी संवैधानिक संस्थाओं की तरह मंत्रिमंडल का उद्भव भी संयोग का ही परिणाम है। 1937 तक मंत्रिमंडल शब्द का संसद द्वारा पारित किसी विधि में प्रयोग नहीं हुआ और 'मिनिस्टर्स ऑफ द क्राउन एक्ट' (1937) वह पहला अधिनियम है जिसमें मंत्रिमंडल शब्द का प्रयोग किया गया। इंग्लैंड में मंत्रिमंडलीय शासन प्रणाली की सारी व्यवस्था भी अभिसमयों पर आधारित है जो अलिखित होते हुए भी उतने ही मान्य तथा यथार्थ हैं जितने कि विधि के नियम। ब्रिटिश सरकार के लिए कई बार समाचार जगत् में 'व्हाइटहॉल' का प्रयोग किया जाता है क्योंकि कई प्रमुख सरकारी विभाग संसद भवन (वेस्टमिंस्टर) के पास एक मार्ग पर, जिसका नाम व्हाइटहॉल है, स्थित हैं।

ब्रिटेन में अधिकांश सरकारें ऐसे एक दल की रही हैं जिसे हाउस ऑफ कॉमन्स में बहुमत का समर्थन प्राप्त हो। किन्तु, अल्पसंख्यक और गठबन्धन की सरकारों के भी कुछ उदाहरण हैं। वस्तुतः 2010 के चुनाव के बाद बनी सरकार भी अनुदारवादी (कंजर्वेटिव) और उदारवादी (लिबरल) दलों की गठबन्धन सरकार है।

प्रधानमंत्री (प्राइम मिनिस्टर)

ब्रिटेन की मंत्रिमंडलीय अथवा संसदीय शासन प्रणाली में प्रधानमंत्री का आधारभूत महत्त्व है। उसकी मंत्रिमंडल के निर्माण में, मंत्रिमंडल के जीवन में और मंत्रिमंडल की मृत्यु में केन्द्रीय स्थिति होती है। इंग्लैंड में प्रधानमंत्री के पद का सतत विकास हुआ है। 1873 के पूर्व प्रधानमंत्री शब्द का प्रयोग किसी राष्ट्रीय प्रलेख में नहीं हुआ। उस वर्ष जब लॉर्ड बीकन्सफील्ड ने बर्लिन की सन्धि पर हस्ताक्षर किए थे, तब उनके बारे में कहा गया था कि वे 'महिमामयी सम्राज्ञी की सरकार के प्रथम

लॉर्ड तथा इंग्लैंड के प्रधानमंत्री' हैं। 1906 में प्रधानमंत्री की स्थिति को राज्य के उत्सवों से सम्बन्ध रखनेवाली सामाजिक प्राथमिकताओं की तालिका में मान्यता प्रदान की गई और उसे आदर की दृष्टि से चौथे दर्जे का प्रजाजन माना गया। उसकी स्थिति यार्क के आर्चबिशप से नीचे रखी गई थी। 1917 के चेकर्स एस्टेट एक्ट में प्रधानमंत्री का पद ग्रहण करनेवाले व्यक्ति का जिक्र आया है और उस व्यक्ति को चेकर्स के (जो आजकल प्रधानमंत्री का अधिकृत ग्राम्यावास है) प्रयोग की अनुमति दी गई है। 1937 के 'क्राउन के मंत्री अधिनियम' ने पहली बार प्रधानमंत्री के पद को वैधिक मान्यता दी। इस अधिनियम की चौथी धारा में कहा गया है कि 'उस व्यक्ति को, जो प्रधानमंत्री तथा सरकार का प्रथम मंत्री होगा, 10,000 पौं. वार्षिक वेतन मिलेगा।'

इंग्लैंड के प्रधानमंत्री के पास विधिविहित वास्तविक शक्ति बिलकुल नहीं है। उसके पास जो भी शक्ति है, वह उसे संवैधानिक अभिसमयों से ही प्राप्त हुई है। परम्परा के अनुसार सम्राट हाउस ऑफ कॉमन्स में बहुमत-प्राप्त दल अथवा गठबन्धन के नेता को प्रधानमंत्री का पद सँभालने और मंत्रिमंडल के निर्माण करने का निमंत्रण देता है। सम्राट की व्यक्तिगत रुचि-अरुचि की इसमें कोई भूमिका नहीं होती। किन्तु यदि हाउस ऑफ कॉमन्स में किसी दल या गठबन्धन का नेता स्पष्ट न हो तो सम्राट को अपने विवेक का प्रयोग करने का अवसर मिलता है। सम्राट को ऐसे अवसरों पर भी प्रधानमंत्री की नियुक्ति में कुछ छूट मिल जाती है जबकि प्रधानमंत्री अपने पद से त्याग-पत्र दे दे या उसकी आकस्मिक मृत्यु हो जाए और इस अवस्था में उसके दल में ऐसा कोई मान्य नेता न हो जो उसका स्थान ग्रहण कर सके। इंग्लैंड में इन स्थितियों में सम्राट निष्पक्षता और तटस्थता से कार्य करते रहे हैं। यदि हाउस ऑफ कॉमन्स में कोई प्रधानमंत्री पराजित हो जाता है और इस पराजय के फलस्वरूप वह अपने मंत्रिमंडल का त्यागपत्र दे देता है, तब सम्राट प्रतिपक्ष के नेता को मंत्रिमंडल का निर्माण करने के लिए आमंत्रित करते हैं।

ब्रिटिश संसदीय शासन प्रणाली में प्रधानमंत्री ही वास्तविक कार्यांग होता है। वही मंत्रिपरिषद् का निर्माण करता है और उसके सदस्यों के बीच विभागों का वितरण करता है। अन्य मंत्रियों के सन्दर्भ में प्रधानमंत्री की स्थिति 'समकक्षों में प्रथम' (प्राइमस इंटर पेयर्स) कही जाती है। किन्तु इस सम्बन्ध में जैनिग्ज का कहना है कि प्रधानमंत्री समकक्षों में प्रथम मात्र ही नहीं है 'वह तो सूर्य है जिसके चारों ओर ग्रह अथवा नक्षत्र घूमते रहते हैं।' उसे यह भी अधिकार है कि यदि वह किसी मंत्री के कार्य से प्रसन्न अथवा सहमत न हो तो उसका त्यागपत्र माँग सकता है और उसके स्थान पर किसी अन्य मंत्री को नियुक्त कर सकता है। यदि प्रधानमंत्री त्यागपत्र देता है, तो उसके परिणामस्वरूप अन्य सारे मंत्रियों को भी त्यागपत्र देना पड़ता है। यदि कोई अवांछित मंत्री त्यागपत्र देने से मना कर दे तो प्रधानमंत्री अपने

मंत्रिमंडल का त्यागपत्र दे सकता है और फिर दुबारा मंत्रिमंडल का निर्माण कर सकता है। प्रधानमंत्री को समूची मंत्रिपरिषद् का त्यागपत्र देने का अधिकार है। प्रधानमंत्री सरकार का नेता होने के साथ-साथ प्राय: अपने दल का भी नेता होता है। उसका दलीय नेतृत्व उसके व्यक्तित्व, व्यक्तिगत प्रतिष्ठा, राजनीति में दमखम और कार्यपटुता पर निर्भर रहता है। इसीलिए कहा जाता है कि प्रधानमंत्री का पद वह है जो प्रधानमंत्री उसे बना दे। वह मंत्रिपरिषद् का अध्यक्ष होता है और मंत्रिमंडल की बैठकों के कार्यक्रम निश्चित करता है। मंत्रिपरिषद् से विचार-विनिमय करते समय मंत्रियों में मतभेद हो सकता है, पर अन्त में सभी को सर्वसम्मति से निर्णय करने पड़ते हैं और यह सर्वसम्मति लाने में प्रधानमंत्री की निर्णायक भूमिका होती है। प्रधानमंत्री विभिन्न मंत्रियों और उनके विभागों की नीतियों में सामंजस्य तथा एकरूपता की स्थापना करता है। शासन की नीति और संसद की कार्यवाही के सम्बन्ध में सारी महत्त्वपूर्ण घोषणाएँ प्रधानमंत्री ही करता है। ऐसे प्रश्न जिनका सम्बन्ध किसी विशेष विभाग से न होकर सम्पूर्ण शासन-नीति से होता है, प्रधानमंत्री से ही पूछे जाते हैं। हाउस ऑफ कॉमन्स में प्रत्येक बुधवार को 12 बजे दोपहर को आधा घंटा प्रधानमंत्री का प्रश्नकाल होता है और उसमें किसी भी विषय पर प्रश्न पूछे जा सकते हैं। महत्त्वपूर्ण चर्चाओं और वाद-विवादों का वह सूत्रपात करता है और आवश्यकता पड़ने पर वाद-विवाद के बीच में हस्तक्षेप भी करता है।

ब्रिटेन की संसद (ब्रिटिश पार्लियामेंट)

ब्रिटेन की शासन व्यवस्था को संसदीय कहा जाना ही इस बात का प्रमाण है कि उसके अन्तर्गत प्राथमिकता और सर्वोच्चता संसद को ही प्राप्त है। सिद्धान्तत: ब्रिटिश संसद सर्वप्रभुत्व-सम्पन्न विधानांग है क्योंकि वहाँ कोई लिखित संविधान नहीं है और संसद की विधि निर्माण की शक्तियों पर किसी प्रकार का भी अंकुश नहीं है। वह किसी भी वर्तमान कानून को बदल या समाप्त कर सकती है अथवा जिन कानूनों की आवश्यकता समझे, उन्हें बना सकती है। ब्रिटिश संसद न केवल साधारण कानूनों का ही, प्रत्युत संवैधानिक कानूनों का भी निर्माण करने या उनमें संशोधन करने में समर्थ है। न्यायालय संसद द्वारा पास किए गए किसी भी कानून को असंवैधानिक घोषित नहीं कर सकते। किन्तु वर्तमान स्थिति यह है कि संसदीय सर्वप्रभुत्व-सम्पन्नता और सर्वोच्चता के सिद्धान्त को बदले हुए समय और परिस्थितियों के साथ समझौता करना पड़ा है। राष्ट्रसंघ, यूरोपीय संघ आदि की सदस्यता, मानवीय अधिकारों की प्राथमिकता तथा विभिन्न अन्तर्राष्ट्रीय करारों और समझौतों में भागीदारी होने की स्थिति में यह नहीं कहा जा सकता कि ब्रिटिश संसद को कोई भी कानून बनाने का असीम अधिकार प्राप्त है या उसकी सार्वभौम शक्ति पर कोई अंकुश नहीं है।

संसद का परम्परागत मुख्य और मूलभूत कार्य कानूनों का निर्माण करना है। वह पुराने और अनावश्यक कानूनों को बदलती तथा दूर करती है और सामयिक आवश्यकताओं के अनुरूप नूतन कानूनों का निर्माण करती है। किन्तु आधुनिक विधानांगों का कार्य केवल यही नहीं है कि वे विधि निर्माण करें। लोकतंत्रात्मक देशों के विधानांग अपने यहाँ की वित्त–व्यवस्था पर पूरा नियंत्रण रखते हैं। विधानांग की अनुमति के बिना शासन किसी तरह का कोई खर्चा नहीं कर सकता। संसदीय व्यवस्था में मंत्रिमंडल विधानांग के प्रति उत्तरदायी होता है। संसद को पदारूढ़ शासन की जाँच–पड़ताल व आलोचना करने का पूरा अधिकार है। वह प्रश्नों, संकल्पों तथा स्थगन प्रस्तावों के द्वारा जनता का ध्यान सत्ता के दुरुपयोग की ओर आकृष्ट कर सकती है। वह मंत्रिमंडल एवं उसके प्रशासनिक सहायकों के कार्यों का मूल्यांकन करती है और उनकी त्रुटियाँ बताती है। संसद का बहुत सा काम संसदीय समितियों में होता है। संसद की उपस्थिति मात्र से ही शासन को इस बात का सतत ध्यान बना रहता है कि उसे अपनी सीमाओं के अन्दर रहना चाहिए। ब्रिटिश संसद में दो सदन हैं—हाउस ऑफ कॉमन्स तथा हाउस ऑफ लॉर्ड्स।

हाउस ऑफ कॉमन्स

ब्रिटिश संसद के निम्न सदन हाउस ऑफ कॉमन्स में अध्यक्ष सहित 650 सदस्य होते हैं। ये सदस्य सार्वभौम मताधिकार के आधार पर चुने जाते हैं और एक सदस्य एक निर्वाचन क्षेत्र का प्रतिनिधित्व करता है। विभिन्न क्षेत्रों के बीच सदस्य संख्या का विभाजन इस प्रकार है—इंग्लैंड 511 सदस्य, स्कॉटलैंड 71, वेल्स 36 और उत्तरी आयरलैंड 12। कुल सदस्यों की संख्या 650 से घटाकर कुछ कम करने के सुझावों पर विचार चल रहा है।

कॉमन–सभा केवल नाम और परम्परा की दृष्टि से ही नीची है। यथार्थ में वह संसद के दोनों सदनों में अधिक शक्तिशाली है और एक प्रकार से ब्रिटिश संसद का अभिप्राय ब्रिटिश कॉमन–सभा से है। सरकार उसी समय तक पदारूढ़ रह सकती है जब तक कि उसे कॉमन–सभा का समर्थन प्राप्त हो। प्रतिपक्ष के सदस्यों को प्राय: वही अधिकार और विशेषाधिकार प्राप्त हैं जो कि सत्तारूढ़ दल के सदस्यों को प्राप्त होते हैं और सदन में प्रधानमंत्री को भी एक संसद सदस्य के ही अधिकार प्राप्त हैं, उससे अधिक नहीं। सभी महत्त्वपूर्ण विधेयक कॉमन–सभा में ही प्रारम्भ होते हैं और कोई विधेयक उस समय तक विधि का रूप धारण नहीं कर सकता जब तक कि वह उपस्थित सदस्यों के बहुमत द्वारा पास नहीं कर दिया जाए। कॉमन–सभा को राष्ट्र की वित्त–व्यवस्था पर भी पूरा नियंत्रण प्राप्त है। उसके अनुमोदन के बिना न कोई रकम खर्च की जा सकती है और न कोई नया कर लगाया जा सकता है। जिस प्रकार सरकार कॉमन–सभा के प्रति उत्तरदायी है, उसी प्रकार कॉमन–सभा

देश के प्रति उत्तरदायी है। कॉमन-सभा आरम्भ से ही देश की प्रातिनिधिक संस्था रही है। संसदीय शासन के आधारभूत सिद्धान्त—सरकार का सामूहिक उत्तरदायित्व, मंत्रिपरिषद् में प्रधानमंत्री की सर्वोच्च स्थिति, मंत्रिपरिषद् के सदस्यों की समान राजनीतिक विचारधारा, शासनाध्यक्ष का सक्रिय राजनीति से अलगाव और वास्तविक शक्ति का प्रधानमंत्री तथा मंत्रिपरिषद् में संकेन्द्रण, विरोधी दल की महत्त्वपूर्ण स्थिति—इंग्लैंड में ही कॉमन-सभा के सन्दर्भ में विकसित हुए हैं।

ब्रिटिश संसद में सर्वसाधारण के प्रतिनिधियों का प्रवेश 13वीं शताब्दी में आरम्भ हुआ जबकि बिशपों, अर्लों और बैरनों के अतिरिक्त शहरों और नगरों के नाइटों तथा प्रतिनिधियों को भी सम्राट सलाह-मशवरे के लिए बुलाने लगा। एडवर्ड प्रथम के शासनकाल में संसद का स्वरूप अधिक प्रातिनिधिक होने लगा। 1295 की मॉडेल पार्लियामेंट में निम्न पादरी-वर्ग के भी प्रतिनिधि सम्मिलित हुए थे। 14वीं शताब्दी में कॉमन-सभा एक पृथक् सभा हो गई और वह लॉर्ड-सभा से अलग बैठने लगी। सर्वसाधारण के प्रतिनिधियों ने सम्राट से माँग की कि वे राजकीय व्यय की अनुमति तभी देंगे जबकि उनकी कुछ शिकायतों को दूर किया जाए। सम्राट को उनकी बात माननी पड़ी और उन्होंने अपनी शिकायतों को दूर करने के लिए जो कुछ सुझाव प्रस्तुत किए, वे विधि के आदिरूप थे। एक के बाद दूसरे सम्राटों ने संसद की स्वीकृति के बिना ही राजस्व एकत्रित करने के विभिन्न उपाय अपनाए—उदाहरण के लिए विभिन्न कर लगाए, अनुदान या ऋण लिये, उपाधियाँ बेचीं जिनका कॉमन्स ने विरोध किया। सम्राट और कॉमन्स के बीच इस बात पर संघर्ष शुरू हो गया कि संसद की सहमति के बिना कोई कर नहीं लगाया जाना चाहिए। 'पुनःस्थापन' (1660) के समय सम्राट ने यह स्वीकार कर लिया कि करों के ऊपर संसद का पूरा नियंत्रण है। इस समय वित्तीय मामलों में लॉर्ड-सभा के ऊपर कॉमन-सभा की प्रभुता भी स्थापित हो गई। करों के ऊपर अपना नियंत्रण स्थापित करने के बाद कॉमन्स ने व्यय के ऊपर भी अपना नियंत्रण स्थापित किया। 1777 में कॉमन-सभा ने कह दिया कि जब तक सम्राट के ऋणों का पूरा हिसाब उसके सामने नहीं रखा जाएगा, तब तक वह ऋणों की अदायगी की मंजूरी नहीं देगी। 1782 में सम्राट ने व्यय के ऊपर कॉमन-सभा का नियंत्रण स्वीकार कर लिया।

ब्रिटेन में आधुनिक संसदीय शासन पद्धति का आरम्भ 1688 की क्रान्ति के बाद हुआ। इस क्रान्ति से पहले सम्राट को अपनी पसन्द के व्यक्तियों को मंत्रियों के रूप में चुनने का अधिकार था लेकिन क्रान्ति के बाद सम्राट इस बात का ध्यान रखने लगा कि वह ऐसे व्यक्तियों को ही अपना मंत्री बनाए जो संसद को स्वीकार्य हों। तथापि, मंत्री किसी सदन के प्रति उत्तरदायी न थे। यदि संसदीय निर्वाचनों में विरोधी दल को बहुमत प्राप्त हो जाता, तो मंत्री स्वतः त्यागपत्र नहीं दे देते थे। लेकिन विलियम तृतीय तथा एन दोनों को यह लगा कि यदि शासन का कार्य सुचारु रूप

से चलाना है, तो यह आवश्यक है कि जिस दल का संसद में बहुमत हो, उसी दल के सदस्यों को मंत्री नियुक्त किया जाना चाहिए। 1712 में यूट्रेच-सन्धि की स्वीकृति के प्रश्न पर कॉमन-सभा तथा लॉर्ड-सभा में मतभेद उत्पन्न हो गया तथा अन्त में कॉमन-सभा की विजय हुई। शासन का प्रधान होने के नाते सम्राट मंत्रिपरिषद् की बैठकों में व्यक्तिगत रूप से उपस्थित होकर उनकी अध्यक्षता किया करता था लेकिन जॉर्ज प्रथम ने इन बैठकों में भाग लेना बन्द कर दिया और उसके स्थान पर रॉबर्ट वालपोल मंत्रिपरिषद् की बैठकों की अध्यक्षता करने लगा तथा इस प्रकार इंग्लैंड का प्रथम अनौपचारिक प्रधानमंत्री बना। उसे फर्स्ट लॉर्ड ऑफ द ट्रेजरी नियुक्त किया गया था। (इंग्लैंड में यह पद प्रधानमंत्री के पद के साथ सम्बद्ध हो गया था) लेकिन अपने पहले के प्रधानमंत्रियों की भाँति उसने लॉर्ड पद स्वीकार नहीं किया और वह कॉमन-सभा का सदस्य बना रहा। इस प्रकार, वह समूचे प्रशासन के लिए कॉमन-सभा के प्रति उत्तरदायी हो गया। उसका 21 वर्ष तक कॉमन-सभा में बहुमत बना रहा, लेकिन जब 1782 में वह दो बार कॉमन-सभा में पराजित हो गया, तब उसने अपने पद से त्यागपत्र दे दिया और इस सिद्धान्त की प्रतिष्ठा की कि सरकार कॉमन-सभा के प्रति उत्तरदायी होती है। 1782 में जब लॉर्ड नॉर्थ को कॉमन-सभा का समर्थन पर्याप्त मात्रा में नहीं मिला, तब उसकी समूची मंत्रिपरिषद् ने त्यागपत्र देकर मंत्रिमंडल के लोक सदन के प्रति सामूहिक उत्तरदायित्व के सिद्धान्त को पूरी तरह से स्थापित कर दिया।

स्पीकर (कॉमन-सभा का अध्यक्ष) बैठकों की अध्यक्षता करता है। वह सभा के और उसके सदस्यों के अधिकारों तथा विशेषाधिकारों का संरक्षक होता है। वह अपने पद पर निर्वाचित होने के पश्चात् राजनीतिक दल की सदस्यता त्याग देता है और सभा का कार्य निष्पक्षता से करता है। साधारणत: स्पीकर के चुनाव क्षेत्र में प्रमुख विपक्षी दल अपना कोई उम्मीदवार खड़ा नहीं करता। एक रोचक बात है कि जिस आयताकार कक्ष में हाउस ऑफ कॉमन्स की बैठकें होती हैं, उसमें सभी 650 सदस्यों के बैठने के लिए पर्याप्त स्थान नहीं है और ऐसा जानबूझकर रखा गया है ताकि सदन सदा भरा-पूरा लगे।

हाउस ऑफ लॉर्ड्स

ब्रिटिश संसद का उच्च सदन लॉर्ड्स सभा संसार का प्राचीनतम और विशालतम आनुवंशिक द्वितीय सदन है जिसका काम विधेयकों के कॉमन्स में पारित हो जाने के बाद उन पर एक दूसरी दृष्टि डालना और पुनर्विचार करना है।

इस समय लॉर्ड-सभा में 830 से अधिक सदस्य हैं, जिनमें राजकुमार, आर्चबिशप, ड्यूक, मार्किवस, अर्ल, वाइकाउंट, बिशप और बैरन सम्मिलित हैं। आनुवंशिक तथा आध्यात्मिक पीयरों के अतिरिक्त लॉर्ड-सभा में स्कॉटलैंड और आयरलैंड के

प्रातिनिधिक पीयर, न्यायिक आजीवन पीयर और लाइफ पीयरेज एक्ट, 1958 के अधीन नियुक्त किए गए गैर-न्यायिक आजीवन पीयर भी होते हैं। इस अधिनियम के फलस्वरूप महिला-पीयरों को भी लॉर्ड-सभा में बैठने का अधिकार मिल गया है। किन्तु, इसे अलोकतांत्रिक मानते हुए पिछली लेबर सरकार ने 92 को छोड़कर अन्य सभी आनुवंशिक लॉर्डों को सदन में बैठने का अधिकार समाप्त कर दिया था। अब हाउस ऑफ लॉर्ड्स में अधिकांश अन्य सदस्य लाइफ पीयर हैं यानी उन्हें अपने जीवनपर्यन्त सदन में बैठने का अधिकार है। इनमें कुछ वरिष्ठ राजनेता हैं, पूर्व स्पीकर आदि और कुछ समाज सेवा, शिक्षा तथा स्वास्थ्य के क्षेत्र की प्रमुख विभूतियाँ हैं। 26 आर्चबिशप और बिशप भी इन सदस्यों में हैं।

लॉर्ड-सभा नॉर्मन तथा प्लेंटाजेनेट राजाओं की महान परिषद् अथवा राजपरिषद् की वंशज है। एडवर्ड तृतीय के समय में लॉर्ड्स कॉमन्स से पृथक् हो गए और सोलहवीं शताब्दी में उन्होंने लॉर्ड-सभा का रूप धारण कर लिया। स्टुअर्ट शासकों के काल में लॉर्ड-सभा में धर्माचार्यों की संख्या कम कर दी गई और लौकिक लॉर्डों की संख्या बढ़ा दी गई। चार्ल्स प्रथम के प्राणदंड के एक सप्ताह पश्चात् कॉमन्स ने सर्वसम्मति से पास किए गए एक प्रस्ताव द्वारा राजतंत्र तथा लॉर्ड-सभा दोनों का अन्त कर दिया। 1660 में कॉन्वेंशन पार्लियामेंट ने लॉर्ड-सभा की फिर से प्रतिष्ठा की। पुनः स्थापन के पश्चात् लॉर्ड-सभा और कॉमन-सभा दोनों के अधिकार प्रायः समान थे लेकिन अठारहवीं और उन्नीसवीं शताब्दियों में कॉमन-सभा पर अधिकतर पीयरों का नियंत्रण रहता था क्योंकि वे संसदीय बोरोज के संरक्षक होने के नाते निर्वाचनों में अपने उम्मीदवारों को मनोनीत करते थे। 1832 के सुधार अधिनियम ने इस स्थिति में कुछ सुधार किया। यद्यपि इस अधिनियम के बाद कॉमन-सभा की शक्ति कुछ बढ़ गई थी लेकिन लॉर्ड-सभा के पास फिर भी व्यापक शक्तियाँ बनी रही थीं। दोनों सदनों के बीच अक्सर गतिरोध उत्पन्न हो जाता था और लॉर्ड-सभा की जिद के कारण उदारवादी सरकार अपने विधायी कार्यक्रम को पूरा नहीं कर पाती थी।

1909 में लॉर्ड-सभा ने वित्त विधेयक को अस्वीकार कर दिया। फलतः 1911 के संसद अधिनियम ने लॉर्डों की वित्तीय शक्ति का अन्त कर दिया। अब लॉर्ड-सभा के लिए यह आवश्यक हो गया कि वह वित्तीय विधेयक पर एक मास के भीतर अपनी मंजूरी दे दे और यदि वह इस अवधि में उस पर मंजूरी न दे, तब विधेयक उसकी मंजूरी के बिना ही सम्राट के हस्ताक्षर के लिए भेजा जा सकता था। अन्य विधेयकों के पारण में लॉर्ड-सभा केवल दो वर्ष का विलम्ब कर सकती थी। 1949 के संसद अधिनियम ने निर्धारित किया कि यदि कॉमन-सभा किसी विधेयक को पास कर दे लेकिन लॉर्ड-सभा उसे अस्वीकार कर दे तो वह एक वर्ष में विधि बन जाता है और धन विधेयक एक महीने बाद ही अधिनियम का रूप धारण कर लेता है। लॉर्ड-सभा की बैठकों का सभापतित्व लॉर्ड चांसलर करता है। उसकी नियुक्ति

उसी प्रकार की जाती है जिस प्रकार कि सत्तारूढ़ दल अपने सदस्यों में से किसी व्यक्ति को मंत्री नियुक्त करता है। लॉर्ड चांसलर वाद-विवादों में भाग ले सकता है और अपने दल की सहायता कर सकता है। इस दृष्टि से उसकी स्थिति कॉमन-सभा के स्पीकर की स्थिति से भिन्न है। लॉर्ड-सभा के वाद-विवादों का स्तर कॉमन-सभा के वाद-विवादों की अपेक्षा ऊँचा होता है क्योंकि उसके प्रभावशाली सदस्य, जो उसकी सदस्य-संख्या का दसवाँ भाग होते हैं, अत्यन्त प्रतिभा-सम्पन्न और अनुभवी व्यक्ति होते हैं तथा उनकी बात को सारे देश में गौर से सुना जाता है। लॉर्ड-सभा के सदस्यों को कोई वेतन नहीं मिलता, उन्हें सभा की बैठक में उपस्थित होने के लिए खर्चा भत्ता मात्र मिलता है।

1911 के संसद अधिनियम से प्रारम्भ हुई हाउस ऑफ लॉर्ड्स में सुधारों की प्रक्रिया इधर निरन्तर चल रही है। यह मत अधिक व्यापक रूप से उभरता जा रहा है कि उच्च सदन भी मूलत: निर्वाचित सदस्यों से गठित होना चाहिए।

सदन का नेता

ब्रिटेन में सदन का नेता सत्तारूढ़ दल का एक प्रमुख सदस्य होता है जो मुख्य सचेतक के परामर्श से विधानमंडल में सरकारी कार्य के विवरण तैयार करता है। हर्बर्ट मॉरीसन, जो अनेक वर्षों तक हाउस ऑफ कॉमन्स के नेता रहे थे, का कहना है कि सदन-नेता को पाँच उत्तरदायित्व निभाने चाहिए—सरकार के प्रति, सरकार के समर्थकों के प्रति, विरोधी दल के प्रति, सम्पूर्ण सदन के प्रति और प्रभारी मंत्रियों के प्रति। सरकारी पक्ष तथा विरोधी पक्ष दोनों की उस तक पहुँच होनी चाहिए। सदन के नेता का कर्तव्य है कि वह अपने आपको सरकार का ही अंग न समझे बल्कि समूचे सदन के अधिकारों का संरक्षक समझे। हाउस ऑफ कॉमन्स तथा हाउस ऑफ लॉर्ड्स के अलग-अलग नेता होते हैं।

नेता प्रतिपक्ष

प्रतिपक्ष अथवा विरोधी दल के नेता का सिद्धान्त शासन-विज्ञान को ब्रिटिश संसदीय पद्धति की देन है। ब्रिटेन में इस पद का सृजन उन्नीसवीं शताब्दी के उत्तरार्ध में हुआ था परन्तु संविधि में उसे पहली बार 1937 में मान्यता प्राप्त हुई। तब से मंत्रिमंडल-स्तर के मंत्रियों की भाँति प्रतिपक्ष के नेता को भी वेतन प्रदान किया जाता है। ब्रिटिश संविधि के पहले भी कनाडा और ऑस्ट्रेलिया में प्रतिपक्ष के नेताओं को वेतन देने की विधित: व्यवस्था कर दी गई थी। राष्ट्रमंडल के इन दोनों देशों में प्रत्येक सदन में विरोधी दल के अलग-अलग नेता हैं। यह उनका ब्रिटेन से भेद है क्योंकि ब्रिटेन में विरोधी दल का एक ही नेता होता है। ब्रिटेन की पद्धति में विरोधी दल को शासन-तंत्र में आधिकारिक मान्यता प्राप्त है। वह प्रतीक्षारत सरकार है। विरोधी दल के नेता

को छाया मंत्रिमंडल का संचालन करना पड़ता है और वह इस बात के लिए तैयार रहता है कि यदि सत्तारूढ़ सरकार की सदन में या निर्वाचनों में पराजय हो जाए तो वह प्रधानमंत्री का पद ग्रहण कर ले। 1937 के अधिनियम में हाउस ऑफ कॉमन्स में विरोध में बैठनेवाले उस दल के नेता को विरोधी दल का नेता कहा गया है जिसके सदस्यों की संख्या सबसे अधिक हो। इंग्लैंड में सुस्थापित द्विदल पद्धति के कारण विरोधी दल के नेता को निर्धारित करने में कभी कोई कठिनाई नहीं होती। तथापि, हाउस ऑफ कॉमन्स के एक प्रतिष्ठित अध्यक्ष ने कहा था कि विरोधी दल का नेता उस दल का सदस्य होना चाहिए जो वैकल्पिक सरकार का निर्माण कर सकने की स्थिति में हो। विरोधी दल के नेता की स्थिति, वेतन और विशेषाधिकारों का आधार यह है कि वह छाया मंत्रिमंडल का प्रधान होता है और वैकल्पिक सरकार का निर्माण कर सकता है। विरोधी दल के नेता को इस योग्य होना चाहिए कि वह समूचे प्रतिपक्ष की ओर से सरकार से बातचीत कर सके। जिस प्रकार प्रधानमंत्री को समूचे सदन का विश्वासभाजन होना पड़ता है, उसी प्रकार विरोधी दल के नेता को भी समूचे प्रतिपक्ष का विश्वास प्राप्त करना पड़ता है। विरोधी दल के नेता का पद गम्भीर उत्तरदायित्व का पद है। ब्रिटेन में विरोधी दल का नेता महत्त्वपूर्ण विषयों पर वाद-विवाद की माँग कर सकता है। विदेशी सम्बन्धों और प्रतिरक्षा जैसे कुछ बुनियादी मामलों में उससे सलाह ली जाती है। वह सरकार की प्रत्येक शाखा के बारे में पूरी सूचना माँग सकता है और विचारार्थ विषयों के चयन में भी उसकी मंत्रणा का महत्त्व होता है। अविश्वास-प्रस्ताव अथवा निन्दा-प्रस्ताव सामान्यत: उसी के द्वारा पुन:स्थापित किए जाते हैं। वेतन तथा भत्तों के सम्बन्ध में उसकी स्थिति वही है जो कि मंत्रिमंडल स्तर के मंत्री की होती है। सचिवीय सहायता, आवास तथा कार्यालय आदि के सम्बन्ध में मंत्रिमंडल-स्तर के मंत्रियों को जो सुविधाएँ प्राप्त हैं, वे उसे भी मिली होती हैं। तथापि, उसका सबसे महत्त्वपूर्ण विशेषाधिकार और उत्तरदायित्व सत्तारूढ़ सरकार के अपदस्थ होने पर वैकल्पिक सरकार का निर्माण करना है।

स्थानीय प्रशासन

ब्रिटेन में परिसंघीय (फेडरल) व्यवस्था वाले देशों की तरह केन्द्र और अवयव इकाइयों के बीच सार्वभौम शक्तियों के वितरण की कोई गुंजाइश नहीं है किन्तु यूनाइटेड किंग्डम के तीन घटक स्कॉटलैंड, वेल्स और उत्तरी आयरलैंड अपने-अपने अलग-अलग ढंग से अपनी स्पष्ट पहचान सुनिश्चित करने और धीरे-धीरे अधिकाधिक स्थानीय स्वायत्तता की ओर बढ़े हैं। इन तीनों की कुल आबादी यू.के. की आबादी के 20 प्रतिशत से कम है क्योंकि 80-85 प्रतिशत आबादी तो मूल घटक इंग्लैंड में बसती है और उसकी कोई रुचि अपनी अलग पहचान बनाने में नहीं है। वह इसी से सन्तुष्ट है कि इंग्लैंड, ब्रिटेन और यू.के. के पर्याय बने रहें।

स्कॉटलैंड

स्कॉटलैंड की आबादी लगभग 50 लाख है। अब 1999 से उसकी अपनी स्कॉटिश संसद है जिसमें मिश्रित सदस्य सानुपातिक प्रतिनिधित्व पद्धति (मिक्स्ड मेम्बर प्रोपोर्शनेट रिप्रेजेंटेशन सिस्टम) से निर्वाचित 129 सदस्य हैं। 73 सदस्य क्षेत्रीय निर्वाचकमंडलों के द्वारा अधिसंख्यक मत प्रणाली (एफ.पी.टी.पी. या मेजोरिटी सिस्टम) से चुने जाते हैं और 56 सदस्य आठ अतिरिक्त सदस्य प्रदेशों से, प्रत्येक प्रदेश से सात, चुनकर आते हैं। प्रत्येक सदस्य का कार्यकाल चार वर्ष का होता है।

स्कॉटिश संसद को ऐसे विषयों में, जो यू.के. संसद के लिए संरक्षित न हो, विधि–निर्माण की शक्ति प्राप्त है। उसे सीमित रूप में कर लगाने के कुछ अधिकार भी दिए गए हैं। स्कॉटिश राष्ट्रीय दल (स्कॉटिश नेशनल पार्टी), जिसे वर्तमान में स्कॉटिश संसद में बहुमत प्राप्त है, स्कॉटलैंड की स्वाधीनता की पक्षधर है और उसके लिए जनमत सग्रह (रेफरेंडम) चाहती है।

वेल्स

वेल्स में लगभग 30 लाख लोगों की आबादी है। 1999 से ही वहाँ पर एक 60 सदस्यीय विधानसभा की स्थापना की गई है। इसके सदस्य मिश्रित सदस्य सानुपातिक प्रतिनिधित्व पद्धति (मिक्स्ड मेम्बर प्रोपोर्शनल रिप्रेजेंटेशन सिस्टम) से चुने जाते हैं। 40 सदस्य क्षेत्रीय निर्वाचकमंडलों से अधिसंख्यक मत प्रणाली से निर्वाचित होते हैं और 20 सदस्य पाँच सदस्य प्रदेशों से, प्रत्येक प्रदेश से चार, चुने जाते हैं। प्रत्येक सदस्य का कार्यकाल चार वर्ष का होता है।

2006 से वेल्स विधानसभा को विधायन की सीमित शक्तियाँ मिल गई हैं किन्तु सीमित क्षेत्रों में भी बनाई गई विधियों पर यू.के. संसद को निषेधन (वीटो) का अधिकार प्राप्त है। वेल्स विधानसभा को कर लगाने की शक्ति प्राप्त नहीं है। वेल्स में इंग्लैंड से अलग अपनी कोई न्याय व्यवस्था नहीं है।

उत्तरी आयरलैंड

उत्तरी आयरलैंड की आबादी लगभग 15 लाख है। 2007 से उभरे उत्तरी आइरिश विधानसभा के वर्तमान स्वरूप में 108 सदस्य हैं जिनका निर्वाचन 18 वेस्टमिंस्टर निर्वाचकमंडलों द्वारा प्रत्येक मंडल से छह सानुपातिक प्रतिनिधित्व पद्धति की एकल संक्रमणीय प्रणाली द्वारा किया जाता है। विधानसभा को ऐसे विषयों पर, जो यू.के. संसद के लिए संरक्षित न हों, विधि बनाने का अधिकार है किन्तु कर लगाने का अधिकार नहीं है।

उत्तरी आयरलैंड की स्थानीय प्रशासन व्यवस्था में एक प्रथम मंत्री तथा एक उप–प्रथम मंत्री का प्रावधान है। वे दोनों मंत्रियों की कार्यकारी समिति के संयुक्त रूप से

प्रधान होते हैं तथा अन्य मंत्रियों की संख्या आदि तय करते हैं। क्योंकि उत्तरी आयरलैंड का समाज दो अनम्य सम्प्रदाय समूहों में विभाजित समझा जाता है, ऐसी व्यवस्था की गई है कि प्रथम मंत्री और उप-प्रथम मंत्री दोनों संयुक्त रूप से चुनाव के लिए खड़े हों और एक समानान्तर सहमति फॉर्मूले के अन्तर्गत उन्हें दोनों सम्प्रदायों के सदस्यों के मत प्राप्त होने चाहिए। सम्प्रदायों के सदस्यों ने अपने को 'राष्ट्रवादी' और 'संघवादी' (नेशनलिस्ट और यूनियनिस्ट) नाम दिए हैं। जरूरी यह है कि निर्वाचित घोषित होने के लिए दोनों पदों के उम्मीदवारों को दोनों सम्प्रदायों के सदस्यों के अलग-अलग बहुमत का तथा पूरे सदन के बहुमत का समर्थन प्राप्त हो।

राजनीतिक दल व्यवस्था

कहा जाता है कि आधुनिक राजनीतिक दल व्यवस्था का प्रारम्भ 17वीं सदी के ब्रिटेन में गृहयुद्धों के बीच हुआ। पहला विभेद हुआ राजभक्तों (रॉयलिस्ट्स) और संसदवादियों (पार्लियामेंटेरियनस) के बीच। यही बाद में टोरीज और व्हिग्स कहलाए। टोरीज अपने को राष्ट्रभक्त मानते थे और व्हिग्स सम्राट की शक्तियों पर अंकुश लगाना चाहते थे। कालान्तर में टोरीज और व्हिग्स आज के अनुदारवादी दल (कंजर्वेटिव पार्टी) तथा श्रमिक दल (लेबर पार्टी) बने। ब्रिटेन का अनुदारवादी दल अपने को विश्व का सर्वप्रथम राजनीतिक दल मानता है।

व्युत्पत्ति की दृष्टि से 'कंजर्वेटिव' शब्द का अर्थ है—चीजें जिस रूप में हैं, उन्हें उसी रूप में बनाए रखने की प्रवृत्ति। एक विचारधारा के रूप में इसमें समाज तथा सरकार के प्रति एक विशेष प्रकार का दृष्टिकोण निहित है जिसमें सबसे मुख्य बात यह है कि विद्यमान सामाजिक तथा राजनीतिक व्यवस्था के प्रति आदर का भाव रखा जाए, विशेषकर जब यह व्यवस्था लम्बे अरसे से चली आ रही हो।

इंग्लैंड में 1830 में 'टोरी' शब्द के स्थान पर 'कंजर्वेटिव' शब्द का व्यापक रूप से चलन होने लगा था और तभी से ब्रिटेन की राजनीति में 'कंजर्वेटिव' दल एक प्रमुख राजनीतिक दल रहा है। यद्यपि अनुदारवादी विचारधारा की कभी सांगोपांग व्याख्या तो नहीं की गई है, तो भी एडमंड बर्क, कॉलरिज, पील तथा डिजरैली ने इस विचारधारा के स्पष्टीकरण में योग दिया है। अनुदारवादी विचारधारा के मुख्य लक्षण ये हैं—

1. अनुदारवादी विचार आकस्मिक तथा आमूल क्रान्तिवाद के विरुद्ध है और उसकी आस्था संस्थाओं का धीरे-धीरे विकास और परिवर्तन करने में है।
2. अनुदारवाद में समाज को एक सावयव इकाई माना जाता है, विभिन्न अन्योन्य आश्रित अंगों का समवाय नहीं। यदि जल्दबाजी में सुधार करने का प्रयत्न किया जाए, तो समाज का यह नाजुक सन्तुलन बिगड़ सकता

है। इसलिए, सामाजिक सामंजस्य को बनाए रखने का उपाय है कि यदि कभी सुधार और संस्कार अनिवार्य हो जाएँ, तब भी वे यथासम्भव परम्परा के दायरे में रहकर ही किए जाएँ। अनुदारवादी सदियों के संचित अनुभव से लाभ उठाना चाहता है। वर्क के शब्दों में, 'मैं परिवर्तन से मुँह नहीं मोड़ता...यदि मैं बदलता हूँ, तो रक्षा करने के लिए ही...मैं जो कुछ करूँ, मुझे पूर्वजों की लीक पर चलना चाहिए। मैं जहाँ तक हो सकेगा, इमारत की शैली के अनुरूप ही मरम्मत करना चाहूँगा।'

3. अनुदारवाद में समाज के विभिन्न स्वैच्छिक संघों की महत्ता स्वीकार की जाती है और उसके अनुसार 'राजनीतिक स्वतंत्रता शक्ति का वितरण-मात्र है।'
4. वैधिक रूप से स्थापित सत्ता के प्रति सम्मान अनुदारवाद का आधारभूत सिद्धान्त है।
5. अनुदारवादी विचारधारा के अनुसार राज्य का कार्यक्षेत्र जहाँ तक हो सके, कम से कम रहना चाहिए पर उसने आजकल के जटिल औद्योगिक समाज में लोकहित की दृष्टि से राज्य के कार्यक्षेत्र के विस्तार का विरोध भी नहीं किया है। अनुदारवादी दल को मुख्यत: बड़ी-बड़ी निजी कम्पनियों और उद्योगपतियों से आर्थिक सहयोग मिलता है।

ब्रिटेन का दूसरा सबसे बड़ा राजनीतिक दल श्रमिक दल (लेबर पार्टी) है। श्रमिक दल श्रमिक आन्दोलन का राजनीतिक मूर्त रूप है। इस दल के बीज औद्योगिक क्रान्ति में ढूँढ़े जा सकते हैं। वह समय-समय पर कई रूपों में उभरा है—श्रमिक संघों के रूप में, सहकारी समितियों के रूप में और चार्टिस्ट आन्दोलन के रूप में। एक प्रभावी राजनीतिक दल के रूप में श्रमिक दल उन्नीसवीं शताब्दी के उत्तरार्द्ध से उत्पन्न हुआ और 1900 में उसकी विधिवत् स्थापना हुई। उसके बाद से वह निरन्तर प्रगति करता रहा है। 1922 के आम चुनाव के बाद से तो वह देश के दो सबसे बड़े दलों में से एक माना जाने लगा है।

श्रमिक दल एक समाजवादी दल है, जिसका ध्येय है कि 'उत्पादन के समस्त साधनों पर सर्वसाधारण का आधिपत्य होना चाहिए तथा प्रत्येक उद्योग एवं सेवा का नियंत्रण लोकप्रिय शासन प्रणाली के द्वारा होना चाहिए।' श्रमिक दल की वास्तविक इच्छा सामाजिक समानता स्थापित करने की है यद्यपि समाजवाद के प्रति उसका आग्रह उतना प्रबल नहीं है। श्रमिक दल लोकतंत्रात्मक साधनों द्वारा धीरे-धीरे ब्रिटेन के पूँजीवादी ढाँचे को समाजवादी ढाँचे के रूप में बदल देना चाहता है। श्रमिक दल का समाजवाद मार्क्स की अपेक्षा फेबियनों से अधिक प्रभावित है।

श्रमिक दल का आर्थिक आधार कुछ श्रमिक संघों (लेबर यूनियंस) से मिलने-वाली सहायता है। ब्रिटेन की राजनीतिक दल व्यवस्था को कई बार द्विदलीय

व्यवस्था कहा जाता है। यह सही है कि अनुदारवादी दल और श्रमिक दल ही प्रमुख हैं। प्राय: उनमें से ही एक सरकार बनाता है और दूसरा प्रतिपक्ष की भूमिका निभाता है। किन्तु, इसका यह अर्थ कदापि नहीं है कि ब्रिटेन में अन्य कोई दल नहीं है। तीसरा बहुत ऐतिहासिक और महत्त्वपूर्ण दल है 'उदारवादी लोकतांत्रिक दल' (लिबरल डेमोक्रेट पार्टी)। लिबरल डेमोक्रेट्स लोकतंत्र में और ऐसे राजनीतिक और सामाजिक वातावरण के निर्माण पर विश्वास रखते हैं जिसमें व्यक्ति की स्वतंत्रता और नैतिक गरिमा सुरक्षित रहे।

सामाजिक संविदावाद सिद्धान्त के दार्शनिक हॉब्स और लॉक ने उदारवाद के प्रसंग में व्यक्ति और राज्य के सम्बन्धों की विस्तार से चर्चा की है। ऐतिहासिक दृष्टि से उन्नीसवीं शताब्दी तक राज्य को व्यक्ति की स्वतंत्रता के लिए हानिकारक ही माना जाता रहा।

उन्नीसवीं शताब्दी में विज्ञान की प्रगति तथा व्यापारिक और औद्योगिक गतिविधियों में मध्यवर्ग के लोगों के आ जाने के कारण उनकी सामाजिक ढाँचे को तोड़ने में दिलचस्पी जाती रही और वह सामाजिक-राजनीतिक व्यवस्था के सुधार में दिखाई देने लगी। उन्नीसवीं शताब्दी में उदारवाद को उपयोगितावाद के समर्थकों से बल मिला। उपयोगितावाद के प्रसिद्ध विचारक बैंथम ने कहा कि सरकार का उद्‌देश्य बहुजन हिताय बहुजन सुखाय होना चाहिए। बैंथम के साथ ही अनेक अर्थशास्त्रियों (एडम स्मिथ और रिकार्डों आदि) तथा जॉन स्टुअर्ट मिल आदि विचारकों ने इस चिन्तन-पद्धति को पुष्ट किया। टी.एच. ग्रीन ने इस विचारधारा को नया मोड़ दिया। उसका कहना था कि वैयक्तिक विकास के लिए समाज में व्यक्ति का पूर्ण नैतिक सहयोग होना चाहिए और उदार समाज का यह कर्तव्य है कि वह ऐसी परिस्थितियाँ पैदा करे जिसके द्वारा इस प्रकार का नैतिक सहयोग सम्भव हो। इस प्रकार, ग्रीन के अनुसार, सरकार ऐसी संस्था है जिसके द्वारा जनसामान्य के सामाजिक हितों की वृद्धि की जा सकती है।

सिद्धान्त रूप में इन विचारों से प्रभावित उदारवादी लोकतांत्रिक दल राजनीतिक ध्रुवीकरण के बीच का रास्ता अपनाता है।

इन तीन दलों के अतिरिक्त कुछ और छोटे दल भी हैं जैसे यू.के. स्वाधीनता दल यू.के. इंडीपेंडेंस पार्टी) और हरित दल (ग्रीन पार्टी)। कुछ स्थानीय दल केवल उत्तरी आयरलैंड, स्कॉटलैंड अथवा वेल्स तक सीमित हैं।

प्रत्येक दल अपने नेता का चुनाव अलग ही अपने ढंग से करता है किन्तु इस प्रक्रिया में सभी दल संसद में अपने सभी सदस्यों तथा दल के सभी साधारण सदस्यों को शामिल करते हैं।

राजनीतिक दल ब्रिटिश राज्य-व्यवस्था का एक अत्यन्त महत्त्वपूर्ण अंग है क्योंकि तीन प्रमुख दलों में से किसी का सदस्य हुए बिना हाउस ऑफ कॉमन्स का

चुनाव जीतना लगभग असम्भव है क्योंकि इन दलों का नाम चलता है। निर्वाचित सदस्य अधिकांशतः दल के निर्देशों के अनुसार ही संसद में मतदान करते हैं। किन्तु इसे नकारा नहीं जा सकता कि साधारणतया सभी राजनीतिक दलों का और विशेषकर तीन सबसे प्रमुख दलों का प्रभाव इधर घट रहा है, उनकी सदस्य संख्या में भी कमी आ रही है, आम चुनावों में उनका मत प्रतिशत भी कम हुआ है और छोटे दलों का मत प्रतिशत बढ़ा है। आज स्थिति यह है कि सैद्धान्तिक विचारधाराओं के मतभेदों पर राजनीतिक दल अब विशेष महत्त्व नहीं देते। वे सभी अब मूलतः अधिक व्यवहारिक हो गए हैं। पहले प्रायः सभी श्रमिक वर्ग के लोग श्रमिक दल को ही मत देते थे और अधिकांश मध्यम वर्ग के लोग अनुदारवादी दल को। किन्तु, अब ऐसा कतई नहीं है। श्रमिकों की प्रतिशत संख्या में कमी आई है। मतदाता अब उम्मीदवारों की योग्यता, क्षमता, विश्वसनीयता और नैतिक मूल्यों पर अधिक ध्यान देने लगे हैं।

कुछ राष्ट्रीय हित के मुद्दे ऐसे हैं जिन पर ब्रिटेन के प्रमुख राजनीतिक दल दलगत राजनीतिक स्वार्थों से ऊपर उठकर व्यापक मतैक्य के आधार पर काम करते हैं। आज की स्थिति में सभी प्रमुख दल जिन मुद्दों पर साधारणतया सहमत हैं, वे हैं—विधि का शासन (रूल ऑफ लॉ), मुक्त बाजार की आर्थिक नीति (फ्री मार्केट इकोनॉमी), राष्ट्रीय स्वास्थ्य सेवा तथा यूरोपीय संघ और नाटो की सदस्यता। जिन प्रश्नों पर मूल मतभेद हैं, वे हैं—गरीबी और असमानता को कैसे समाप्त किया जाए, कर कितने हों और कैसे हों, अर्थव्यवस्था में सरकारी हस्तक्षेप कितना उचित है, सामूहिक अधिकारों और व्यक्ति के अधिकारों के बीच सन्तुलन कैसे रखा जाए।

निर्वाचन व्यवस्था

ब्रिटेन का प्रत्येक 18 वर्ष या अधिक आयु का नागरिक मतदान करने का अधिकारी है। मतदान अनिवार्य नहीं है किन्तु आँकड़ों के अनुसार लगभग 65 प्रतिशत मतदाता मतदान में भाग लेते हैं। हाउस ऑफ कॉमन्स का प्रत्येक सदस्य एक भौगोलिक निर्वाचन क्षेत्र से चुना जाता है। प्रत्येक निर्वाचन क्षेत्र में लगभग 60 से 80 हजार मतदाता होते हैं। सबसे बड़े निर्वाचन क्षेत्र में गत 2010 के आम चुनाव में एक लाख, आठ हजार से अधिक मतदाता थे और सबसे छोटे निर्वाचन क्षेत्र में केवल 21 हजार।

ब्रिटिश हाउस ऑफ कॉमन्स का कोई निश्चित कार्यकाल नहीं है। सदन के 650 स्थानों के लिए प्रधानमंत्री जब चाहें आम चुनाव करा सकते हैं किन्तु दो चुनावों के बीच पाँच वर्ष से अधिक का अन्तराल नहीं हो सकता। प्रायः हर चौथे वर्ष आम चुनाव हो जाते हैं। यद्यपि यूरोप के देशों में प्रायः सानुपातिक प्रतिनिधित्व प्रणाली का प्रचलन है, ब्रिटेन में अधिसंख्यक मत प्रणाली (मेजोरिटी अथवा फर्स्ट पास द

पोस्ट/एफ.पी.टी.पी. प्रणाली) से ही चुनाव होते हैं अर्थात् जिस उम्मीदवार को सबसे अधिक मत मिले वही विजयी माना जाता है।

राजनीतिक सुधार

वर्तमान गठबन्धन की सरकार के चलते जिन राजनीतिक सुधारों की इधर चर्चा रही है, उनमें प्रमुख हैं—1. निर्वाचकमंडलों का आकार यथासम्भव समान करना और सदस्यों की संख्या 650 से 500 करना। 2. संसद को निश्चित 5 वर्ष का कार्यकाल देना, 3. मतदान के लिए आयु 18 से घटाकर 16 वर्ष करना, 4. किसी भी सांसद को उसका कार्यकाल पूरा होने से पहले ही, उसके असन्तोषजनक आचरण अथवा घटिया कर्तव्य-पालन के लिए वापस बुलाने का जनता को अधिकार देना (प्रत्यावर्तन अथवा रिकॉल का अधिकार)। कहा जा रहा है कि अगर किसी सांसद के 10 प्रतिशत मतदाता प्रत्यावर्तन की याचिका पर हस्ताक्षर करके दें तो उसके प्रत्यावर्तन के लिए मतदान कराया जा सके। वर्तमान अधिसंख्यक (एफ.पी.टी.पी.) प्रणाली को छोड़कर वैकल्पिक (आलटरनेट) मतदान प्रणाली के सुझाव पर बहुत चर्चा, वाद-विवाद और अन्त में जनमत संग्रह हुआ लेकिन जनता ने उसे स्पष्ट बहुमत से नकार दिया। एक और चर्चित सुधार निर्वाचनों के लिए राजनीतिक दलों की जनकोष से सहायता से सम्बन्धित है। राजनीतिक दल राजनीति से धन-बल के दुष्प्रभाव को दूर करने के लिए बड़े-बड़े चन्दों पर रोक लगाने के लिए तैयार हैं। जनकोष से सहायता का आधार उम्मीदवार और प्राप्त मत होंगे। लॉबिंग को नियमित करने के लिए एक लॉबिस्टों का रजिस्टर बनाने का प्रावधान करने का कानून बनाने का सुझाव भी विचाराधीन सुधारों में है। वर्तमान व्यवस्था में संसद के लिए दलों के उम्मीदवार प्रत्येक दल के सदस्यों की बैठक में चुने जाते हैं पर अब सुझाव है कि अमेरिकी प्राथमिकी (प्राइमरीज) का रास्ता अपनाया जाए ताकि प्रत्येक निर्वाचन क्षेत्र में दल का समर्थन करनेवाले लोग भी उम्मीदवारों के चयन में भागीदार बन सकें। इन सभी सुझावों से अधिक महत्त्वपूर्ण और भारी-भरकम सुझाव है हाउस ऑफ लॉर्ड्स के लोकतंत्रीकरण का।

न्यायपालिका

ब्रिटिश न्यायिक व्यवस्था पूरे देश में एक जैसी नहीं है। इंग्लैंड और वेल्स में एक व्यवस्था है, स्कॉटलैंड में दूसरी और उत्तरी आयरलैंड में तीसरी। यद्यपि कोई सैद्धान्तिक विभेद नहीं है, तीनों व्यवस्थाओं का ढाँचा और कार्यप्रणाली भिन्न है।

पिछले लगभग 1400 वर्षों से न्यायपालिका की सारी व्यवस्था लॉर्ड चांसलर के कार्यालय द्वारा चलाई जाती थी किन्तु अब लॉर्ड चांसलर के कार्यालय का यह दायित्व न्याय मंत्रालय के पास आ गया है। न्याय मंत्रालय ही न्यायालयों की

व्यवस्था करता है। न्याय मंत्रालय को नए न्यायाधीशों की नियुक्ति के मामलों में मंत्रणा देने के लिए एक न्यायिक नियुक्ति आयोग (जुडिशियल एपॉयंटमेंट्स कमीशन) की स्थापना की गई है।

हाउस ऑफ लॉर्ड्स की अपील समिति (एपेलेट कमेटी) पहले देश का सर्वोच्च न्यायालय मानी जाती थी किन्तु 2005 के संवैधानिक सुधार अधिनियम के अन्तर्गत इस समिति का स्थान अक्टूबर 2009 से उच्चतम न्यायालय यानी सुप्रीम कोर्ट ने ले लिया है और अब न्यायपालिका सरकार से पूर्णतया स्वतंत्र हो गई है। न्यायाधीशों की नियुक्ति एक स्वतंत्र प्रक्रिया के अनुसार होती है और वे सरकार से पूरी तरह स्वतंत्रता के साथ काम करते हैं। यदि वह पाएँ कि सरकार का कोई मंत्री भी संसद के कानून के अथवा यूरोपीय संघ के निर्देश के अतिक्रमण का दोषी है या उसने यूरोपीय मानवाधिकार अभिसमय का उल्लंघन किया है तो उसे अपने काम में आवश्यक बदलाव लाने का आदेश दे सकते हैं।

अब सभी कानूनी मामलों में अपील करने की अन्तिम अदालत सुप्रीम कोर्ट हो गई है। इसमें कुल न्यायाधीश 12 हैं। एक अपवाद स्कॉटलैंड के आपराधिक मामले हैं। ब्रिटेन में अपना कोई मूल अधिकारों का प्रपत्र (बिल ऑफ राइट्स) नहीं है किन्तु, मानवाधिकारों के यूरोपीय अभिसमय पर हस्ताक्षर करने के बाद 1966 से ब्रिटिश नागरिकों को यह अधिकार मिल गया है कि मानवाधिकारों के यूरोपीय न्यायालय के सामने अपने व्यक्तिगत मानवाधिकार के हनन के मामले ले जा सकें। 2000 में यूरोपीय अभिसमय की धाराओं को ब्रिटेन के आन्तरिक कानून में भी शामिल कर लिया गया और अब देशीय अदालतों में भी मानवाधिकारों के मामले उठाए जा सकते हैं।

4

फ्रांस

पाँचवाँ गणतंत्र

पश्चिमी यूरोप का सबसे बड़ा देश फ्रांस कई बड़े राष्ट्रों और समुद्रों से घिरा हुआ है। फ्रांस की वर्तमान आबादी लगभग 65 करोड़ है। इंग्लिश चैनल फ्रांस को ब्रिटेन से अलग करता है। इसके अतिरिक्त, फ्रांस के पश्चिम में अटलांटिक महासागर तथा बिस्के खाड़ी, दक्षिण में भूमध्य सागर, पूर्व में इटली और स्विट्जरलैंड, दक्षिण-पश्चिम में स्पेन और उत्तर-पूर्व में जर्मनी, बेल्जियम तथा लुग्जेम्बर्ग स्थित हैं। नेपोलियन का जन्म-स्थल कॉरसिका द्वीप भी फ्रांस का अंग है। फ्रांस के अपने मुख्य भू-राज्य क्षेत्र के अलावा और भी बहुत-से छोटे-मोटे राज्य क्षेत्र हैं जो दक्षिण अमेरिका, अफ्रीका, उत्तरी अमेरिका, प्रशान्त महासागर और हिन्द महासागर में बिखरे हैं। इन्हें फ्रांस के उपनिवेश कहा जा सकता है। इन्हें तीन श्रेणियों में बाँटा गया है—

1. समुद्रपार राज्य क्षेत्र,
2. समुद्रपार विभाग और
3. राज्य क्षेत्रीय सामूहिकी (कलक्टीवीटीज)।

1789 की फ्रांसीसी क्रान्ति ने विश्व को समता, स्वतंत्रता और बन्धुता का उद्घोष दिया और आधुनिक लोकतंत्र का बीजारोपण किया। फ्रांसीसी राजनीतिक व्यवस्था का स्वरूप 1789 के बाद से ही विकसित हुआ। नेपोलियन के नेतृत्व में फ्रांस एक शक्तिशाली राष्ट्र के रूप में उभरा। द्वितीय महायुद्ध के बाद 1946 में फ्रांस में चौथे गणतंत्र का प्रारम्भ हुआ। आधुनिक फ्रांस 1958 में जन्मा जब राष्ट्रपति चार्ल्स डे' गॉल के नेतृत्व में पाँचवें लोकतंत्र का सूत्रपात हुआ। अल्जीरिया में फ्रांस के औपनिवेशिक युद्ध से जन्मी विषम परिस्थितियों में डे' गॉल ने एक नए संविधान के अधीन एक ऐसे राष्ट्रपति के रूप में सत्ता सँभाली जिसमें बहुत शक्ति केन्द्रित थी। पाँचवें गणतंत्र के संविधान को जनमत संग्रह द्वारा स्वीकारा गया।

राज्य-व्यवस्था

फ्रांस की वर्तमान राज्य-व्यवस्था संसदीय और राष्ट्रपतीय प्रणालियों का मिश्रण है। तीसरे और चौथे गणतंत्र में व्यवस्था मूलतः संसदीय थी, राष्ट्रपति केवल औपचारिक, नाम मात्र का, प्रमुख था। किन्तु अब पाँचवें गणतंत्र में राष्ट्रपति सबसे अधिक शक्तिशाली पदाधिकारी है। वह सैनिक बलों का मुखिया है, प्रधानमंत्री की नियुक्ति करता है, राष्ट्रीय विधानसभा (नेशनल असेम्बली) का विघटन कर सकता है, मंत्रिपरिषद् की बैठकों का सभापतित्व करता है, सर्वोच्च अपीलीय अदालतों और संवैधानिक अदालतों के न्यायाधीशों की नियुक्ति करता है, न्यायपालिका की उच्चतर परिषद् का सभापतित्व करता है, विदेशों के साथ सन्धियों सम्बन्धी बातचीत करता है और आवश्यकता पड़ने पर जनमत संग्रह (रिफरेंडम) करा सकता है। विधि निर्माण के क्षेत्र में वह किसी विधेयक को पुनर्विचार के लिए एक बार भेज सकता है।

यह सम्भव है कि राष्ट्रपति और प्रधानमंत्री भिन्न दलों से हों, ऐसे में उनके परस्पर सम्बन्ध बहुत महत्त्वपूर्ण हो जाते हैं। यदि राष्ट्रपति के विरोधी दल या दलों का असेम्बली में बहुमत हो और इस कारण उसके नेता को ही प्रधानमंत्री बनाना आवश्यक हो तो राष्ट्रपति का वास्तविक अधिकार क्षेत्र और निर्णय लेने और लागू करने की क्षमता सीमित हो जाएँगे। लेकिन क्योंकि अब राष्ट्रपति का कार्यकाल भी 5 वर्ष कर दिया गया है और असेम्बली और राष्ट्रपति के चुनावों में केवल कुछ महीनों का ही अन्तराल होने की सम्भावना है, ऐसी स्थितियाँ सम्भवतः आगे कम ही आएँ।

सिद्धान्त रूप में पाँचवाँ गणतंत्र एक अविभाज्य, लोकतांत्रिक, पन्थनिरपेक्ष, सामाजिक राज्य-व्यवस्था है। संविधान के अनुसार फ्रांस एकात्मक राज्य है। किन्तु, इधर सत्ता के विकेन्द्रीकरण और स्थानीय संस्थाओं के सशक्तीकरण की दिशा में कदम उठे हैं। स्थानीय प्रशासनिक खंड-प्रखंडों को, विभागों-प्रभागों को, क्षेत्रों और कम्यून समूहों को कतिपय वैधानिक दायित्व और अधिकार सौंपे गए हैं और केन्द्रीय सरकार को हिदायत दी गई है कि उनके साधारण दिन-प्रतिदिन के कामकाज में हस्तक्षेप न करें।

पाँचवाँ गणतंत्र मानवाधिकारों, शक्तियों के पृथक्करण और राष्ट्रीय सम्प्रभुता में विश्वास करता है। अतः स्पष्ट है कि इसने सम्पूर्ण प्रभुत्व-सम्पन्नता के साथ समझौता किया है। इसे यूरोपीय संस्थाओं, सन्धियों, निर्देशों और नियमों को मानना होता है। फ्रांस यूरोपीय संघ का प्रमुख सदस्य है।

विधि के समक्ष समस्त नागरिकों की समानता, किसी वर्ग के लिए विशेषाधिकारों का निषेध, वाक्-स्वातंत्र्य, मत और धर्म की स्वतंत्रता, जब तक दोष सिद्ध न हो जाए तब तक निर्दोष माना जाना, निरंकुश ढंग से सम्पत्ति से वंचित न किया जाना और नागरिकों के प्रति सरकार की जवाबदेही आदि कुछ ऐसे आधारभूत सिद्धान्त

हैं जिन्हें संविधान में मान्यता दी गई है। फ्रांसीसी संविधान का मूल नियम है— व्यक्ति की स्वतंत्रता, उस पर प्रतिबन्ध अपवाद है। फ्रांस का शासन कार्यांग, विधानांग और न्यायांग में बँटा है।

कार्यांग

पाँचवें गणतंत्र की व्यवस्था में सर्वोच्च कार्यकारी शक्तियाँ राष्ट्रपति और प्रधानमंत्री के हाथों में केन्द्रित हैं। राष्ट्रपति का अधिकार क्षेत्र अधिक व्यापक और भूमिका अधिक प्रभावी है। वह राष्ट्र का मुखिया है। नेशनल असेम्बली में जिसे बहुमत का समर्थन प्राप्त हो, ऐसे व्यक्ति को राष्ट्रपति प्रधानमंत्री बनाते हैं और प्रधानमंत्री की मंत्रणा से अन्य मंत्रियों, उपमंत्रियों और राज्य मंत्रियों की नियुक्ति करते हैं। प्रधानमंत्री शासन का प्रमुख होता है और राष्ट्र की सुरक्षा उसका दायित्व है। राजनीतिक दृष्टि से अधिक प्रभावशाली मंत्रियों को कई बार राज्य सचिव (सेक्रेटरी ऑफ स्टेट) भी कहा जाता है। मंत्रियों की संख्या और उनके बीच विभागों और दायित्वों का वितरण बदलती हुई परिस्थितियों और संस्कारों के साथ बदलता रहता है। मंत्रिपरिषद् में प्राय: लगभग 15 मंत्री होते हैं। यह प्रधानमंत्री का दायित्व है कि इन मामलों में राष्ट्रपति को आवश्यक सलाह दें।

मंत्रिपरिषद् के सभी सदस्य प्राय: नेशनल असेम्बली के सदस्यों में से चुने जाते हैं किन्तु इसके अपवाद सम्भव हैं। बहुमत का समर्थन खो देने पर प्रधानमंत्री और मंत्रिपरिषद् को जाना होता है। निन्दा (अविश्वास) प्रस्ताव पारित कर नेशनल असेम्बली पूरी मंत्रिपरिषद् को हटा सकती है क्योंकि सिद्धान्तत: मंत्रिपरिषद् विधायिका के प्रति उत्तरदायी है। मंत्रियों को सांसदों के प्रश्नों का उत्तर देना होता है।

राष्ट्रपति निर्वाचित होने के लिए सबसे पहले यह जरूरी है कि इस पद के उम्मीदवार को कम से कम 30 विभागों से अथवा समुद्रपार अन्य राज्य क्षेत्रों से 500 निर्वाचित पदाधिकारियों के हस्ताक्षरों के द्वारा प्रस्तावित किया जाए। राष्ट्रपति का निर्वाचन सीधे प्रत्यक्ष रूप से स्पष्ट बहुमत से होता है। यदि दो से अधिक उम्मीदवार हों और प्रथम गणना में किसी को भी स्पष्ट बहुमत न मिले तो दो सप्ताह बाद सबसे अधिक मत पानेवाले दो उम्मीदवारों के लिए पुन: मतदान (रन ऑफ पोलिंग) कराया जाता है और बहुमत पानेवाले को निर्वाचित घोषित किया जाता है। इस पद्धति को अपनाने का परिणाम यह होता है कि कहा जा सकता है कि निर्वाचित व्यक्ति को मतदाताओं के स्पष्ट बहुमत का समर्थन प्राप्त है और इसका प्रातिनिधिक चरित्र सन्देह से परे है।

राष्ट्रपति का कार्यकाल अब सात वर्ष से घटाकर पाँच वर्ष कर दिया गया है। राष्ट्रपति दूसरे कार्यकाल के लिए चुनाव लड़ सकता है और अधिकांश राष्ट्रपतियों ने ऐसा किया है और सफलता पाई है।

कार्यकारी अधिकार क्षेत्र के भीतर राष्ट्रपति और प्रधानमंत्री, संविधान और विधि के दायरे में रहते हुए, कुछ आदेश (डिक्री) जारी कर सकते हैं। अधिकांश वरिष्ठ सिविल और मिलिटरी अफसरों की नियुक्ति के आदेश राष्ट्रपति अपने हस्ताक्षर से जारी करते हैं। वह कुछ नियमों–अधिनियमों पर हस्ताक्षर करते हैं। इन आदेशों पर प्रधानमंत्री और सम्बद्ध मंत्री के हस्ताक्षर भी जरूरी हैं। विधि और राष्ट्रपति अथवा प्रधानमंत्री के आदेशों के अधीन सम्बद्ध मंत्रिगण अपने मंत्रीय आदेश भी जारी कर सकते हैं। किन्तु, कार्यांग की ओर से ऐसे किसी क्षेत्र में कोई आदेश नहीं दिए जा सकते जो क्षेत्र संविधान के अनुसार विधायिका के अधिकार क्षेत्र में आते हों। संसद चाहे तो एक शक्तीकरण (हैबीलीटेशन) कानून बनाकर कार्यकारिणी को अध्यादेश (ऑर्डिनेंस) निकालने के लिए अधिकृत कर सकती है। अध्यादेश प्रायः अत्यावश्यक परिस्थिति में ही जारी किए जाते हैं। कभी-कभी तकनीकी मामलों में अथवा निर्विवादित विषयों में भी अध्यादेश का सहारा ले लिया जाता है। यूरोपीय संघ के आदेशों को लागू करने के लिए भी अध्यादेश जारी हुए हैं।

सरकारी आदेशों का पालन करने और उन्हें लागू करने के लिए सरकारी अफसर, पुलिस तथा अन्य एजेंसियाँ उपलब्ध रहती हैं। कुछ विशिष्ट क्षेत्रों में बहुत से स्वतंत्र संस्थान और एजेंसियाँ हैं जो कार्यकारिणी की सहायक रहती हैं, जैसे—फ्रांसीसी बैंक, इलेक्ट्रॉनिक संचार तथा डाक नियंत्रण अधिकरण, ऊर्जा नियंत्रण आयोग, राजनीतिक दलों और चुनाव अभियानों के वित्त प्रबन्धन, हिसाब-किताब रखने आदि के लिए राष्ट्रीय आयोग तथा अन्य अनेक। इनके दिन-प्रतिदिन के काम में सरकार हस्तक्षेप नहीं करती है।

फ्रांसीसी सिविल सर्विस के अफसरों द्वारा अपने कर्तव्यपालन के मामलों में कार्यकारिणी के अधिकार सीमित हैं। सर्वोच्च पदों को छोड़कर सभी पदों पर नियुक्ति केवल मात्र योग्यता और वरीयता के आधार पर ही हो सकती है। कुछ पदाधिकारियों के काम में सरकार द्वारा दखल स्पष्टतया वर्जित है, जैसे—न्यायाधीशों और अभियोक्ताओं के मामले में।

विधायिका

फ्रांस की संसद द्विसदनीय है। निम्न सदन राष्ट्रीय विधानसभा (नेशनल असेम्बली) और उच्च सदन सीनेट कहलाता है। असेम्बली में एकल सदस्य निर्वाचन क्षेत्रों से सीधे चुने गए 577 सदस्य हैं। निर्वाचित होने के लिए डाले गए मतों का बहुमत मिलना अनिवार्य होता है। अगर पहली बार किसी को भी स्पष्ट बहुमत न मिले तो पहले 12.5 प्रतिशत से अधिक मत पानेवाले उम्मीदवारों के बीच पुनः मतदान कराया जाता है। यह दूसरा मतदान एक सप्ताह बाद होता है। सभी निर्वाचन रविवार के दिन होते हैं। असेम्बली के सदस्यों का कार्यकाल पाँच वर्ष का होता है। नेशनल असेम्बली

विशेष रूप से सरकारी कृत्यों का निरीक्षण करती है। अगर असेम्बली और सीनेट में किसी मामले में मतभेद हो तो असेम्बली का निर्णय ही कायम रहता है।

सीनेट में 348 सदस्य हैं। आबादी में बदलाव के साथ सदस्य संख्या में भी परिवर्तन हो सकता है। 348 में से 323 सदस्य फ्रांस के मुख्य राज्य क्षेत्र से हैं, 13 समुद्रपार के राज्य क्षेत्रों से और 12 विदेशों में फ्रांसीसी नागरिकों से। बहुत से उच्च सरकारी अफसर भी सीनेटर बन जाते हैं। सीनेट के सदस्य अप्रत्यक्ष रूप से एक निर्वाचकमंडल द्वारा चुने जाते हैं। निर्वाचकमंडल में मुख्यतः स्थानीय अफसर होते हैं जिसके कारण ग्रामीण और मूलतः अधिक दक्षिणपन्थी विचारधारा को बल मिलता है। 2011 में पहली बार पाँचवें गणतंत्र में वामपन्थियों को सीनेट में सफलता मिली। सीनेटरों का कार्यकाल 6 वर्ष का होता है और हर तीसरे वर्ष आधे स्थानों के लिए ताजा चुनाव होते हैं।

सीनेट में विशेष ध्यान दिया जाता है संवैधानिक मामलों में, विदेश नीति और यूरोपीय संघ के साथ सम्बन्धों में।

संसद के दोनों सदनों की कार्यवाही में सरकार की प्रमुख भूमिका रहती है। अधिकांश विधेयक सरकार की ओर से आते हैं। विधेयकों के पारित होने और अधिनियम बन जाने के बाद अधीनस्थ विधायन के अन्तर्गत सरकार ही नियम-अधिनियम बनाकर अधिनियमों को प्रभावी बनाती है।

विधायिका को सामाजिक और आर्थिक दृष्टि से महत्त्वपूर्ण मामलों में परामर्श देने के लिए एक आर्थिक और सामाजिक परिषद् है। सरकार किसी भी मुख्य मुद्दे को इस परिषद् में सलाह के लिए भेज सकती है। परिषद् अपनी रिपोर्ट प्रकाशित करती है तथा प्रधानमंत्री, नेशनल असेम्बली तथा सीनेट को भेजती है।

सांसदों को कुछ संसदीय उन्मुक्तियाँ प्राप्त हैं। संसद के दोनों सदनों में संसदीय समितियाँ हैं जिनके अपने-अपने काम हैं। वे बहुत से मामलों में जाँच करके अपनी रिपोर्ट प्रस्तुत करती हैं।

बहुत समय से प्रथा चली आ रही है कि सांसद अपने डिपुटी अथवा सीनेटर पद के अतिरिक्त स्थानीय सरकार के स्तर पर भी मेयर जैसे पदों पर रह सकें ताकि वह स्थानीय समस्याओं से अनभिज्ञ न रहें और उनका सम्बन्ध तृणमूल से बना रहे। इस प्रथा के आलोचकों का मानना है कि राष्ट्रीय संसद के सदस्यों को पूरे राष्ट्र के हित की बात सोचनी चाहिए न कि स्थानीय मुद्दों में उलझना। एक व्यक्ति के एक से अधिक पदों पर कब्जा करने की प्रवृत्ति को अधिकाधिक अनुचित माना जाने लगा है।

न्यायपालिका

फ्रांस में न्यायपालिका स्वतंत्र है और सिविल न्यायिक व्यवस्था प्रचलित है। इसके चलते कानून बनाने का काम विधायिका का है। न्यायपालिका कानून नहीं बना

सकती। न्यायपालिका का काम है संविधान और कानूनों का निर्वचन करना। फ्रांस की उच्चतम अदालत के 6 मुख्य न्यायाधीशों की नियुक्ति राष्ट्रपति करते हैं। इस न्यायालय को न्यायिक पुनरीक्षण का अधिकार नहीं है। यह शक्ति अलग एक संवैधानिक अदालत को प्राप्त है। संवैधानिक अदालत में 9 न्यायाधीशों का प्रावधान है। राष्ट्रपति, सीनेट के अध्यक्ष, नेशनल असेम्बली के अध्यक्ष हर तीसरे वर्ष एक-एक नियुक्ति कर सकते हैं। प्रत्येक नियुक्ति नौ वर्ष के कार्यकाल के लिए होती है। यह कार्यकाल आगे नहीं बढ़ाया जा सकता। गणतंत्र के सभी पूर्व राष्ट्रपति संवैधानिक अदालत के कानूनन सदस्य हैं। कानूनों की वैधता का निर्णय यही संवैधानिक अदालत (कांस्टीट्यूशनल कोर्ट) करती है। प्रशासनिक मामलों के लिए प्रशासनिक अदालतें अलग हैं जो विशेषत: प्रशासनिक विधि के निर्वचन और निर्णय करती हैं।

न्यायिक व्यवस्था की सबसे प्रमुख विशेषता है—उसका न्यायिक और प्रशासनिक धाराओं में बँटा होना। न्यायिक अदालतें दीवानी-सिविल और फौजदारी (क्रिमिनल) मामलों का निपटारा करती हैं। इन अदालतों में निचली अदालतें, बिचौली अपीली अदालतें तथा फ्रांसीसी उच्चतम न्यायालय शामिल हैं। न्यायाधीशों की स्वतंत्रता के संरक्षण के लिए विशेष वैधानिक प्रावधान हैं। उनके सेवाकाल के हितों को सुनिश्चित रखने के लिए फ्रांस की न्यायिक परिषद् है।

प्रशासनिक विधि एक अलग विधा के रूप में विश्व को फ्रांस की देन है। सरकार के विरुद्ध मामलों को तय करने के लिए फ्रांस में प्रशासनिक अदालतों की व्यवस्था है। इस व्यवस्था में हैं—प्रशासनिक अदालतें, प्रशासनिक अपील अदालतें और राज्यपरिषद् (कौंसिल ऑफ स्टेट) और उन सबसे ऊपर आखिरी अदालत। राज्यपरिषद् कार्यांग के निर्णयों के विरुद्ध मुकदमे सुनती है और कार्यकारी आदेशों, नियमों-उपनियमों को निरस्त कर सकती है अगर वे संवैधानिक विधि अथवा संसद से पारित अधिनियमों का उल्लंघन करते हों। यदि प्रशासनिक और न्यायिक धाराओं में अपने अधिकार क्षेत्रों के बारे में मतभेद हो तो अधिकार क्षेत्र अदालत (कोर्ट ऑफ जुरिडिक्शनल डिस्प्यूट) उसका फैसला करती है।

जहाँ तक संसद द्वारा पारित अधिनियमों की संवैधानिकता पर निर्णय देने का सवाल है वह न तो अदालतों की प्रशासनिक धारा में आता है और न ही न्यायिक धारा में। उसके लिए अलग संवैधानिक परिषद् (कांस्टीट्यूशनल कौंसिल) है। किसी अधिनियम के पारित होने से पहले भी सम्बद्ध विधेयक को उसकी संवैधानिकता जाँचने के लिए संवैधानिक परिषद् के पास उसकी राय जानने के लिए भेजा जा सकता है। संवैधानिक परिषद् के सदस्य नौ वर्षों के लिए नियुक्त किए जाते हैं। हर तीसरे वर्ष तीन की नियुक्ति होती है और राष्ट्रपति, नेशनल असेम्बली के अध्यक्ष तथा सीनेट के अध्यक्ष—ये तीनों तीन-तीन सदस्यों की नियुक्ति करते हैं।

लोकपाल

1973 में फ्रांसीसी गणतंत्र में ओम्बुड्स्मेन नामक संस्था की स्थापना की गई। ओम्बुड्स्मेन का काम है अदालतों में जाए बगैर प्रशासन और नागरिकों के बीच मतभेदों को सुलझाना, मानवाधिकारों को बढ़ावा देना तथा सरकार और प्रशासन को आवश्यक सुधारों के सुझाव देना।

लोकपाल की नियुक्ति गणतंत्र के राष्ट्रपति के द्वारा 6 वर्ष के लिए की जाती है। उसे उसके पद से हटाया नहीं जा सकता और उसके अपने काम के सिलसिले में किए गए कृत्यों के लिए उसे पूरी उन्मुक्ति प्राप्त है। ओम्बुड्स्मेन को कोई आदेश नहीं दे सकता।

राजनीतिक दल

फ्रांस में आजकल दो प्रमुख राजनीतिक गठबन्धन हैं—एक फ्रेंच समाजवादी दल के नेतृत्व में वामपन्थ केन्द्रित समूह और दूसरा न्यू गौलिस्ट यूनियन फॉर ए पॉपुलर मूवमेंट (यू.एम.पी)। फ्रांस की दल व्यवस्था में एक विशेषता है जो अन्य सभी लोकतंत्रात्मक व्यवस्था वाले देशों से भिन्न है और वह है—अधिकांश राजनेताओं का पूर्व सरकारी पदाधिकारी होना। फ्रांस में लोग राजनीति के प्रति गम्भीर हैं और मतदान 80 या 85 प्रतिशत से अधिक रहता है।

5

रूस

परिसंघात्मक गणराज्य

वर्तमान रूसी परिसंघ ('परिसंघ' शब्द का प्रयोग अंग्रेजी शब्द 'फेडरेशन' के लिए और 'संघ' का 'यूनियन' के लिए है) अथवा रशियन फेडरेशन पूर्वी यूरोप और उत्तरी एशिया में बाल्टिक सागर से प्रशान्त महासागर तक फैला है। वे समुद्रों से घिरा है। उत्तर में उत्तर ध्रुवीय (आर्कटिक) महासागर है, पूरब में बेरिंग सागर और प्रशान्त महासागर हैं। सयुक्त राज्य अमेरिका के राज्य अलास्का और रूस की भूमि की सीमा के बीच केवल बेरिंग समुद्र की पट्टी है। रूसी परिसंघ के दक्षिण में उत्तरी कोरिया, चीन, मंगोलिया, कजाकिस्तान, अजरबाईजान तथा ज्योरजिया हैं। पश्चिम में यूक्रेन, बेलारूस, कालासागर। लतविया, एस्टोनिया, फिनलैंड, नॉर्वे और बाल्टिक सागर हैं।

1991 में सोवियत संघ (यूनियन ऑफ सोवियत सोशलिस्ट रिपब्लिक्स—यू.एस.एस.आर.) का विघटन हो गया। दिसम्बर 1991 में रूस, बेलारूस और यूक्रेन एक समझौते के अन्तर्गत स्वाधीन देशों के राष्ट्रमंडल (कॉमनवेल्थ ऑफ इंडिपेंडेंट नेशन्स) में बँध गए। बाद में नौ और देशों—आरमेनिआ, अजरबाईजान, माल्डेविआ तथा मध्य एशिया के गणतंत्र—कजाकिस्तान, किरघीजिया, तजाकिस्तान, तुर्कमेनिस्तान, उजबेगिस्तान तथा ज्योरजिया—इस राष्ट्रमंडल में शामिल हो गए।

सोवियत संघ की जगह ली रूसी परिसंघ ने। रूसी परिसंघ में 21 गणतंत्र, 5 राज्य क्षेत्र, 47 प्रान्त, 8 स्वायत्त क्षेत्र और 2 परिसंघीय नगर (मास्को और सेंट पीटर्सबर्ग) शामिल हैं। इनके अतिरिक्त यहूदी स्वायत्त क्षेत्र बिरोबीजान भी रूसी संघ का अंग है। कुल मिलाकर संघ में 84 अवयव हैं। इन सबकी अपनी-अपनी अलग-अलग शक्तियाँ और क्षेत्राधिकारों की सीमाएँ हैं।

पूर्व सोवियत संघ का लगभग 75 प्रतिशत भूक्षेत्र और करीब 50 प्रतिशत आबादी वर्तमान रूसी परिसंघ में है। इस समय परिसंघ की आबादी लगभग

15 करोड़ है। क्षेत्र के हिसाब से रूसी परिसंघ विश्व का सबसे विस्तृत और विशाल राष्ट्र है। यह अकेला ऐसा राष्ट्र है जो दो महाद्वीपों—यूरोप और एशिया—में फैला है। इसे सर्वाधिक शक्तिशाली देशों में गिना जाता है।

संविधान और राज्य-व्यवस्था

जनमत संग्रह में स्वीकृत दिसम्बर, 1993 का संविधान सिद्धान्त रूप में एक लोकतंत्रात्मक व्यवस्था का प्रावधान करता है। नए रूसी परिसंघ को संविधान ने परिसंघात्मक गणराज्य (फेडरल रिपब्लिक) की संज्ञा दी है।

मोटे तौर पर एक राष्ट्रपति होगा जो प्रधानमंत्री और अन्य मंत्रियों की नियुक्ति करेगा, एक परिसंघ विधायिका होगी जिसमें दो सदन होंगे—एक परिसंघ परिषद् और दूसरा राज्य डूमा। न्यायपालिका स्वतंत्र होगी तथा संवैधानिक न्यायालय सर्वोच्च होगा।

कार्यपालिका

संविधान राष्ट्रपति के लिए विशद शक्तियों का उपबन्ध करता है। राष्ट्रपति ऐसे निर्देश और अध्यादेश जारी कर सकता है जो कानून का असर रखते हों और उन्हें लागू रखने के लिए विधायिका की स्वीकृति आवश्यक न हो। शर्त केवल यह है कि राष्ट्रपति इस सारी प्रक्रिया में संविधान और विधियों का उल्लंघन न करे।

राष्ट्रपति प्रधानमंत्री की नियुक्ति डूमा के अनुमोदन से ही करेगा। राष्ट्रपति की अकस्मात् मृत्यु होने पर या उसके अपने पद से त्यागपत्र देने की स्थिति में, उत्तराधिकार की सूची में प्रधानमंत्री का नाम सर्वप्रथम होगा। अपना कार्यकाल पूरा होने पर व्यक्ति विशेष राष्ट्रपति का पद छोड़कर प्रधानमंत्री बन सकता है और बाद में पुनः राष्ट्रपति पद पर बैठ सकता है।

राष्ट्रपति और प्रधानमंत्री में समय-समय पर, विशेषकर कठिन स्थितियों में, कौन अधिक शक्तिशाली सिद्ध होता है मुख्यतः इन दोनों उच्च पदों पर आसीन व्यक्ति विशेषों पर निर्भर रहेगा। कहा जाता है कि गत वर्षों में रूस की राजनीति में सर्वाधिक शक्ति पुतिन के हाथों में रही है चाहे वे राष्ट्रपति के पद पर रहे हों या प्रधानमंत्री पद पर।

विधानपालिका

रूस की परिसंघात्मक विधायिका का निचला सदन डूमा कहलाता है। निश्चय ही यह सदन अधिक दायित्वों का निर्वाह करता है। और दूसरे सदन से अधिक महत्त्वपूर्ण और शक्तिशाली माना जाता है। सभी विधेयकों पर पहले डूमा में विचार होना चाहिए। डूमा में कुल सदस्यों के बहुमत से सरकार पर अविश्वास प्रस्ताव

पारित किया जा सकता है किन्तु सदन सरकार को त्यागपत्र देने के लिए बाध्य नहीं कर सकता क्योंकि राष्ट्रपति को यह अधिकार प्राप्त है कि वह सदन के मत को प्रभावी न होने दे।

डूमा में 450 सदस्य अथवा डिपुटी हैं। डूमा का कार्यकाल 2008 में 4 से बढ़ाकर 5 वर्ष कर दिया गया।

विधायिका के दूसरे सदन अथवा उच्च सदन परिसंघ परिषद् में 168 सदस्य होते हैं जिन्हें सीनेटर कहा जाता है। संघ की 84 इकाइयों से—हर इकाई से दो—सदस्य परिषद् में आते हैं क्योंकि उच्च सदन भौगोलिक क्षेत्रों का प्रतिनिधित्व करता है। इसके मुद्दों का निर्णय क्षेत्रीय संस्थानों पर छोड़ दिया जाता है।

न्यायपालिका

संविधान के अनुसार और सैद्धान्तिक दृष्टि से रूसी न्यायपालिका स्वतंत्र है। रूसी परिसंघ की न्यायिक व्यवस्था में परिसंघीय संवैधानिक विधि (फेडरल कॉन्स्टीट्यूशनल लॉ ऑन द जुडिशियल सिस्टम ऑफ द रशियन फेडरेशन) में स्पष्ट उपबन्ध हैं जो कहते हैं कि न्यायिक शक्ति अलग होगी तथा वह विधायी और कार्यकारी शक्तियों से पूर्णतया स्वतंत्र रूप में काम करेगी।

संवैधानिक न्यायालय में 19 न्यायाधीश होते हैं और उनमें से एक पीठाधीश और एक उप-पीठाधीश होता है। न्यायाधीशों की नियुक्ति, परिसंघ परिषद् की अनुमति से, राष्ट्रपति के द्वारा की जाती है। संवैधानिक अदालत का अधिकार क्षेत्र कुछ विशेष विषयों तक ही सीमित होता है। संविधान कहता है कि संवैधानिक अदालत कार्यपालिका और विधानपालिका तथा परिसंघ सरकार और क्षेत्रीय व स्थानीय सरकारों के बीच विवादों का निपटारा करेगी। यही अदालत विभिन्न संवैधानिक अधिकारों के हनन के मामले भी तय करती है, भिन्न-भिन्न संस्थाओं से आनेवाली अपीलें तय करने के लिए अधिकृत है तथा राष्ट्रपति के विरुद्ध महाभियोग की कार्यवाही में भी उसे भाग लेना होता है।

राजनीतिक दल

वर्तमान में रूसी संघ के नागरिकों को राजनीतिक दल बनाने की स्वतंत्रता उपलब्ध है और कई दल हैं। कह सकते हैं कि वहाँ बहुदलीय व्यवस्था है। दलों की संख्या लगभग 85 है। सबसे प्रमुख और बड़ा दल 'संयुक्त रूस दल' कहलाता है। यह कई दलों के विलय से 2001 में बनाया गया। आर्थिक नीतियों के मामले में यह मध्यमार्गी है। वर्तमान प्रधानमंत्री, पूर्व राष्ट्रपति और रूसी राजनीति के सबसे शक्तिशाली व्यक्तित्व ब्लादीमीर पुतिन का दल यही 'संयुक्त रूस दल' है। परिसंघ परिषद् और राज्य डूमा में पुतिन को इस दल का पूरा सहयोग और समर्थन मिलता है।

विपक्ष में प्रमुख दल रूसी परिसंघ की कम्युनिस्ट पार्टी है। इसके अलावा अन्य दल, जिन्हें डूमा में प्रतिनिधित्व प्राप्त है, वह हैं—उदारवादी लोकतांत्रिक दल (लिबरल डेमोक्रेटिक पार्टी), एक न्यायसंगत दल (ए जस्ट पार्टी) तथा राष्ट्रीय जनता संघ (नेशनल पीपुल्स यूनियन)। छोटे–छोटे दलों में न्यायदल (जस्टिस पार्टी), लोकतंत्र के लिए जनता दल (पीपुल फॉर डेमोक्रेसी पार्टी) आदि हैं।

निर्वाचन

राष्ट्रपतीय निर्वाचन व्यवस्था में यह आवश्यक है कि विजेता को कुल डाले गए मतों के कम से कम 50 प्रतिशत +1 मत मिले हों। यदि किसी भी उम्मीदवार को इतने मत न मिले हों तो जिन दो उम्मीदवारों को सबसे अधिक मत मिले हों उनके बीच पुनर्मतदान कराया जाए और जिसे अधिक मत मिलें उसे ही विजेता माना जाए।

1993 के संविधान के अधीन पहले राष्ट्रपति के पद का कार्यकाल 4 वर्ष था परन्तु 2008 के संशोधन अधिनियम के द्वारा अब इसे 6 वर्ष कर दिया गया है। कोई भी दो बार से अधिक एक साथ राष्ट्रपति पद पर आसीन नहीं रह सकता अर्थात् 6–6 साल की दो अवधि पूरी करने के तुरन्त बाद तीसरी बार राष्ट्रपति पद के लिए उम्मीदवार नहीं बन सकता।

राज्य डूमा के लिए अब, 2007 के बाद से, सभी 450 स्थानों के लिए निर्वाचन समानुपातिक प्रतिनिधित्व प्रणाली के अनुसार होता है। किसी भी स्थान के लिए कम से कम 7 प्रतिशत मत पाना अनिवार्य होगा। इस प्रावधान का प्रभाव यह हुआ कि निर्दलीय सदस्यों और छोटे–छोटे दलों के सदस्यों का जीतना बहुत कठिन हो गया। 15 दलों में केवल 11 दल चुनाव लड़ने के लिए पंजीकृत हो सके।

परिसंघ परिषद् के लिए परिसंघ के 84 अवयवों में से प्रत्येक को दो सीनेटरों का चयन करना होता है। इनमें से एक को प्रान्तीय/स्थानीय विधायिका द्वारा निर्वाचित किया जाता है और दूसरे को प्रान्तीय राज्यपाल द्वारा नाम निर्देशित किया जाता है और विधायिका द्वारा अनुमोदित।

निर्वाचन अधिकारों तथा रूसी परिसंघ के नागरिकों के जनमत संग्रह में भाग लेने के अधिकार की गारंटी देनेवाले कानून में कहा गया है कि निर्वाचन सम्बन्धी विवादों का निर्णय साधारण न्यायालयों अथवा निर्वाचन आयोगों द्वारा किया जाएगा। केन्द्रीय निर्वाचन आयोग के निर्णयों के विरुद्ध अपील परिसंघ के सर्वोच्च न्यायालय (सुप्रीम कोर्ट) में की जा सकती है। परिसंघ के अवयवों के निर्वाचन आयोगों के निर्णयों के विरुद्ध अपील अवयवों के स्तर पर सम्बन्धित सर्वोच्च न्यायालयों में अथवा परिसंघीय स्तर पर अधिकृत क्षेत्रीय अथवा नगरीय न्यायालयों में की जा सकती है। अन्य आयोगों के निर्णयों के विरुद्ध अपील साधारण अधिकार क्षेत्र वाले न्यायालयों में की जा सकती है। कह सकते हैं कि आमतौर से नियम यह है कि कोई

भी नागरिक और संस्थाएँ किसी भी निर्वाचन आयोग के निर्णय के विरुद्ध अपील किसी भी जगह उससे ऊपर के किसी भी न्यायालय में कर सकते हैं। निर्वाचन अधिकारों की गारंटी करनेवाला मूल कानून बहुत विस्तार से विवादों को निपटाने की प्रक्रिया का स्पष्टीकरण करता है।

राजनीतिक सुधार

रूसी संघ में सभी राजनीतिक दल लोकतंत्रात्मक व्यवस्था के पक्षधर हैं। सभी स्वच्छ और भ्रष्टाचार मुक्त सुशासन की बातें करते हैं। जो दल विपक्ष में हैं, सत्ता से बाहर हैं, विशेषकर साम्यवादी दल (कम्युनिस्ट पार्टी), पुतिन के शासन को निरंकुश और भ्रष्टाचार में लिप्त मानते हैं। पुतिन दो बार राष्ट्रपति रहे। क्योंकि संविधान के अनुसार लगातार तीसरी बार राष्ट्रपति पद नहीं सँभाल सकते थे, उन्होंने प्रधानमंत्री बनना ठीक समझा। उनके पद परिवर्तन के बाद भी सत्ता की राजनीति में वे ही केन्द्र बने रहे। अपनी लोकप्रियता के चलते, गत निर्वाचन में वे पुनः राष्ट्रपति बन गए हैं।

आलोचकों का मानना है कि पुतिन शासन लोकतंत्र से बहुत दूर है अथवा एक नियोजित और नियंत्रित लोकतंत्र है। मानवाधिकार सुरक्षित नहीं है, समाचार तंत्र की स्वतंत्रता सीमित की जा रही है। गैर-सरकारी स्वैच्छिक संस्थाओं (एन.जी. ओज) के कार्यकलापों पर कठोर बन्दिशें लगा दी गई हैं। पर्यवेक्षकों के अनुसार रूसी परिसंघ में अभिव्यक्ति और सम्मेलन की स्वतंत्रता पर आघात हुआ है तथा राजनीतिक विपक्ष को हाशिए पर ला खड़ा करने का पूरा प्रयास किया गया है। लोकतंत्र के साधन, जैसे—निर्वाचन, न्यायपालिका द्वारा निर्णय, संसद द्वारा विधि निर्माण, राजनीतिक दलों की भूमिका आदि का उपयोग करके लोकतंत्र पर ही चोट करने का प्रयास किया गया है। उनका मानना है कि आवश्यकता है राज्य-व्यवस्था में ऐसे सुधारों की जिनसे किसी एक व्यक्ति के निरंकुश होने पर तथा राज्य के तीनों अंगों—कार्यपालिका, विधायिका और न्यायपालिका—पर एक ही व्यक्ति के अपना वर्चस्व जमाने पर अंकुश लग सके तथा सत्ता के केन्द्रीकरण का अन्त हो।

6

ऑस्ट्रेलिया

ऑस्ट्रेलियाई राष्ट्रमंडल

ऑस्ट्रेलिया विश्व का सबसे छोटा महाद्वीप है। दक्षिण-ध्रुवीय एनटारटिक महाद्वीप को छोड़कर और सब महाद्वीपों से ऑस्ट्रेलिया की आबादी सबसे कम है। इस समय यह आबादी 2 करोड़ से कुछ अधिक है। ऑस्ट्रेलिया अकेला महाद्वीप राष्ट्र है। आकार में यह भारत के दोगुने से अधिक है। ऑस्ट्रेलिया चारों ओर से हिन्द महासागर और प्रशान्त महासागर के बीच पानी से घिरा है। ऑस्ट्रेलिया का सबसे करीबी राष्ट्र उत्तर की ओर पपुआ और न्यूगिनी हैं। भू-मध्य रेखा से नीचे दक्षिणी गोलार्द्ध में स्थित होने के कारण, ऑस्ट्रेलिया में गरमी होती है जब भारत में सर्दी का मौसम होता है और जब भारत में गरमी पड़ती है तो ऑस्ट्रेलिया में शीतकाल होता है। ऑस्ट्रेलिया के अधिकांश भू-भाग में वर्षा बहुत कम होती है, सूखा रहता है और रेगिस्तान होता है।

ऑस्ट्रेलिया के मूल निवासी दक्षिण-पूर्वी एशियाई थे जो लगभग 40 हजार वर्ष पूर्व यहाँ आकर बस गए थे। 17वीं और 18वीं शताब्दी में यूरोपियनों ने आना प्रारम्भ किया। 18वीं शताब्दी समाप्त होते-होते इंग्लैंड का प्रभुत्व जमने लगा और औपनिवेशिक प्रदेश बनने लगे। इनमें से कुछ में तो मुख्यत: उम्रकैद पाए अपराधियों की बस्तियाँ थीं। जघन्य अपराधियों को ऑस्ट्रेलिया भेजने का सिलसिला 19वीं सदी तक चलता रहा। 20वीं सदी प्रारम्भ होने से पूर्व 6 औपनिवेशिक प्रदेशों की स्थापना हो गई थी। उन्होंने अपने संविधान और अपनी सरकारें भी बना लिये थे। 1901 में 6 राज्यों (औपनिवेशिक प्रदेशों) और 2 राज्य क्षेत्रों ने मिलकर ऑस्ट्रेलियाई राष्ट्रमंडल की स्थापना की।

राष्ट्रमंडल का गठन

ऑस्ट्रेलियाई राष्ट्रमंडल बनानेवाले 6 राज्यों के नाम हैं—न्यू साउथ वेल्स, विक्टोरिया, साउथ ऑस्ट्रेलिया, क्वींसलैंड, वेस्टर्न ऑस्ट्रेलिया और तस्मानिया। इसके अतिरिक्त

दो राज्य क्षेत्र—ऑस्ट्रेलियाई राजधानी राज्य क्षेत्र तथा उत्तरी राज्य क्षेत्र—भी राष्ट्रमंडल के अंग हैं। 1927 की ऑस्ट्रेलियाई परिसंघीय संसद से ऑस्ट्रेलिया को ब्रिटेन से पूरी स्वतंत्रता मिल गई, हालाँकि ब्रिटिश सम्राट सम्प्रभुता-सम्पन्न राज्याध्यक्ष बना रहा। 1986 में महारानी एलिजाबेथ ने ऑस्ट्रेलिया अधिनियम पर हस्ताक्षर कर यह स्पष्ट कर दिया कि ब्रिटेन के साथ ऑस्ट्रेलिया की अन्तिम संवैधानिक कड़ी भी अब शेष नहीं रही। केवल औपचारिक रूप से ब्रिटिश सम्राज्ञी अभी ऑस्ट्रेलिया की भी सम्राज्ञी हैं। 1998 में एक संवैधानिक अभिसमय में प्रतिनिधियों का बहुमत ब्रिटिश सम्राज्ञी को ऑस्ट्रेलिया की राज्याध्यक्ष मानने के विरुद्ध था और ऑस्ट्रेलिया को गणतंत्र बनाना चाहता था, किन्तु जनमत सम्भवतः अभी यथास्थिति के पक्ष में था। 1999 के संविधान और राज्य-व्यवस्था जनमत संग्रह में गणतंत्र के प्रस्ताव को स्वीकृति नहीं मिली।

ऑस्ट्रेलिया 6 राज्यों और 2 राज्य क्षेत्रों से मिलकर बना एक परिसंघ है जिसे ऑस्ट्रेलियाई राष्ट्रमंडल का नाम दिया गया है। इस राष्ट्रमंडल का अपना संविधान है जो 1 जनवरी, 1901 से लागू हुआ। इस संविधान के अनुसार राष्ट्रमंडल और राज्यों के बीच शक्तियों का विभाजन किया गया है। प्रत्येक राज्य का अपना संविधान, अपनी विधायिका और अपनी सरकार है। राष्ट्रमंडल की विधायी शक्तियों का वास द्विसदनीय परिसंघीय संसद में है। यह संसद तीन अंगों से मिलकर बनी है—

1. सम्राज्ञी (जिसका प्रतिनिधित्व करता है गवर्नर जनरल),
2. सीनेट (उच्च सदन) तथा
3. प्रतिनिधि सभा (हाउस ऑफ रिप्रजेंटेटिव्स)।

न्यायिक शक्ति ऑस्ट्रेलिया के उच्च न्यायालय (हाई कोर्ट) को दी गई है और कार्यकारी शक्तियाँ सम्राज्ञी के नाम से गवर्नर जनरल के द्वारा प्रयुक्त होती हैं, किन्तु क्योंकि गवर्नर जनरल मंत्रिमंडल की मंत्रणा से ही काम करता है, वास्तविक कार्यकारिणी मंत्रिमंडल ही है।

कार्यकारिणी

ब्रिटेन की तरह ऑस्ट्रेलियाई राज्य-व्यवस्था भी एक संवैधानिक राजतंत्र है। गवर्नर जनरल के माध्यम से ब्रिटिश सम्राज्ञी ही ऑस्ट्रेलिया की भी राज्याध्यक्ष हैं किन्तु सम्राज्ञी अथवा गवर्नर जनरल केवल औपचारिक, संवैधानिक अथवा नाममात्र के राज्याध्यक्ष हैं। सचमुच प्रधानमंत्री जो मंत्रिपरिषद् के प्रमुख हैं, वही कार्यकारी अध्यक्ष हैं। राज्यों के स्तर पर भी यही स्थिति है। राज्यपाल एक प्रतिमात्मक भूमिका निभाते हैं और वास्तविक कार्यकारी शक्ति का वास रहता है राज्यमंत्रिमंडल के पास।

प्रायः प्रतिनिधि सभा में सबसे बड़े दल के अथवा दलों के गठबन्धन के नेता को प्रधानमंत्री नियुक्त किया जाता है। प्रधानमंत्री मंत्रिपरिषद् के सदस्यों का चयन

करता है। वे सभी संसद के सीनेट या प्रतिनिधि सभा के सदस्य होने चाहिए। मंत्रिपरिषद् के लगभग 28 सदस्यों में से 16 को प्रधानमंत्री मंत्रिमंडल (कैबिनेट) स्तर पर रखते हैं।

ऑस्ट्रेलियाई राष्ट्रमंडल की राजधानी कैनबेरा नगर में है जो अलग से राजधानी राज्य क्षेत्र के नाम से राष्ट्रमंडल का अंग है।

विधायिका

ऑस्ट्रेलियाई राष्ट्रमंडल की द्विसदनीय विधानपालिका (संसद) में उच्च सदन अर्थात् सीनेट के छह राज्यों का बराबर का प्रतिनिधित्व है क्योंकि प्रत्येक राज्य से बारह-बारह सीनेटर लिये जाते हैं। सीनेटरों का निर्वाचन प्रत्येक राज्य की जनता द्वारा एक मतदातामंडल के रूप में प्रत्यक्ष रूप से किया जाता है। इसके अतिरिक्त, राज्यों के सीनेटरों के समान मतदान तथा अन्य अधिकार प्राप्त दो-दो सीनेटर प्रत्येक ऑस्ट्रेलियाई राजधानी राज्य क्षेत्र तथा उत्तरी राज्य क्षेत्र से चुने जाते हैं। इस प्रकार सीनेटरों की कुल संख्या 76 होती है। राज्यों से चुने जानेवाले सीनेटरों की कार्य अवधि छह वर्ष होती है और उनमें से आधे सदस्य हर तीसरे वर्ष 30 जून को सेवानिवृत्त हो जाते हैं। राज्य क्षेत्रों के सीनेटरों की कार्य अवधि प्रतिनिधि सदन (हाउस ऑफ रिप्रजेंटेटिव्स) के विघटन के साथ ही समाप्त हो जाती है। उनकी कोई नियत कार्य अवधि नहीं होती। सीनेट की वर्ष भर में लगभग 80 दिन बैठकें होती हैं और प्रतिनिधि सभा की लगभग 72 दिन।

प्रतिनिधि सभा से भिन्न, सीनेट ऐसा सदन है जो चलता ही रहता है, उसका विघटन नहीं होता जब तक कि दोनों सदनों के बीच विधायी गतिरोध के कारण दोहरे विघटन की स्थिति न आ जाए।

निम्न सदन अर्थात् प्रतिनिधि सभा की सदस्य संख्या, संविधान के अनुसार सीनेट की सदस्य संख्या से यथासम्भव निकटतम दोगुनी होती है। प्रत्येक राज्य से चुने गए सदस्यों की संख्या जनसंख्या के अनुपात से तय होती है और मूल छह राज्यों में से किसी भी राज्य के सदस्यों की संख्या पाँच से कम नहीं होती। प्रत्येक राज्य और राज्य क्षेत्र का प्रतिनिधित्व करनेवाले सदस्यों की वर्तमान कुल संख्या 150 है।

प्रत्येक प्रतिनिधि सभा की कार्य अवधि उसकी प्रथम बैठक के दिन से प्रारम्भ होकर तीन वर्ष तक सीमित है किन्तु प्रधानमंत्री की सलाह पर गवर्नर जनरल विघटन पहले भी कर सकते हैं।

ब्रिटेन की पूरे सदन की समिति (कमिटी ऑफ द होल हाउस) के समान ऑस्ट्रेलिया में भी 1994 से, प्रतिनिधि सभा में मुख्य समिति (मेन कमिटी) की संस्था का प्रयोग किया जा रहा है। संसदीय कार्यवाही में वाद-विवाद के लिए सदन

से अतिरिक्त एक और मंच के रूप में मुख्य समिति उपयोगी सिद्ध हुई है। ऐसे मामलों पर जो विवादास्पद न हो विचार-विमर्श मुख्य समिति में हो सकता है और इस प्रकार सदन का समय बचता है। मुख्य समिति में कोई नया मामला नहीं उठाया जाता और न ही किसी मामले में अन्तिम निर्णय लिया जाता है।

किसी भी विधायी प्रस्ताव अर्थात् विधेयक के अधिनियम बनने के लिए यह आवश्यक है कि वह संसद के दोनों सदनों द्वारा पारित हो। ऑस्ट्रेलिया में उच्च सदन सीनेट को लगभग उतनी ही और वह सब विधायी शक्तियाँ प्राप्त हैं जो प्रतिनिधि सभा को प्राप्त हैं। कई बार ऐसा होता है—ऑस्ट्रेलियाई संसद के इतिहास में प्राय: ऐसी स्थिति रही है—जब उच्च सदन में सत्तापक्ष को बहुमत उपलब्ध नहीं होता। ऐसी स्थिति में उच्च सदन की सार्थकता और महत्त्व बढ़ जाते हैं।

संविधान ने परिसंघीय स्तर पर उच्च सदन की स्थापना विशेषकर राज्यों के हितों की रक्षा करने के लिए की। दूसरी ओर प्रतिनिधि सभा के दायित्वों में प्रमुख हैं—देश को एक उत्तरदायी सरकार देना, विधायी प्रस्तावों पर विचार करना तथा सरकार की जाँच-पड़ताल, आलोचना आदि करना और अगर देशहित या जनहित में आवश्यक हो तो सरकार को उलटना भी। प्रतिनिधि सभा आम चुनावों के बाद जनता के तत्कालीन विचारों और मनोभावों को प्रतिबिम्बित करती है। इसलिए प्रतिनिधि सभा में जिस दल को या गठबन्धन को बहुमत का समर्थन प्राप्त हो उसी की सरकार बनती है और जिस दल या गठबन्धन को विपक्ष में सबसे अधिक समर्थन हो वही मुख्य प्रतिपक्ष की भूमिका निभा सकता है। ऑस्ट्रेलियाई संसद में विभिन्न विषयों पर विचार-विमर्श और निर्णय प्राय: दलीय राजनीति से प्रेरित होते हैं।

सदन का सबसे महत्त्वपूर्ण दायित्व है—विधि निर्माण। अधिकांश विधेयक सरकार की ओर से आते हैं और मंत्रियों द्वारा प्रस्तुत किए जाते हैं। प्रतिपक्ष का काम है सरकार के कार्यकलापों पर सतत कड़ी नजर रखना, सरकार की आलोचना करना तथा उस पर आवश्यक अंकुश रखना। प्रतिपक्ष यह भी बराबर प्रयास करता रहता है कि वह यथाशीघ्र और विशेषकर अगले आम चुनावों के बाद सत्ता में लौटे।

परिसंघीय व्यवस्था में ऑस्ट्रेलिया का उच्च सदन विधायी प्रस्तावों पर पुनर्विचार का अवसर प्रदान करता है, विधियों, नियमों और अधिनियमों के कार्यकरण पर नजर रखता है तथा नागरिकों के व्यक्तिगत अधिकारों और स्वतंत्रताओं का संरक्षण करता है। संवैधानिक स्थिति के अनुसार संसदीय प्रणाली वाले देशों में ऑस्ट्रेलियाई सीनेट सबसे अधिक शक्तिशाली उच्च सदन है। यद्यपि वित्तीय विधेयक सीनेट से प्रारम्भ नहीं हो सकता और अन्य विधेयकों में भी संशोधन करने की शक्ति सीमित रहती है फिर भी और सब प्रकार से सीनेट को प्रतिनिधि सभा के साथ बराबरी का दर्जा प्राप्त है।

यदि किसी विधेयक पर दोनों सदनों में सहमति असम्भव हो जाए तो दोनों सदनों की संयुक्त बैठक बुलाई जा सकती है और वहाँ जिस रूप में विधेयक पारित हो, वही मान्य होगा।

राजनीतिक दल

ऑस्ट्रेलियाई राष्ट्रमंडल में प्रमुख राजनीतिक दल तीन हैं—

1. ऑस्ट्रेलियाई श्रमिक दल (ऑस्ट्रेलियन लेबर पार्टी), जो परम्परा से श्रमिकों और श्रमिक संघों के साथ जुड़ा रहता है,
2. उदारवादी दल (लिबरल पार्टी), जो व्यापारिक और स्वयंसेवी वर्गों के हितों के साथ सम्बद्ध रहता है और
3. राष्ट्रीय दल (नेशनल पार्टी), जो चरवाहों, किसानों और ग्रामीणों के हितों की रक्षा के लिए प्रतिबद्ध रहा है।

इन तीन प्रमुख दलों के अतिरिक्त और कई छोटी पार्टियाँ भी हैं, जैसे—ग्रीन्स पार्टी, ऑस्ट्रेलियन डेमोक्रेट्स आदि। कुछ पार्टियाँ ऐसी भी हैं जो केवल किसी राज्य विशेष के स्तर पर ही सक्रिय हैं। परिसंघ के स्तर पर उदारवादी और राष्ट्रीय दल प्राय: श्रमिक दल के विरुद्ध गठजोड़ में रहते हैं, हालाँकि अनेक दशकों में पहली बार अगस्त 2010 के आम चुनावों के बाद श्रमिक दल और उदारवादी राष्ट्रीय गठजोड़ में से किसी को भी स्पष्ट बहुमत नहीं मिला और बातचीत के बाद ग्रीन्स पार्टी के एक सदस्य और दो निर्दलियों की सहायता से लेबर पार्टी ने अपनी अल्पसंख्यक सरकार बनाई।

निर्वाचन

ऑस्ट्रेलिया में मतदान अधिकार की आयु 18 वर्ष है। 18 वर्ष तथा इससे अधिक की आयु के प्रत्येक नागरिक से निर्वाचनों में मतदान की अपेक्षा की जाती है। मतदान अनिवार्य है तथा अकारण अनुपस्थिति के लिए जुर्माना किया जा सकता है। वैसे ऑस्ट्रेलिया में सभी निर्वाचनों में मतदान प्राय: 90 प्रतिशत से अधिक रहता है।

सीनेटरों का निर्वाचन आनुपातिक प्रतिनिधित्व के अनुरूप एकल संक्रमणीय मत के अनुसार किया जाता है जिसका उद्देश्य और प्रभाव यह सुनिश्चित करना है कि राजनीतिक दलों का सीनेट में प्रतिनिधित्व उन्हें प्राप्त मतों की संख्या के अनुपात में हो और इस प्रकार निर्दलीय प्रत्याशियों तथा छोटे दलों को भी प्रतिनिधित्व का अवसर मिल सके। मतदान की इस प्रणाली के कारण सीनेट में प्राय: सरकार का बहुमत नहीं होता।

प्रतिनिधि सभा के सदस्यों का निर्वाचन अधिमानी अथवा वैकल्पिक मतदान (प्रीफरेंशियल अथवा अलटरनेटिव वोटिंग) प्रणाली के अन्तर्गत होता है। सभी

निर्वाचन क्षेत्र एक सदस्यीय होते हैं और मतदाता अपनी पसन्द के अनुसार उम्मीदवारों को 1, 2, 3 वरीयता क्रम में मत डाल सकता है। इस प्रकार यथासम्भव 50 प्रतिशत से अधिक मत मिलने पर ही कोई विजयी माना जाता है। प्रतिनिधि सभा के और सीनेट के निर्वाचन एक साथ किए जाते हैं। कम-से-कम तीन साल में एक बार निर्वाचन अवश्य होते हैं।

न्यायपालिका

ऑस्ट्रेलिया की सर्वोच्च अदालत उच्च न्यायालय (हाई कोर्ट) है और सभी अदालतें एक श्रेणीबद्ध व्यवस्था में उच्च न्यायालय के अन्तर्गत आती हैं। उच्च न्यायालय ही अन्तिम अपीलीय न्यायालय भी है। न्यायपालिका, विधायिका और कार्यपालिका से स्वतंत्र है तथा उच्च न्यायालय को संविधान के निर्वाचन का तथा परिसंघ और राज्यों के विधायन के न्यायिक पुनरीक्षण का अधिकार है। उच्च न्यायालय में सात न्यायाधीशों का प्रावधान है। उनमें से एक मुख्य न्यायाधीश (लॉर्ड चीफ जस्टिस) होता है। सभी न्यायाधीशों की नियुक्ति गवर्नर जनरल करता है और वे 70 वर्ष की आयु तक अपने पद पर रहते हैं। दूसरा उच्चतम न्यायालय ऑस्ट्रेलिया में परिसंघ न्यायालय (फेडरल कोर्ट) कहलाता है। यह लगभग सभी दीवानी के सिविल और कुछ अपराधी (क्रिमिनल) मामले जो परिसंघीय कानून के तहत आते हों, उन्हें सँभालता है। इसमें न्यायाधीशों की संख्या 45 है और उन सबकी नियुक्ति भी गवर्नर जनरल करता है और वे भी 70 वर्ष की आयु तक बने रहते हैं।

7

संयुक्त राज्य अमेरिका

राष्ट्रपतीय लोकतांत्रिक व्यवस्था

आम भाषा में अमेरिका के नाम से जानेवाला राष्ट्र संयुक्त राज्य अमेरिका (यूनाइटेड स्टेट्स ऑफ अमेरिका—यू.एस.ए.) उत्तरी अमेरिका के मध्य स्थल पर फैला हुआ है। उसके उत्तर में कनाडा है और दक्षिण में मेक्सिको तो पूरब में अटलांटिक महासागर है और पश्चिम में प्रशान्त महासागर। इसका एक राज्य 'हवाई' दूर प्रशान्त महासागर के बीच में स्थित है तो एक और राज्य 'अलास्का' कनाडा के उत्तर-पश्चिम में। 'अलास्का' को रूस से केवल बेरिंग स्ट्रेट अलग करता है और इस प्रकार, कनाडा और मेक्सिको के अतिरिक्त, संयुक्त राज्य अमेरिका का सबसे करीबी पड़ोसी राष्ट्र रूस हो जाता है। भू-क्षेत्र और आबादी दोनों के आधार पर संयुक्त राज्य अमेरिका विश्व का चौथा सबसे बड़ा देश है। इसकी वर्तमान आबादी 30 करोड़ से अधिक है।

अमेरिका में बसनेवाले लोग सबसे पहले लगभग 25 हजार वर्ष पूर्व एशिया में बेरिंग स्ट्रेट होकर आए माने जाते हैं। 16वीं शताब्दी में यूरोपीय लोगों ने आना शुरू किया। 18वीं शताब्दी आते-आते ब्रिटिश नियंत्रण प्रमुख हो गया था। 1775 से 1783 तक ब्रिटिश उपनिवेशों का ब्रिटेन के आधिपत्य के विरुद्ध स्वतंत्रता संग्राम (वार ऑफ इंडिपेंडेंस) चला। 1776 में ही स्वतंत्रता घोषित कर दी गई। संयुक्त राज्य अमेरिका का उद्भव हुआ। ब्रिटेन से स्वतंत्र हुए 13 अमेरिकी उपनिवेशों ने मिलकर एक परिसंघ (क्योंकि 'संघ' शब्द का प्रयोग 'यूनियन' के लिए भी होता है, 'फेडरेशन' के लिए 'परिसंघ' का प्रयोग किया जा रहा है) बनाया और 1787 में अपने को एक संविधान दिया। और सात के जुड़ने से राज्यों की संख्या 20 हो गई और फिर 30 राज्य जो पहले अलग क्षेत्र थे, उन्हें शामिल कर लिया गया तो राज्यों की कुल संख्या 50 हो गई। इनके अतिरिक्त कोलम्बिया का जनपद (डिस्ट्रिक्ट ऑफ कोलम्बिया) वाशिंगटन, डी.सी. नाम से राजधानी क्षेत्र बना।

संयुक्त राज्य अमेरिका के अधीन कुछ और क्षेत्र भी हैं, जैसे—पोर्टोरिको, गुआम, यू.एस. वर्जिन आइलैंड्स, अमेरिकन समोआ आदि।

प्रथम विश्वयुद्ध के बाद अमेरिद.. (यू.एस.ए.) एक विश्व शक्ति के रूप में उभरा और द्वितीय विश्वयुद्ध के बाद महाशक्ति (सुपर पावर) बन गया। 1991 में सोवियत यूनियन के विघटन के बाद तो उसे अकेली महाशक्ति माना जाने लगा है।

संविधान और राज्य-व्यवस्था

आधुनिक युग में अमेरिकी संविधान को विश्व का सर्वप्रथम लिखित संविधान माना जाता है। अमेरिकी राष्ट्र के आधारभूत सिद्धान्त और राज्य-व्यवस्था का ढाँचा 1776 के स्वतंत्रता घोषणा-पत्र और 1787 के संविधान में निहित हैं। 225 वर्षों में अमेरिकी संविधान में कुल 27 संशोधन हुए हैं जिनमें से पहले 10 संशोधन तो प्राय: मूल संविधान का अंग ही माने जाते हैं। अमेरिकी संविधान को अनम्य संविधानों की श्रेणी में रखा जाएगा क्योंकि कोई भी संविधान संशोधन पारित करने के लिए न केवल दोनों सदनों में दो-तिहाई बहुमत चाहिए बल्कि तीन-चौथाई राज्यों की विधायिकाओं का समर्थन भी जरूरी है। अमेरिका (यू.एस.ए.) एक परिसंघीय लोकतंत्रात्मक गणराज्य है। उसकी शासन प्रणाली राष्ट्रपतीय है।

परिसंघीय व्यवस्था

राष्ट्रपतीय व्यवस्था के साथ-साथ परिसंघीय व्यवस्था का भी संयुक्त राज्य अमेरिका को सर्वश्रेष्ठ और प्रमुख उदाहरण माना जाता है। वह 50 राज्यों का परिसंघ है। संविधान परिसंघ सरकार को सीमित और परिभाषित शक्तियाँ देता है और अवशिष्ट शक्तियों का वास राज्यों में रहता है। प्रत्येक राज्य का अपना संविधान है और कार्यपालिका, विधायिका और न्यायपालिका की व्यवस्था है। प्रत्येक राज्य का कार्यकारी अध्यक्ष निर्वाचित राज्यपाल होता है। एक एकसदनीय विधायिका वाले राज्य नेब्रास्का को छोड़कर सभी राज्यों में विधानपालिका द्विसदनीय है जिसमें उच्च सदन सीनेट और निम्न सदन प्रतिनिधि सदन कहलाता है। परिसंघ की सीनेट में छोटे-बड़े सभी राज्यों को दो-दो ही स्थान देकर इस सिद्धान्त का प्रतिपादन किया गया है कि परिसंघ के घटक राज्य बराबरी का दर्जा रखते हैं।

राज्यों को काउनटीज, बोरोज या पैरिशों में बाँटा गया है। उनके अपने स्थानीय प्रशासन और न्यायालय हैं।

अमेरिका में परिसंघात्मक व्यवस्था के उद्भव और विकास का लम्बा इतिहास है। अभी भी विचारकों और राजनेताओं में बहुत से लोग राज्यों को और अधिकार दिए जाने के पक्षधर हैं तो उतने ही लोग समझते हैं कि परिसंघ की भूमिका और

सशक्त होनी चाहिए। ताजा चाय दल (टी-पार्टी) आन्दोलन परिसंघीय सरकार में सत्ता और शक्तियों के अनावश्यक और अनुचित केन्द्रीकरण के विरुद्ध है।

राष्ट्रपतीय शासन प्रणाली

जिस शासन में कार्यांग विधानांग से स्वतंत्र होता है और उसके प्रति उत्तरदायी नहीं होता तथा कार्यांग का प्रधान राष्ट्रपति होता है, वह राष्ट्रपतीय शासन प्रणाली होता है। अमेरिका इस शासन का श्रेष्ठ उदाहरण है। इस प्रकार की शासन प्रणाली के अन्तर्गत राज्य की कार्यकारी शक्ति वस्तुतः राष्ट्रपति या राज्य प्रधान में निहित होती है जो इसका अपनी इच्छानुसार प्रयोग करता है। राज्य का प्रधान (राष्ट्रपति) एक निश्चित अवधि के लिए निर्वाचित किया जाता है। अमेरिका में यह अवधि चार वर्ष है। इस काल में यदि वह कोई गम्भीर भूल कर बैठे, तब भी उसे आसानी से अपने पद से नहीं हटाया जा सकता। उसको अपदस्थ करने की एकमात्र विधि महाभियोग है जो बहुत मुश्किल है। राष्ट्रपति अपने कार्यों और नीतियों के लिए विधानमंडल के प्रति उत्तरदायी नहीं होता। राष्ट्रपति की सहायता के लिए एक सचिवमंडल होता है। राष्ट्रपति अपने सचिवों को स्वयं ही चुनता है और सचिव उसके प्रति उत्तरदायी होते हैं, विधानांग के प्रति नहीं। राष्ट्रपतीय शासन प्रणाली के अन्तर्गत सचिवमंडल के सदस्य विधानमंडल के सदस्य नहीं होते और इसलिए वे उसकी कार्यवाहियों में भाग नहीं ले सकते। शक्तियों का पृथक्करण भी अमेरिकी राष्ट्रपतीय प्रणाली का एक आवश्यक अंग है।

शक्तियों का पृथक्करण

आधुनिक राज्य के बहुमुखी कार्य साधारणतः तीन वर्गों में विभाजित किए जा सकते हैं—कार्यकारी (एग्जीक्यूटिव), विधायी (लेजिस्लेटिव) और न्यायिक (जुडिशियल) और इन कार्यों के अनुरूप ही सरकार के तीन विशिष्ट अंग स्वीकार किए जाते हैं—कार्यांग, विधानांग और न्यायांग। विधानांग का कार्य विधियों का निर्माण करना, कार्यांग का उन्हें कार्यान्वित करना और न्यायांग का उनकी व्याख्या करना है। राजनीति विज्ञान के अनेक आचार्यों का मत है कि सरकार के विभिन्न कार्यों का सम्पादन अलग-अलग समुदायों द्वारा होना चाहिए—यही व्यक्ति स्वातंत्र्य का सबसे कारगर साधन है। राज्य के विभिन्न अंगों को एक-दूसरे से अलग रखने का सिद्धान्त ही शक्ति-पृथक्करण का सिद्धान्त है। राज्य-विज्ञान के क्षेत्र में इस सिद्धान्त को विशिष्ट मान्यता दिलाने का श्रेय फ्रांसीसी विचारक मोंटेस्क्यू (1689-1755) को है जिसने अपने ग्रन्थ 'विधियों की अन्तरात्मा' में इस सिद्धान्त का इन शब्दों में शास्त्रीय आख्यान प्रस्तुत किया है—"जब विधायी और कार्यकारी शक्तियाँ एक ही व्यक्ति या शासक-समूह में केन्द्रित हों तब स्वतंत्रता नहीं रह

सकती क्योंकि शंका उत्पन्न हो सकती है कि कहीं वह राजा या शासकमंडल अन्यायपूर्ण विधियाँ बनाकर उन्हें अन्यायपूर्ण रीति से कार्यान्वित न करने लगे। यदि न्यायिक शक्ति को विधायी और कार्यकारी शक्ति से अलग न किया जाए तो भी स्वतंत्रता नहीं होगी। जहाँ न्यायिक शक्ति को विधायी शक्ति के साथ मिला दिया जाता है वहाँ प्रजा के जीवन और स्वतंत्रता पर न्यायाधीश का मनमाना नियंत्रण स्थापित होने की सम्भावना पैदा हो जाती है क्योंकि इस स्थिति में न्यायाधीश ही विधिकार बन जाता है। जहाँ न्यायिक शक्ति का कार्यकारी शक्ति के साथ गठबन्धन होता है वहाँ न्यायाधीश अत्याचार तथा दमन का चक्र चला सकता है।'' मोंटेस्क्यू का निष्कर्ष है कि राज्य में नागरिकों की स्वतंत्रता की रक्षा करने का सर्वश्रेष्ठ उपाय यह है कि विधानांग केवल विधियाँ बनाए, कार्यांग केवल शासन करे और न्यायांग विधियों का उल्लंघन करनेवालों को विधियों की उचित व्याख्या करके दंड दे।

अमेरिका में संविधान निर्माताओं ने इस सिद्धान्त को अपने संघ शासन के आधार रूप में स्वीकृत किया और माना कि मानव-शासन के स्थान पर विधि-शासन की सिद्धि का एक उपाय है—शक्ति पृथक्करण।

शक्ति पृथक्करण के सिद्धान्त का मूल स्रोत गलत था। मोंटेस्क्यू ने भ्रमवश यह समझ लिया था कि इंग्लैंड के संविधान में पृथक्करण है। वस्तुस्थिति यह न थी, न है। शक्ति पृथक्करण का सिद्धान्त पूरी तरह से अमेरिका के संविधान में भी लागू नहीं किया जा सका। वहाँ शक्ति पृथक्करण के सिद्धान्त को संघीय संविधान का मूल आधार माना गया था और सरकार के तीनों अंगों को एक-दूसरे से स्वतंत्र रखा गया था। राष्ट्रपति चार वर्षों के लिए निर्वाचित होता है और वह कांग्रेस के प्रति उत्तरदायी नहीं होता। राष्ट्रपति या उसके मंत्रिमंडल के अन्य सदस्य विधानांग के सदस्य नहीं होते। परन्तु इसका यह आशय नहीं है कि कार्यांग के पास विधायी शक्तियाँ होती ही नहीं। राष्ट्रपति सन्देश भेजकर अपने विशेषाधिकार द्वारा विधानांग को प्रभावित कर सकता है। राष्ट्रपति अमेरिकी कांग्रेस को भंग नहीं कर सकता परन्तु उस पर प्रभाव डाल सकता है। कांग्रेस भी अपनी आर्थिक शक्तियों द्वारा राष्ट्रपति को नियंत्रित कर सकती है। इसके अतिरिक्त कांग्रेस के उच्च सदन सीनेट के पास महत्त्वपूर्ण कार्यकारी शक्तियाँ होती हैं। वह राष्ट्रपति द्वारा की गई नियुक्तियों तथा सन्धियों का अनुमोदन करता है तब कहीं जाकर वे लागू हो पाती हैं। न्यायांग, विधानांग तथा कार्यांग दोनों के हस्तक्षेप से स्वतंत्र है परन्तु सुप्रीम और फेडरल कोर्टों के न्यायाधीशों की नियुक्ति राष्ट्रपति करता है और उस पर सीनेट की स्वीकृति आवश्यक होती है। व्यावहारिक कठिनाइयों के कारण शक्तियों के पृथक्करण के सिद्धान्त का पूर्णतया पालन चाहे न हो पाए, संयुक्त राज्य अमेरिका के संवैधानिक इतिहास में उसका विशेष महत्त्व है।

शक्ति के पृथक्करण के सिद्धान्त की त्रुटियों का निवारण करने के लिए प्रतिबन्ध और सन्तुलन (चैक्स और बैलेंसेज) का सिद्धान्त अमेरिकी संविधान निर्माताओं ने सोचा। इसके अनुसार शासन के तीनों मुख्य अंग—कार्यांग, विधानांग और न्यायांग—अपने-अपने क्षेत्र में स्वतंत्र रहते हुए भी कुछ हद तक एक-दूसरे पर आश्रित रहते हैं और एक के कार्य के लिए दूसरे के अनुमोदन की आवश्यकता पड़ती है। शासन के प्रत्येक अंग को शेष अंगों के ऊपर प्रतिबन्ध आरोपित करने की शक्ति दी गई जिससे कि वे दोनों अंग अपने क्षेत्राधिकार का अतिक्रमण न कर सकें। उदाहरण के लिए अमेरिका में विधानांग को विधियाँ बनाने की शक्ति प्राप्त है। लेकिन वहाँ कार्यांग को यह शक्ति प्राप्त है वह इन विधियों का अनुमोदन कर दे अथवा इन पर अपने निषेधाधिकार का प्रयोग करे। न्यायांग इन विधियों के सम्बन्ध में न्यायिक पुनरीक्षण की शक्ति का प्रयोग करता है और यदि उसके विचार से विधियाँ संविधान के विरुद्ध हों तो वह उन्हें अवैध घोषित कर सकता है।

अमेरिकी संविधान की जड़ में जो एक और मूल सिद्धान्त है, वह है—विधि की उचित प्रक्रिया (ड्यू प्रोसेस ऑफ लॉ)।

विधि की उचित प्रक्रिया

परिभाषा की दृष्टि से देखें तो विधि की प्रक्रिया वह प्रक्रिया है जो आरम्भिक अमेरिकी परम्पराओं द्वारा निर्धारित प्रक्रिया रूपों के अथवा अंग्रेजीभाषी राष्ट्रों द्वारा मान्य स्वतंत्रता तथा न्याय की मूल संकल्पनाओं के अनुकूल हो। कोई भी वैधिक कार्य—विधायी, न्यायिक अथवा प्रशासनिक—इस प्रक्रिया के द्वारा ही होना चाहिए। इस वैधिक कार्यवाही में न तो किसी प्रकार की स्वेच्छाचारिता होनी चाहिए और न स्वतंत्रता तथा न्याय जैसी उन मूल संकल्पनाओं का उल्लंघन ही जिनका संयुक्त राज्य अमेरिका के संविधान के प्रथम संशोधन में उपबन्ध किया गया है।

विधि की उचित प्रक्रिया की संकल्पना मैग्नाकार्टा के देश की 'विधि का शासन' शब्दबन्ध के समान है और अंग्रेज उपनिवेशवादी उत्तर अमेरिका में स्वतंत्रता की जो परम्पराएँ ले गए थे, वह उनका एक भाग थी। इसका अथवा इससे मिलती-जुलती भावना का वर्जीनिया की अधिकार-घोषणा तथा अमेरिका के अधिकांश राज्यों के संविधानों में उल्लेख है। संविधान के पाँचवें संशोधन में, जिसे संविधान के अनुसमर्थन के तुरन्त बाद अंगीकार किया गया था, कहा गया है, ''किसी भी व्यक्ति को विधि की उचित प्रक्रिया के बिना जीवन, स्वतंत्रता अथवा सम्पत्ति से वंचित नहीं किया जाएगा।'' 1868 में गृहयुद्ध के बाद जब संविधान का चौदहवाँ संशोधन किया गया, तब यह व्यवस्था राज्य सरकारों के ऊपर भी लागू कर दी गई। आज विधि की उचित प्रक्रिया का उपबन्ध अमेरिकी संविधान का आधार तत्त्व बन गया है और इसका अभिप्राय हो गया है कि यदि कोई व्यक्ति विधि का उल्लंघन करता है तो उसके

मामले पर विधि के नियमों के अनुसार ही विचार हो सकता है, मनमाने ढंग से नहीं। इसका यह भी अभिप्राय है कि विधानांग तथा कार्यांग को विधि की सीमाओं के भीतर ही रहते हुए आचरण करना चाहिए।

विधानपालिका

अमेरिका की विधानपालिका, जिसे कांग्रेस कहते हैं, द्विसदनीय है। उच्च सदन परिसंघीय सदन है और सीनेट कहलाता है तथा निचला सदन प्रतिनिधि सदन (हाउस ऑफ रिप्रेजेंटेटिव्स) है। कोई भी कानून बनाने के लिए दोनों सदनों की सहमति चाहिए। किन्तु कर सम्बन्धी कोई विधेयक केवल प्रतिनिधि सदन से ही प्रारम्भ हो सकता है।

कांग्रेस की शक्तियाँ संविधान द्वारा परिभाषित और परिसीमित हैं। यदि उसके द्वारा पास किया गया कोई कानून संविधान के उपबन्ध के प्रतिकूल पड़ता है, तो उच्चतम न्यायालय उसे असंवैधानिक घोषित कर सकता है। राष्ट्रपति द्वारा की जानेवाली सन्धियों एवं महत्त्वपूर्ण नियुक्तियों के लिए कांग्रेस के उच्च सदन अर्थात् सीनेट की स्वीकृति प्राप्त करनी होती है।

अमेरिकी संविधान के निर्माता निम्न सदन अथवा प्रतिनिधि सदन को उच्च सदन अथवा सीनेट की अपेक्षा अधिक शक्तिशाली बनाना चाहते थे। जब तक प्रतिनिधि सदन के सदस्यों की संख्या सीमित थी, तब तक उनकी यह आशा पूरी होती रही। प्रथम सदन में 65 सदस्य थे। लेकिन जनसंख्या की वृद्धि के साथ-साथ प्रतिनिधि सदन की सदस्य संख्या में भी वृद्धि होती गई और इस समय प्रतिनिधि सदन में 435 सदस्य हैं।

राज्यों के बीच स्थानों का वितरण यथासम्भव जनसंख्या के आधार पर होता है। प्रत्येक सदस्य अपने क्षेत्र से चुना जाता है और लगभग पाँच लाख लोगों का प्रतिनिधित्व करता है। लुजियाना और वाशिंगटन को छोड़कर और सब राज्यों में चुनाव अधिसंख्यक प्रणाली (मेजोरिटी अथवा एफ.पी.टी.पी. सिस्टम) से होता है। उपरोक्त दो राज्यों में किसी भी उम्मीदवार को स्पष्ट बहुमत न मिलने की स्थिति में पुनः मतदान (रन ऑफ) कराया जाता है। चुनाव हमेशा सम संख्या के वर्ष में नवम्बर के महीने में पहले सोमवार के बाद पहले मंगलवार को होते हैं। मतदान का प्रतिशत प्रायः बहुत अच्छा नहीं रहता। 435 के अलावा 5 और औपचारिक सदस्य भी होते हैं—3 बिना मताधिकार के अधीनस्थ क्षेत्र समोआ, गुआम और वर्जिन द्वीप से, 1 कोलम्बिया जनपद से और 1 पोर्टोरीको का रेजीडेंट कमिश्नर। इस प्रकार सदन की कुल सदस्य संख्या 440 है।

प्रतिनिधि सदन के आकार की विशालता और विधान प्रक्रिया की जटिलता के कारण सदन में विधायी समितियों का महत्त्व बहुत अधिक हो गया है। सदन

का अधिकांश शेष काम उसकी 19 स्थायी समितियों में ही होता है। सदन के भीतर वाद-विवादों का लक्ष्य अधिकतर दीर्घाओं के सदस्यों को आकृष्ट करना अथवा समाचार-पत्रों में नाम पाना होता है। प्रतिनिधि सदन का अध्यक्ष पूरी तरह दलगत व्यक्ति होता है और इस दृष्टि से वह ब्रिटिश स्पीकर से भिन्न होता है। अमेरिकी संविधान ने निर्धारित किया है कि प्रतिनिधि को उस राज्य का सदस्य होना चाहिए जहाँ से वह निर्वाचन में खड़ा हो। व्यवहार में इसका परिणाम यह हुआ कि प्रतिनिधि उस कांग्रेस जिले का निवासी होता है जहाँ से वह निर्वाचन में खड़ा होता है। प्रतिनिधि सदन.का सदस्य निवास विषयक प्रतिबन्ध के कारण अपने निर्वाचन क्षेत्र से बँध जाता है। वह स्थानीय समस्याओं में अधिक रुचि लेता है। सीनेट में हर छोटे-बड़े राज्य से दो सदस्य चुने जाते हैं और इस प्रकार कुल सदस्य संख्या 100 है। सीनेट के चुनाव भी हर दो वर्ष पर प्रतिनिधि सदन के चुनावों के साथ होते हैं उसी प्रणाली के साथ जब एक-तिहाई सीनेटर सेवानिवृत्त होते हैं। सीनेट सदस्य भी अपने राज्यों का प्रतिनिधित्व करते हैं पर उनका निर्वाचन क्षेत्र जितना बड़ा होता है उनका दृष्टिकोण भी अपेक्षाकृत उतना व्यापक होता है। सीनेट में 16 स्थायी समिति हैं और उन्हीं में विधायी एवं अनुसन्धान-जाँच का काम होता है। सीनेट में एक विशेष नियम के अन्तर्गत सीनेटर बिना रोक-टोक के कितने ही समय तक बोलते रहकर कार्यवाही को रोक सकता है। इसे फिलीबस्टर या अड़ंगे लगाकर गतिरोध पैदा करना कहा जाता है। इस प्रकार सीनेट में किसी विधेयक को पारित होने से रोका जा सकता है। प्रतिनिधि सदन के सदस्यों का कार्यकाल दो वर्ष है, अतः उनकी दृष्टि सदा अपने निर्वाचन क्षेत्रों पर केन्द्रित रहती है। सीनेट सदस्यों की पदावधि छह वर्ष है और इस कारण राष्ट्रीय जीवन में उनका महत्त्व और प्रभाव बढ़ जाता है। इसके अतिरिक्त कतिपय उच्च नियुक्तियों तथा अन्तर्राष्ट्रीय सन्धियों के लिए सीनेट के अनुमोदन की आवश्यकता होती है। इस अधिकार के कारण भी प्रतिनिधि सदन की तुलना में सीनेट का महत्त्व बढ़ जाता है। कहते हैं कि अमेरिकी सीनेट दुनिया का सबसे अधिक शक्तिशाली उच्च सदन है।

लॉबी प्रथा

राज्य-व्यवस्था में एक मूलतः अमेरिकी संकल्पना और संस्था लॉबी है।

किसी विधेयक का समर्थन या विरोध करने के लिए सदस्यों पर व्यक्तिगत सम्पर्क द्वारा जोर डालना लॉबिंग कहलाता है। प्रायः लॉबीज में या विधानसभा भवन के सार्वजनिक प्रकोष्ठ में सदस्य मिलकर ऐसा करते हैं। अमेरिका में प्रायः सभी प्रमुख हितों की लॉबियाँ हैं और इनसे राजनीतिक भ्रष्टाचार को भी प्रश्रय मिलता है। जैसे ही किसी को यह पता चलता है कि अगले वर्ष कांग्रेस में एक

ऐसा विधेयक प्रस्तुत होने जा रहा है जो उसके उद्योग अथवा व्यापार के लिए महत्त्वपूर्ण है, वैसे ही वह उस कांग्रेस सदस्य के पास पहुँच जाता है जिसे चुनाव लड़ना है और उस कांग्रेस सदस्य के चुनाव प्रचार के लिए कुछ धनराशि देने का वायदा करता है। इसका साफ मतलब यह होता है कि उस विधेयक पर कांग्रेस सदस्य का मत आवश्यक है। इस प्रकार कांग्रेस के सदस्य, विशेषकर हाउस ऑफ रिप्रेजेंटेटिव्ज के सदस्य दबावकारी गुटों के नियंत्रण में आ जाते हैं और इस बात के लिए विवश हो जाते हैं कि अपने दल के आदेशों की अपेक्षा दबावकारी गुटों के आदेशों का सक्रियता से पालन करें। अमेरिका में लॉबी प्रथा या दबावकारी गुटों की प्रथा के विकसित होने का कारण यह है कि कांग्रेस सदस्यों के चुनाव प्रचार के लिए द्रव्य की आवश्यकता होती है और उन्हें द्रव्य अपने दलों से नहीं मिलता, दबावकारी गुटों से ही मिल सकता है। अमेरिका की राजनीति में प्रभावकारी गुटों का काफी महत्त्व है, लेकिन फिर भी वहाँ ऐसा कोई विधान नहीं है जिसके आधार पर इनकी गतिविधियों को नियंत्रित किया जा सके। लॉबियों के पंजीकरण की जो वैधानिक व्यवस्था है, उसमें ढील की इतनी गुंजाइश है कि उसका होना न होना बराबर है। लॉबी पंजीयन अधिनियम के अन्तर्गत केवल पंजीयन की व्यवस्था है, नियमन की नहीं।

आदर्श रूप में लॉबी प्रथा इतनी बुरी नहीं है जितनी कि वह समझी जाती है। यदि विभिन्न हितों का अस्तित्व स्वीकार कर लिया जाए तो लोकतंत्रात्मक व्यवस्था में विभिन्न हितों के संघर्ष से जो निर्णय लिये जाएँगे, उनका सभी के अधिकतम सम्भव हित में होने की स्वाभाविक आशा की जा सकती है। शर्त केवल यह है कि 1. सभी हितों की लॉबियाँ हों अर्थात् सभी हितों को प्रतिनिधित्व प्राप्त हो तथा 2. सभी लॉबियों की शक्ति सामर्थ्य लगभग समान हो। सच यह है कि यथार्थ में ऐसा होता नहीं और प्रायः साधारण उपभोक्ता और करदाता को अधिकाधिक बोझ उठाना पड़ता है।

न्यायपालिका : उच्चतम न्यायालय (सुप्रीम कोर्ट)

संयुक्त राज्य अमेरिका के उच्चतम न्यायालय में 9 न्यायाधीश होते हैं जिनकी नियुक्ति सीनेट के अनुमोदन से राष्ट्रपति करता है। वे आजीवन अपने पद पर बने रह सकते हैं। 9 में से एक मुख्य न्यायाधीश होता है किन्तु किसी मामले के निर्णय में सबको मतदान का समान अधिकार होता है। मुख्य न्यायाधीश के पास कोई निर्णय या कास्टिंग वोट नहीं होता, वह साथी न्यायाधीशों को कोई निर्देश भी नहीं दे सकता। न्यायाधीशों को केवल महाभियोग के द्वारा उनके पद से हटाया जा सकता है। उच्चतम न्यायालय अमेरिका (यू.एस.ए.) का सर्वोच्च न्यायालय है। यह अमेरिकी राज्यों के बीच विवादों का फैसला करता है और संविधान का निर्वचन करता है।

अमेरिकी संविधान पूर्ण न्यायिक पुनरीक्षण का प्रावधान करता है। न्यायालय किसी भी कार्यकारी निर्णय अथवा विधायिका द्वारा पारित अधिनियम को असंवैधानिक और अवैध घोषित कर सकता है। उच्चतम न्यायालय के निर्णय भविष्य के लिए दृष्टांत का काम भी करते हैं। उच्चतम न्यायालय के निर्णयों के द्वारा संविधान के प्रावधानों को नए अर्थ मिल गए हैं। उच्चतम न्यायालय के नीचे अपीलीय न्यायालयों की पूरी शृंखला है और उसके नीचे जनपद अदालतें (डिस्ट्रिक्ट कोर्ट्स) हैं। इन तीनों स्तरों की अदालतें मिलकर परिसंघीय न्यायिक व्यवस्था बनाती हैं। राज्यों की अदालतों के 87 प्रतिशत जज चुने जाते हैं और 39 राज्य कम से कम जजों का चुनाव करते हैं।

कार्यपालिका : राष्ट्रपति की स्थिति

अमेरिका की राष्ट्रपतीय व्यवस्था में समस्त कार्यकारी शक्तियों का वास राष्ट्रपति में है। अमेरिकी प्रशासन में परिसंघीय स्तर पर 15 प्रमुख विभाग हैं। इन विभागों के अध्यक्षों का चयन और नियुक्ति सीनेट की सहमति से राष्ट्रपति करता है और यह विभागाध्यक्ष ही राष्ट्रपति के प्रमुख परामर्शदाता या उसकी काबीना कहलाते हैं।

राष्ट्रपति का कार्यकाल 4 वर्ष का होता है और कोई भी व्यक्ति दो से अधिक बार राष्ट्रपति का पद ग्रहण नहीं कर सकता। राष्ट्रपति के साथ ही एक उप-राष्ट्रपति का भी चुनाव होता है। वस्तुत: राष्ट्रपति पद का उम्मीदवार ही अपने साथ खड़े होने के लिए उप-राष्ट्रपति पद के लिए उम्मीदवार का चयन करता है। उप-राष्ट्रपति का कार्यकाल भी 4 वर्ष का होता है। उप-राष्ट्रपति राष्ट्रपति की मृत्यु अथवा असमर्थता की स्थिति में राष्ट्रपति पद का कार्यभार सँभालता है। ऐसी स्थिति आने तक वह उच्च सदन सीनेट का पदेन सभापति रहता है तथा राष्ट्रपति की काबीना में और राष्ट्रीय सुरक्षा परिषद् में एक सदस्य के रूप में बैठता है।

अमेरिकी राष्ट्रपति की शक्तियों को लेकर कहा जाता है कि किसी भी लोकतंत्र में किसी एक व्यक्ति को इतनी शक्तियाँ प्राप्त नहीं हैं। वह न केवल शासनाध्यक्ष होता है वरन् राज्याध्यक्ष भी। वह निरन्तर बढ़ती हुई विशाल परिसंघीय सेवा के लगभग 40 लाख कर्मचारियों का मालिक और 10 लाख मजबूत अमेरिकी सेना का सर्वोच्च कमांडर है। उसके अपने निजी राष्ट्रपतीय कार्यालय में इस समय लगभग 1600 कर्मचारी बताए जाते हैं।

राष्ट्रपति को अपराधियों को क्षमादान देने की शक्ति प्राप्त है। वह कार्यकारी निर्देश जारी कर सकता है तथा सीनेट के अनुमोदन से सुप्रीम कोर्ट और फेडरल कोर्टों के जजों की नियुक्ति करता है।

कांग्रेस द्वारा पारित विधेयकों को राष्ट्रपति वीटो कर सकता है और राष्ट्रपति के वीटो को निरस्त करने के लिए कांग्रेस के दोनों सदनों में दो-तिहाई बहुमत

जुटाना जरूरी होता है। वास्तव में होता यह है कि अधिकांश पारित होनेवाले विधेयक राष्ट्रपति की ओर से ही प्रस्तावित-प्रेरित होते हैं।

राजनीतिक दल

अमेरिका (यू.एस.ए.) में मूलतः द्विदलीय व्यवस्था है। लोकतंत्रवादी (डेमोक्रेट्स) और गणतंत्रवादी (रिपब्लिकन्स) दोनों दल बहुत पुराने हैं। उनके चिरजीवी और सशक्त होने का मुख्य कारण है—उनका राजनीतिक-आर्थिक विचारधारा को लेकर लचीला स्वरूप। मोटे तौर पर माना जाता है कि डेमोक्रेटिक पार्टी अधिक उदार है और रिपब्लिकन पार्टी अनुदारवादी (कंजरवेटिव) है किन्तु यह नितान्त सही नहीं है क्योंकि उत्तरी भाग के रिपब्लिकन कई बार अधिक उदारवादी (लिबरल) पाए जाते हैं और दक्षिणी भाग के डेमोक्रेट अधिक उदारवादी। डेमोक्रेटिक पार्टी का प्रतीक चिह्न 'गधा' है और रिपब्लिकन का 'हाथी'।

ब्रिटेन की द्विदलीय व्यवस्था की अथवा वहाँ के दो दलों—लेबर और कंजरवेटिव—की तुलना अमेरिकी द्विदल व्यवस्था अथवा वहाँ के दो दलों डेमोक्रेट और रिपब्लिकन से करना नितान्त असंगत होगा। अमेरिकी पार्टियाँ दोनों ही पूँजीवादी और केन्द्र से दक्षिणपन्थी हैं जबकि ब्रिटेन की लेबर पार्टी का रुख केन्द्र से वामपक्ष की ओर झुका माना जाता है। इसके अतिरिक्त, अमेरिकी पार्टियाँ नाम के वास्ते ही अखिल अमेरिकी हैं। वस्तुतः वे विभिन्न राज्य स्तर की स्थानीय पार्टियों का परिसंघ अधिक हैं।

अमेरिका की सीनेट और प्रतिनिधि सभा के सदस्यों को उनके दलों द्वारा ऐसे निर्देश देने की परम्परा बहुत शिथिल है जो उन्हें किसी एक ओर मतदान करने को कहे और अगर कभी कोई ऐसे निर्देश दिए भी जाएँ तो उनका कड़ाई से पालन होना जरूरी नहीं है। प्रत्येक सीनेटर और प्रतिनिधि अपने ढंग से आचरण करने और निर्णय लेने के लिए अधिक स्वतंत्र है और दलीय अनुशासन से बँधा हुआ कम। कह सकते हैं कि दल का बन्धन उतना कड़ा नहीं है जितना अन्य देशों में।

निर्वाचन

अमेरिकी संविधान में निर्वाचन प्रणाली का विस्तृत विवरण नहीं है। मतदान के अधिकारों के सम्बन्ध में केवल इतना कहा गया है कि राज्य विधानमंडल की सबसे अधिक सदस्यों वाली शाखा के निर्वाचकों की जो अहर्ताएँ हैं वही उस राज्य के निर्वाचकों की अहर्ताएँ होंगी। इस प्रकार, संविधान प्रत्येक राज्य को इस बात के लिए अधिकृत करता है कि वह अपनी इच्छाओं और मानकों के अनुसार मतदान से सम्बद्ध अहर्ताएँ निश्चित करे और राष्ट्रपति तथा उप-राष्ट्रपति निर्वाचकमंडल के लिए मतदाताओं को चुनने की प्रक्रिया सुनिश्चित करें।

संयुक्त राज्य अमेरिका में राष्ट्रपति, कांग्रेस के दोनों सदनों के सदस्यों और कुछ राज्यों में न्यायाधीशों के भी निर्वाचन होते हैं। निर्वाचन निश्चित कालावधि के बाद किए जाते हैं। राष्ट्रपति चार वर्ष की अवधि के लिए निर्वाचित किया जाता है। प्रतिनिधि सदन के सदस्य हर दो वर्ष के बाद निर्वाचित किए जाते हैं और सीनेटर 6 वर्ष के लिए। सीनेटरों में से एक-तिहाई हर दो वर्ष बाद निर्वाचित किए जाते हैं।

50 राज्यों में प्रत्येक राज्य प्रत्यक्ष रीति से दो सीनेटर चुनता है। चुनाव सार्वभौम वयस्क मताधिकार के आधार पर साधारण बहुसंख्यक (मेजोरिटी) प्रणाली से होते हैं। प्रतिनिधि सदन के सदस्य भी सार्वभौम वयस्क मताधिकार के आधार पर साधारण बहुसंख्यक प्रणाली से एकल सदस्य निर्वाचन क्षेत्रों से चुने जाते हैं।

निर्वाचन प्रबन्धन के नियमन के लिए अमेरिकी कांग्रेस में पहला कानून 2002 में बना। अमेरिका में निर्वाचन प्रबन्धन विश्व के किसी भी देश से अधिक विकेन्द्रित है। स्थानीय स्तर पर कुछ 13 हजार अलग इकाइयाँ निर्वाचन व्यवस्था का दायित्व सँभालती हैं। सिद्धान्त रूप में निर्वाचनों के संचालन और निरीक्षण की जिम्मेदारी राज्यों की होती है किन्तु यथार्थ में शायद ही कोई राज्य स्थानीय संस्थाओं से अधिक अधिकार रखता हो। परिसंघीय सरकार की निर्वाचन के मामलों में भूमिका न्यूनतम ही होती है। राज्यों ने भी निर्वाचन सम्बन्धी दायित्व धीरे-धीरे स्थानीय स्तर को हस्तान्तरित कर देना ही उचित समझा है क्योंकि स्थानीय चुनावों की संख्या ही अधिक होती है।

2002 के हेल्प अमेरिका वोट एक्ट (एच.ए.वी.ए.—हावा) के अतिरिक्त निर्वाचन सम्बन्धी सारे कानून राज्यों द्वारा ही पारित हैं। हावा राष्ट्रीय मानकों की स्थापना करता है और मतदान के लिए अर्हताओं का उल्लेख करता है किन्तु उसके लिए प्रत्येक राज्य को यह निर्णय करना होगा कि वह निर्वाचन सहायता आयोग (इलेक्शन असिसटैंस कमीशन) से वित्तीय सहायता स्वीकार करे या नहीं। कमीशन का उल्लेख भी 2002 के कानून में है। कुछ धन वितरण के द्वारा और कुछ राज्य से यह अपील करके कि वे राष्ट्रीय मानकों को लागू करने के लिए योजनाएँ बनाएँ और प्रकाशित करें तथा पूरे राज्य की कम्प्यूटर आधारित पंजीकरण संख्या जारी करें, हावा यह आशा करता है कि निर्वाचनों का संचालन करने और राष्ट्रीय स्तर पर किंचित् समरसता लाने की दिशा में राज्यों को समुचित अधिकार मिलेंगे। अभी तक की प्रगति बहुत सन्तोषजनक नहीं है। निर्वाचन सहायता आयोग में चार सदस्य हैं—दो डेमोक्रेट और दो रिपब्लिकन। परिसंघीय निर्वाचन आयोग (फेडरल इलेक्शन कमीशन) भी इसी प्रकार गठित है। उसका काम है चुनाव अभियान से सम्बन्धित वित्तीय विधियों का निरीक्षण। राष्ट्रीय स्तर पर निर्वाचन केवल राष्ट्रपति पद के लिए होता है और वह भी एक ऐसे निर्वाचकमंडल के द्वारा जिसके सदस्य उम्मीदवारों

द्वारा निर्देशित और प्रत्येक राज्य के मतदाताओं द्वारा निर्वाचित हों। यह सम्भव है और सचमुच ऐसा हुआ है कि राष्ट्रपति पद के उम्मीदवार को जनता के अधिक मत मिले हों और फिर भी वह हार जाए केवल इसलिए क्योंकि राज्य में उसे आवश्यक समर्थन न मिला हो। 2000 में अलगोर के साथ ऐसा ही हुआ। वह आम जनमत से तो जीत गए किन्तु एक राज्य फ्लोरिडा में 587 मतों से हार गए।

राष्ट्रपति पद के निर्वाचन के लिए आवश्यक प्राथमिकी और फिर चुनाव अभियान का खर्चा अमेरिका में और देशों की तुलना में बहुत ही अधिक है। चुनाव खर्चे पर कोई सीमा भी नहीं है। प्रत्येक उम्मीदवार स्वतंत्र है, वह जितना धन उगाह सके या जुटा सके उतना चुनाव पर खर्चा करे। इसका परिणाम यह होता है कि दबावकारी गुटों का और व्यापार और उद्योग जगत् के आकाओं का वर्चस्व और नियंत्रण बहुत बढ़ जाता है और क्योंकि अधिकांश वित्तीय सहायता उम्मीदवारों को व्यक्तिगत स्तर पर (पार्टी के माध्यम से नहीं) मिलती है, निर्वाचन के बाद वह धन देनेवालों के प्रति अनुगृहीत रहते हैं। अमेरिकी व्यवस्था में मतदाता तय करते हैं कि वह किस पार्टी का समर्थन करें और फिर चुनाव प्राथमिकी में (प्राइमरीज) में वोट देते हैं यह तय करने के लिए कि उसकी पार्टी का उम्मीदवार कौन हो। यह स्थिति जो पदासीन है, उसके हित में काम करती है, विशेषकर प्राथमिकी के स्तर पर। अमेरिकी प्रतिनिधि सदन के चुनावों की एक विशेषता यह है कि वहाँ पर मतदान का प्रतिशत प्रायः कम रहता है, साधारणतया केवल एक-तिहाई मतदाता वोट डालते हैं। जिस वर्ष में राष्ट्रपति और प्रतिनिधि सदन के लिए मतदान एक साथ हो रहे हों केवल तब मतदान 50 प्रतिशत या उसके ऊपर जाता है।

ब्रिटेन और भारत की तरह अमेरिका में भी अधिसंख्यक, मेजोरिटेरियन अर्थात् अधिकतम मत पानेवाले के जीतने की व्यवस्था है, बहुमत पाना आवश्यक नहीं है। यद्यपि संविधान में ही राष्ट्रपति पद और कांग्रेस सदस्यों के निर्वाचन की तारीखें स्पष्टतया तय कर दी गई हैं, राज्यों और स्थानीय संस्थाओं के लिए चुनावों की तारीख तय करने का अधिकार राज्य सरकारों के पास है। इसका परिणाम यह हुआ है कि अमेरिका के किसी न किसी भाग में हर समय पूरे साल कोई न कोई निर्वाचन चलता ही रहता है।

राष्ट्रपति पद के लिए तथा कांग्रेस के लिए निर्वाचन नवम्बर माह के प्रथम सोमवार के बाद आनेवाले मंगलवार को होते हैं।

राष्ट्रपति का निर्वाचन एक निर्वाचकमंडल के द्वारा किया जाता है। निर्वाचकमंडल में 538 सदस्य होते हैं जो राज्यों के प्रतिनिधि होते हैं। निर्वाचकमंडल के सदस्यों का चुनाव अब सीधे मतदान के द्वारा प्रत्येक राज्य की जनता करती है। चुनाव जीतने के लिए राष्ट्रपति पद के उम्मीदवार को निर्वाचकमंडल के 538 में से कम से कम 270 मत मिलने चाहिए।

अमेरिकी निर्वाचन व्यवस्था की एक विशेषता है दोनों प्रमुख दलों द्वारा यह तय करने के लिए कि आनेवाले आम चुनाव में उनका राष्ट्रपति पद का उम्मीदवार कौन हो प्राथमिकी की प्रक्रिया। औपचारिक रूप से डेमोक्रेट और रिपब्लिकन दोनों अपने राष्ट्रपति पद के उम्मीदवार का चंयन मतदान द्वारा नेशनल कन्वेंशन में करते हैं, न कि विभिन्न प्राथमिकियों में प्रत्यक्ष मतदान के द्वारा। प्रत्येक दल हरेक राज्य को उसके नागरिकों में अपने सदस्यों/समर्थकों की संख्या के आधार पर प्रतिनिधियों का आवंटन करता है। फिर प्रत्येक दल अपने ढंग से उम्मीदवारों के बीच साधारण प्रतिनिधियों का आवंटन करता है। रिपब्लिकन पार्टी में आमतौर से जिस उम्मीदवार को राज्य की प्राथमिकी में सबसे अधिक मत मिले हैं उसी को उस राज्य के सारे प्रतिनिधि आवंटित कर दिए जाते हैं। डेमोक्रेटिक पार्टी में भी प्रतिनिधियों का आवंटन उम्मीदवार को प्राथमिकी में मिले मत के अनुपात में होता है। आवंटन क्रिया काफी जटिल और विविधता भरी है। बहुत-कुछ उम्मीदवार के कांग्रेसनल डिस्ट्रिक्ट विशेष में काम और व्यक्तिगत छवि पर निर्भर रहता है। सचमुच में प्राय: होता यह है कि नेशनल कन्वेंशन से पहले दोनों दल अपने उम्मीदवारों के नाम तय कर लेते हैं, हालाँकि इसके अपवाद भी हैं। अगर कोई भी उम्मीदवार बहुसंख्यक मतों को अपने पक्ष में लेकर नहीं आता तो कन्वेंशन में स्वतंत्र मतदान होता है और तब तक चलता रहता है जब तक किसी को बहुमत न मिल जाए।

एक बार निर्वाचित हो जाने के बाद राष्ट्रपति को केवल देशद्रोह, भ्रष्टाचार तथा कुछ अन्य घोर अपराधों के कारण महाभियोग के द्वारा प्रतिनिधि सदन के साधारण बहुमत और सीनेट के दो-तिहाई मत से हटाया जा सकता है।

8

चीन

जनवादी गणतंत्र

आबादी के अनुसार विश्व का सबसे बड़ा देश चीन, पूर्वी एशिया के अधिकांश भूभाग पर फैला हुआ है। चीन की वर्तमान अनुमानित जनसंख्या लगभग 140 करोड़ है। चीन के उत्तर में कजाकिस्तान, रूस और मंगोलिया हैं, पश्चिम में क्रीगिजस्तान, ताजिकिस्तान, अफगानिस्तान और भारत, दक्षिण में नेपाल, भूटान, भारत, म्याँमार, लाओस और वियतनाम और पूर्व में प्रशान्त महासागर, रूस, कोरिया, जापान और फिलीपींस।

चीन को संसार के प्राचीनतम देशों में और चीनी सभ्यता को सबसे अधिक महान और गौरवशाली सभ्यताओं में गिना जाता है। अब से सौ वर्ष पूर्व, 1 जनवरी, 1912 को चीन राजतंत्र को त्यागकर गणतंत्र बना। अक्टूबर 1949 से चीन एक साम्यवादी जनवादी गणतंत्र अथवा पीपुल्स रिपब्लिक बना। क्यूबा, मंगोलिया और वियतनाम जैसे अपेक्षाकृत छोटे देशों को छोड़ दें तो अब दुनिया में बड़ा साम्यवादी देश केवल एक चीन है।

चीनी जनवादी गणराज्य के भू-क्षेत्र में 23 प्रान्त, 5 स्वायत्त क्षेत्र, 4 नगरपालिकाएँ तथा 2 विशेष प्रशासनिक क्षेत्र शामिल हैं। तैवान चीनी जनवादी गणराज्य के कब्जे से बाहर है और एक अलग स्वतंत्र राज्य के रूप में चल रहा है किन्तु चीनी संवैधानिक व्यवस्था में उसे अभी भी चीन के एक प्रान्त के रूप में ही माना जाता है और 23 प्रान्तों में एक वह भी है।

मूल सिद्धान्त और मानवीय अधिकार

- चीन की वर्तमान राजनीतिक-सामाजिक-आर्थिक व्यवस्था के पीछे जो साम्यवादी विचारधारा है, उसके प्रमुख प्रेरणा-स्रोत हैं—मार्क्स, लेनिन, माओ और डेन ज्योपिंग। चीन के जनवादी गणतंत्र के संविधान में

नागरिकों के मूल अधिकारों एवं दायित्वों का सविस्तार उल्लेख किया गया है। सिद्धान्त रूप में, चीन में सारे अधिकारों और शक्तियों का वास जनता के हाथों में है और वह इनका उपयोग अपनी राष्ट्रीय और स्थानीय कांग्रेसों (नेशनल पीपुल्स कांग्रेस और लोकल पीपुल्स कांग्रेसेज) के माध्यम से करती है। जनता ही राज्य, अर्थव्यवस्था, संस्कृति और सभी सामाजिक मामलों का संचालन और प्रबन्धन करती है।

- चीन के जनवादी गणतंत्र में श्रमिक वर्ग के नेतृत्व में, श्रमिकों और कृषकों के परस्पर सहयोग से समाजवादी व्यवस्था चलती है।
- चीन का साम्यवादी दल ही अकेला सत्ताधारी राजनीतिक दल है, उसी ने जनवादी गणतंत्र की स्थापना की और वही चीन के लोगों का नेतृत्व करता है।
- राज्य के मुख्य काम और उद्देश्य हैं—चीनी समाजवाद की स्थापना, आवश्यक सुधार लाना, लोकतंत्र और बाजार की अर्थव्यवस्था का विकास करना, उद्योग, कृषि, राष्ट्रीय सुरक्षा, संस्कृति, विज्ञान और प्रौद्योगिकी क्षेत्रों में उन्नति कर चीन को एक सशक्त, समाजवादी, लोकतंत्रात्मक राष्ट्र बनाना।
- चीन के समस्त सैन्य बल जनता के हैं और उनका कर्तव्य है देश की सुरक्षा करना, आर्थिक निर्माण में भागीदार होना तथा जनता को शान्तिपूर्वक काम करने और अपना जीवन जीने का विश्वास देना और उसकी सेवा करना।
- देश में विधि के शासन की स्थापना होनी चाहिए और सभी नागरिकों, राजनीतिक दलों और सामाजिक संस्थाओं को संविधान का पालन करना चाहिए। संविधान और विधि से ऊपर कोई भी विशेषाधिकार प्राप्त वर्ग अथवा व्यक्ति नहीं हो सकता। संविधान के अतिक्रमण के प्रत्येक मामले की जाँच होनी चाहिए। विधि के शासन के द्वारा ही चीन को समाजवादी राष्ट्र बनना है।
- विधि के समक्ष सब नागरिक समान हैं। सबको विचार, अभिव्यक्ति और धार्मिक विश्वासों की स्वतंत्रता है। सबको पत्र-व्यवहार में स्वतंत्रता और गोपनीयता का अधिकार है। 18 वर्ष से अधिक आयु के सभी स्त्री-पुरुष नागरिकों को बिना किसी भेदभाव के मतदान करने और चुनाव लड़ने का अधिकार है। काम एक अधिकार भी है हर नागरिक का और कर्तव्य भी। सभी प्रजातीय समूहों को समान समझा जाना चाहिए और उन्हें स्थानीय स्वायत्तता उपलब्ध होनी चाहिए। समाचार माध्यमों की स्वतंत्रता और सम्मेलन, संगम, जुलूस निकालने, प्रदर्शन

करने और आलोचना करने का अधिकार विचार और वाक्-स्वातंत्र्य में शामिल हैं। व्यक्ति की दैहिक स्वतंत्रता अक्षुण्ण रहनी चाहिए और किसी को भी बिना समुचित प्रक्रिया और अनुमति के बन्दी नहीं बनाया जा सकता। निवास स्थान और नागरिक की वैयक्तिक गरिमा सुरक्षित रहनी चाहिए। जिन नागरिकों को उनके मूल मानवीय अधिकारों के हनन के कारण हानि हुई हो, उन्हें उसका मुआवजा माँगने का हक बनता है। सभी नागरिकों को आवश्यकता पड़ने पर राज्य और समाज से कुशलक्षेम और भौतिक सहायता पाने का हक बनता है, जैसे—वृद्धावस्था, अस्वस्थता या अपंगता जैसी स्थिति में। स्त्री और पुरुष बराबर हैं और दोनों का दायित्व है कि परिवार नियोजन करें। सभी नागरिकों का कर्तव्य है कि विधि के अनुसार सैनिक प्रशिक्षण लें, सैन्य सेवा करें तथा अपने कर चुकाएँ।

मानवाधिकारों और कर्तव्यों की उपरोक्त सूची अत्यन्त प्रभावशाली है किन्तु नागरिकों को उनके संवैधानिक मूल अधिकारों और वैयक्तिक स्वतंत्रताओं से वंचित करने के लिए संविधान में ही कुछ सीमाओं और अपवादों का भी उल्लेख कर दिया गया है, जैसे—सभी नागरिकों का राजकीय गोपनीयता सुरक्षित रखने का दायित्व, मातृभूमि की सुरक्षा, सम्मान और राष्ट्रीय हितों की रक्षा करने का कर्तव्य आदि। राज्य के हित में गोपनीय क्या है अथवा राष्ट्रीय हित का उल्लंघन कब होता है या नहीं, यह सब अस्पष्ट छोड़ दिया गया है। मानवाधिकारों के सम्मान की स्थिति चीन में उत्साहवर्द्धक नहीं है। कुछ अन्तर्राष्ट्रीय पर्यवेक्षकों के अनुसार हजारों राजनीतिक बन्दी जेलों में बन्द हैं और उन पर अमानवीय उत्पीड़न के समाचार भी मिलते रहे हैं। यद्यपि 1999 के संवैधानिक संशोधन के बाद प्रक्रियाओं में अधिक पारदर्शिता और वैधानिकता लाने का प्रयास किया गया और चीन की मानवाधिकारों के प्रति प्रतिबद्धता पर जोर दिया गया है, सच यह है कि आज भी चीन का शासन तंत्र किसी भी संगठित विरोध को स्वीकार नहीं करना चाहता। चीन के साम्यवादी दल की अधिनायकवादी व्यवस्था के अन्तर्गत जमीनी स्थिति क्या है, उसे समझाने के लिए वहाँ की वर्तमान राज्य-व्यवस्था और शासन के ढाँचे को जानना होगा।

राज्य-व्यवस्था

किसी भी लोकतांत्रिक राज्य की राज्य-व्यवस्था का विश्लेषण करने के लिए उसके तीन प्रमुख अंगों—कार्यपालिका, विधानपालिका और न्यायपालिका—पर चर्चा की जाती है। किन्तु चीनी जनवादी गणतंत्र के विषय में ऐसा करना पर्याप्त नहीं होगा।

चीन में साम्यवादी दल का एकल दलीय प्रशासन है। दल शासन के ढाँचे से बाहर नहीं है बल्कि शासन व्यवस्था में सर्वाधिक भागीदार है। राज्य के भीतर

अन्तरंग रूप में साम्यवादी दल के नेता हर जगह विद्यमान रहते हैं या यों कहिए कि वस्तुत: शक्ति उन्हीं के हाथों में केन्द्रित है। जो राज्य में सत्ता में बैठे हैं, वही दल के भी नेता हैं। कई बार प्रयास हुआ और होता रहता है कि किसी प्रकार राज्य की सत्ता और दल के संगठन को अलग रखा जा सके किन्तु कम से कम केन्द्र सरकार के स्तर पर तो अभी यह सम्भव नहीं लगता। आज भी शक्ति दल के नेतृत्व में केन्द्रित है। स्थानीय शासन के स्तर पर दल और सरकार के नेता प्राय: भिन्न होते हैं और कई बार उनके बीच मतभेद भी सुनने में आते हैं। हो सकता है, ऐसी स्थिति जानबूझकर लाई जाती हो ताकि दोनों में से कोई भी अधिक शक्तिशाली न हो जाए और दोनों एक-दूसरे के प्रति सतर्क रहें। कुछ विशिष्ट प्रशासनिक क्षेत्रों—जैसे हांगकांग और मकाओ—में साम्यवादी दल को सरकारी व्यवस्था के अभिन्न अंग के रूप में बिलकुल भी सक्रिय नहीं कहा जा सकता। इसी प्रकार, स्वायत्त क्षेत्रों में प्रमुख प्रशासक प्राय: स्थानीय प्रजातीय समूह का मुखिया होता है जबकि साम्यवादी दल का मुख्य सचिव उस क्षेत्र से बाहर का प्राय: बहुसंख्यक हान जाति का चीनी होता है। यह कहना बहुत कठिन है कि चीन की राज्य-व्यवस्था नितान्त श्रेणीबद्ध साम्यवादी दल का निरंकुश अधिनायकवाद है या विभिन्न शक्तियों और प्रभावों के बीच बनता-पनपता, रहस्यमय, बहुत-कुछ समझ से परे एक विलक्षण तंत्र।

जहाँ तक चीनी जनवादी गणतंत्र के संविधान के अन्तर्गत औपचारिक स्थिति का प्रश्न है, मूल राजनीतिक ढाँचे में राज्य की सत्ता के प्रमुख आधारभूत अंग हैं—

1. राष्ट्रीय जन कांग्रेस (नेशनल पीपुल्स कांग्रेस),
2. राष्ट्रपति और
3. राज्यपरिषद् (स्टेट कौंसिल)

अन्य खास भागीदार हैं—जनमुक्ति वाहिनी (पीपुल्स लिबरेशन आर्मी) और सरकारी नौकरशाही। इसके अतिरिक्त प्रान्तीय और स्थानीय सरकारों के अधिकारियों और चिन्तन समूहों (थिंक टैंक्स) की भूमिका भी महत्त्वपूर्ण रहती है।

राष्ट्रीय जन कांग्रेस

सर्वोच्च प्रातिनिधिक और सबसे अधिक शक्तिशाली संवैधानिक संस्था राष्ट्रीय जन कांग्रेस है। यह एक सदनीय विधायिका है और प्राय: वर्ष में एक बार लगभग 15 दिन के लिए बैठती है। इसमें लगभग 3000 सदस्य हैं जिन्हें प्रान्तों, स्वायत्त क्षेत्रों और नगरपालिकाओं तथा सैन्य बलों के द्वारा 5 वर्ष के कार्यकाल के लिए चुना जाता है। जन कांग्रेस उच्च पदों पर सरकारी नियुक्तियों और नीतियों पर निर्णय लेती है। इसे संविधान में संशोधन करने का अधिकार है और उसका दायित्व है कि संविधान का पालन सुनिश्चित करे। राष्ट्रीय जन कांग्रेस राष्ट्रपति और उप-राष्ट्रपति का निर्वाचन करती है। मूल अधिनियम बनाना और उनमें संशोधन करना भी कांग्रेस

का काम है। राष्ट्रपति के द्वारा नाम निर्देशित किए जाने पर राज्यपरिषद् के प्रधानमंत्री पद पर निर्णय कांग्रेस को ही लेना होता है। प्रधानमंत्री के द्वारा उप-प्रधानमंत्रियों, राज्य पार्षदों, मंत्रियों, महालेखा परीक्षक और राज्यपरिषद् के महासचिव के नाम निर्देशित किए जाने पर उनकी नियुक्ति पर निर्णय लेना, केन्द्रीय सैन्य आयोग के सभापति का निर्वाचन करना, उच्चतम जन न्यायालय के अध्यक्ष का निर्वाचन करना, राष्ट्र के आर्थिक और सामाजिक विकास के लिए योजना की जाँच करना, उसे स्वीकृति देना और उसके क्रियान्वयन पर रिपोर्ट करना, युद्ध और शान्ति के प्रश्नों पर निर्णय लेना, विशेष प्रशासनिक क्षेत्र, प्रान्त, स्वायत्त क्षेत्र और नगरपालिकाओं की स्थापना करना, बजट की जाँच करना, मंजूरी देना और क्रियान्वयन पर रिपोर्ट देना और अपनी स्थायी समिति के निर्णयों में संशोधन करना अथवा उन्हें निरस्त करना आदि सभी राष्ट्रीय जन कांग्रेस के अधिकार क्षेत्र में आते हैं। कांग्रेस चीनी जनवादी गणतंत्र के अध्यक्ष और उपाध्यक्ष, राज्यपरिषद् के प्रधानमंत्री, उप-प्रधानमंत्री, राज्य पार्षद, मंत्री, महालेखा परीक्षक, राज्यपरिषद् के महासचिव, केन्द्रीय सैन्य आयोग के अध्यक्ष, उपाध्यक्ष तथा अन्य सदस्य, अद्यतन जन न्यायालय के प्रेसीडेंट आदि को उनके पद से हटाने का अधिकार भी राष्ट्रीय जन कांग्रेस के हाथों में है। स्पष्ट है कि वर्ष में एक बार 15 दिन के लिए मिलनेवाली, 3000 सदस्यों वाली संस्था से यह सब कुछ दायित्व निभा सकने की अपेक्षा करना अनुचित होगा।

चीनी मामलों के विशेषज्ञ मानते हैं कि औपचारिक संवैधानिक स्थिति के बावजूद, राष्ट्रीय जन कांग्रेस का चीन की राजनीतिक व्यवस्था में सचमुच कोई प्रभावी योगदान नहीं रहता। एक महत्त्वपूर्ण बात यह भी है कि राष्ट्रीय जन कांग्रेस न तो चीन की अकेली विधायिका है और न अकेली जन कांग्रेस है। चीन में विभिन्न स्तरों पर, नीचे से ऊपर तक, बहुत-सी जन कांग्रेस हैं, राष्ट्रीय जन कांग्रेस उनमें सबसे ऊपर है बस। इस कांग्रेस के सदस्य जनता के द्वारा चुने हुए प्रतिनिधि भी नहीं होते। उनका चयन तो राष्ट्रीय जन कांग्रेस से एक स्तर नीचे की प्रान्तीय और नगरपालिका की जन कांग्रेसों द्वारा और सैन्य बलों के सदस्यों द्वारा किया जाता है। इस चयन से पहले चीनी साम्यवादी दल द्वारा अनुमोदित उम्मीदवारों की एक सूची होती है और इस प्रक्रिया की देखरेख दल की निर्वाचन समितियाँ करती हैं।

जहाँ तक विधायिका के रूप में कांग्रेस द्वारा विधि निर्माण का प्रश्न है, अधिकांश विधियाँ बनाने का काम राष्ट्रीय जन कांग्रेस की स्थायी समितियों में सम्पन्न होता है। साम्यवादी दल के पोलित ब्यूरो की स्थायी समिति की पूर्व अनुमति के बाद राज्यपरिषद् विधायी प्रस्तावों को राष्ट्रीय जन कांग्रेस की स्थायी समिति के सामने रखती है। इस प्रकार विधि निर्माण में दल, कार्यपालिका और कांग्रेस की भागीदारी रहती है। इसमें सन्देह नहीं कि कांग्रेस आमतौर से राज्यपरिषद् द्वारा प्रस्तावित नीतियों और उच्च पदों पर नियुक्तियों पर सहमति दे देती है किन्तु यह भी सत्य

है कि इधर कांग्रेस और उसकी स्थायी समिति अपनी विधायी भूमिका पर अधिकाधिक जोर देती रही हैं और कुछ विधियों में उन्होंने संशोधन भी अनिवार्य कर दिए।

अगर स्थायी समिति नामक संस्था की भूमिका पर अलग से दृष्टिपात करें तो देखेंगे कि संविधान के निर्वचन का और उसे लागू करने का अधिकार और दायित्व उसका है। स्थायी समिति ही अधिकांश अधिनियम बनाती है और उनमें संशोधन कर सकती है। जब राष्ट्रीय जन कांग्रेस का सत्र न चल रहा हो तो स्थायी समिति कांग्रेस के द्वारा पारित अधिनियमों में भी कुछ हद तक संशोधन कर सकती है। समिति के अन्य दायित्व और अधिकार हैं—विधियों का निर्वचन करना, कांग्रेस के सत्र में न होने की अवस्था में बजट और आर्थिक-सामाजिक योजना के मसविदों में परिवर्तन करना, राज्यपरिषद्, केन्द्रीय सैन्य आयोग, उच्चतम जन न्यायालय आदि के कामों की देखरेख करना, उन प्रशासनिक नियमों-अधिनियमों, निर्णयों-आदेशों को निरस्त करना जो राज्यपरिषद् ने जारी किए हों किन्तु जो संविधान या विधि का उल्लंघन करते हों, सीधे केन्द्रीय सरकार के अन्तर्गत आनेवाले प्रदेशों, स्वायत्त क्षेत्रों तथा नगरपालिकाओं के द्वारा जारी किए गए ऐसे स्थानीय नियमों-निर्णयों को निरस्त करना जो विधि, प्रशासनिक नियमों-अधिनियमों का उल्लंघन करते हों, जब राष्ट्रीय जन कांग्रेस बैठक में न हो तो, ऐसे में मंत्रियों, महालेखा परीक्षक, राज्यपरिषद् के महासचिव, केन्द्रीय सैन्य आयोग के अध्यक्ष तथा अन्य सदस्यों के चयन के मामलों में निर्णय लेना आदि। उच्चतम जन न्यायालय के अध्यक्ष की सलाह पर उपाध्यक्षों और न्यायाधीशों, न्यायिक समिति के सदस्यों और सैन्य अदालतों के अध्यक्ष को नियुक्त करना और पदच्युत करना, राजदूतों की नियुक्ति पर निर्णय लेना, विदेशी राष्ट्रों के साथ हुई सन्धियों और महत्त्वपूर्ण समझौतों के अनुसमर्थन के निर्णय लेना, तमगों और खिताबों आदि प्रदान करने के निर्णय लेना, मार्शल लॉ लागू करना आदि भी स्थायी समिति के अधिकार क्षेत्र में आता है। कांग्रेस और स्थायी समिति बहुत-सी विशेष समितियों की नियुक्ति कर सकते हैं।

राष्ट्रपति

चीनी जनवादी गणराज्य का राष्ट्रपति राज्य का प्रधान होता है और जनवादी गणराज्य का प्रतिनिधित्व करता है। कोई भी चीनी नागरिक जो 45 वर्ष की आयु पार कर चुका हो, राष्ट्रपति पद का उम्मीदवार बन सकता है। राष्ट्रपति का निर्वाचन राष्ट्रीय जन कांग्रेस के द्वारा किया जाता है। आमतौर से, राष्ट्रपति पद के लिए एक उम्मीदवार का नाम निर्देशन राष्ट्रीय जन कांग्रेस के अध्यक्ष मंडल द्वारा किया जाता है। राष्ट्रपति को पद से हटाने का अधिकार भी कांग्रेस के हाथों में है। राष्ट्रपति की कार्यावधि पाँच वर्ष की होती है और कोई भी लगातार दो कालावधियों से अधिक के लिए नहीं रह सकता। यदि राष्ट्रपति का स्थान किसी कारण रिक्त हो जाए तो

उप-राष्ट्रपति राष्ट्रपति पद का भार वहन करता है और यदि उप-राष्ट्रपति का पद रिक्त हो तो राष्ट्रीय जन कांग्रेस एक नया उप-राष्ट्रपति चुनेगी। यदि राष्ट्रपति और उप-राष्ट्रपति दोनों पद रिक्त हों तो राष्ट्रीय जन कांग्रेस की स्थायी समिति के अध्यक्ष अस्थायी राष्ट्रपति रहेंगे जब तक राष्ट्रपति और उप-राष्ट्रपति पदों के लिए निर्वाचन सम्पन्न न हों।

जब तक राष्ट्रपति के हस्ताक्षर न हों, तब तक कोई भी कांग्रेस अथवा उसकी स्थायी समिति द्वारा पारित विधेयक कानून नहीं बन सकता। किन्तु, राष्ट्रपति को ऐसा कोई अधिकार प्राप्त नहीं है जिसके आधार पर वह कांग्रेस या उसकी समिति द्वारा पारित किसी विधेयक को अस्वीकार कर लागू होने से रोक सके।

कांग्रेस अथवा उसकी स्थायी समिति द्वारा लिये गए निर्णयों के अनुसार राष्ट्रपति प्रधानमंत्री, उप-प्रधानमंत्री, राज्य पार्षद, मंत्री, महालेखा परीक्षक और महासचिव पदों पर नियुक्ति करता है तथा पदासीन लोगों को पदच्युत कर सकता है, मार्शल लॉ की घोषणा कर सकता है, युद्ध की स्थिति का ऐलान कर सकता है, राज्य की ओर से तमगे और मानद उपाधियाँ दे सकता है, विशेष राज क्षमा के आदेश जारी कर सकता है तथा लामबन्दी का हुक्म दे सकता है।

चीनी जनवादी गणतंत्र की ओर से राष्ट्रपति विदेशों के राजनयिक प्रतिनिधियों का स्वागत करता है। कांग्रेस की स्थायी समिति के निर्णयों के अनुसार राष्ट्रपति चीन के पूर्णाधिकारी प्रतिनिधि (राजदूत) विदेशों में नियुक्त करता है और वापस बुलाता है। कांग्रेस की स्थायी समिति के निर्णयों के अनुसार ही वह विदेशी राज्यों के साथ की गई सन्धियों और महत्त्वपूर्ण समझौतों का अनुसमर्थन करता है और उन्हें रद्द भी कर सकता है। राज्यपरिषद् या उसके किसी अंग के द्वारा किसी देश के साथ किए गए किसी समझौते और सन्धि को भी राष्ट्रपति कांग्रेस की स्थायी समिति अथवा स्वयं कांग्रेस के निर्णय के अनुसार लागू या रद्द करता है।

राज्यपरिषद्

चीन की औपचारिक-संवैधानिक सरकार अथवा सर्वोच्च्व कार्यकारिणी राज्यपरिषद् है जिसका मुखिया प्रधानमंत्री है, जो परिषद् का सभापतित्व करता है। प्रधानमंत्री के अतिरिक्त परिषद् में चार या उससे कुछ कम-ज्यादा उप-प्रधानमंत्री, 5 राज्य पार्षद, मंत्रालयों के प्रभारी मंत्री, आयोगों के प्रभारी मंत्री, महालेखा परीक्षक और महासचिव होते हैं। राज्यपरिषद् को बहुत-कुछ मंत्रिपरिषद् का पर्यायवाची माना जा सकता है। संविधान में कहा गया है कि राज्यपरिषद् चीन की राज्य-व्यवस्था का कार्यकारी अंग है जो राष्ट्रीय जन कांग्रेस के प्रति उत्तरदायी है। प्रधानमंत्री को राष्ट्रपति नाम निर्देशित करता है और कांग्रेस की स्वीकृति से नियुक्त करता है और पदच्युत भी कर सकता है। उप-प्रधानमंत्री, राज्य पार्षद, मंत्री, महालेखा परीक्षक

और महासचिव प्रधानमंत्री द्वारा नाम निर्देशित और कांग्रेस की स्वीकृति से राष्ट्रपति के द्वारा नियुक्त किए जाते हैं और पदच्युत किए जा सकते हैं। जब कांग्रेस सत्र में न हो तो उसके दायित्व स्थायी समिति निभाती है। राज्यपरिषद् का कार्यकाल पाँच वर्ष का होता है। प्रधानमंत्री, उप-प्रधानमंत्री और राज्य पार्षद लगातार दो से अधिक अवधि के लिए पदासीन नहीं रह सकते।

राज्यपरिषद् की कुल जिम्मेदारी प्रधानमंत्री के कन्धों पर होती है। उप-प्रधानमंत्री उसकी सहायता करते हैं। उप-प्रधानमंत्री, मंत्री, राज्य पार्षद, महालेखा परीक्षक और महासचिव सब प्रधानमंत्री के प्रति उत्तरदायी होते हैं। सभी प्रमुख मामलों में राज्यपरिषद् के अन्दर प्रधानमंत्री का निर्णय अन्तिम होता है। मंत्री अपने-अपने मंत्रालयों, विभागों और आयोगों के लिए उत्तरदायी होते हैं। राज्यपरिषद् के दिन-प्रतिदिन के काम का जिम्मा महासचिव का रहता है और वह प्रधानमंत्री के नेतृत्व में काम करता है। महालेखा परीक्षक राज्य के राजस्व और व्यय तथा अन्य वित्तीय और धन सम्बन्धी गतिविधियों पर देखरेख का काम करता है।

राज्यपरिषद् में लगभग 50 सदस्य होते हैं। पूरी परिषद् की आम बैठक प्रायः दो या तीन महीने में एक बार होती है। इन बैठकों में प्रायः ऐसे महत्त्वपूर्ण विषयों पर विचार होता है जो एक से अधिक विभाग से सम्बन्ध रखते हों। साधारणतया राज्यपरिषद् की कार्यकारी बैठकें महीने में एक बार होती हैं। कार्यकारी बैठकों में केवल प्रधानमंत्री, उप-प्रधानमंत्री, राज्य पार्षद और महासचिव उपस्थित होते हैं। इन बैठकों में परिषद् के सामने मुख्य मुद्दों पर विचार-विनिमय होता है, कांग्रेस की स्थायी समिति को भेजे जानेवाले विधेयकों, प्रशासनिक नियमों-विनियमों और विभिन्न विभागों और स्थानीय प्रशासनिक इकाइयों द्वारा भेजे गए विशेष मुद्दों पर निर्णय लिये जाते हैं। दिन-प्रतिदिन का काम परिषद् की स्थायी समिति देखती है।

राज्यपरिषद् का काम विभिन्न विभागों, आयोगों आदि में बँटा हुआ है, जैसे—विदेश मंत्रालय, जन स्वास्थ्य मंत्रालय, संचार मंत्रालय, वाणिज्य मंत्रालय आदि और राज्य शिक्षा आयोग, राष्ट्रीय पर्यटन प्रशासन, हांगकांग और मकाओ कार्यालय आदि। इसके अतिरिक्त प्रान्तीय, नगरपालिका और स्थानीय सरकारों का भी चीनी शासनिक ढाँचे में विशेष योगदान है। स्थानीय प्रशासन के विभिन्न अंगों पर केन्द्रीय मंत्रालयों, विभागों, आयोगों आदि के प्रान्तीय और स्थानीय स्तर पर सक्रिय कार्यालयों द्वारा राज्यपरिषद् के एकीकृत नेतृत्व का नियंत्रण रहता है। इस संवैधानिक स्थिति के साथ, वास्तव में जो होता है उसमें एक बहुत महत्त्वपूर्ण भूमिका है चीन के साम्यवादी दल की। चीनी गणतंत्र के शासन में चीनी साम्यवादी दल और सरकारी संयत्र, दो अलग संस्थाएँ, एक-दूसरे में घुल-मिलकर समानान्तर चलती हैं। साम्यवादी दल की सर्वोच्च संस्था है पोलित ब्यूरो और उसकी स्थायी समिति। दल का नेता प्रायः मुख्य सचिव होता है किन्तु पूरे दल पर नियंत्रण पोलित ब्यूरो और उसकी

स्थायी समिति का ही रहता है। पूरे चीन में (हांगकांग और मकाओ को छोड़कर) सरकार को कहीं भी, किसी स्तर पर भी, बिना साम्यवादी दल की उपस्थिति के नहीं देखा जा सकता। साम्यवादी दल की स्थायी समितियाँ और सदस्य न केवल सभी सरकारी संस्थाओं और कार्यकलापों में मौजूद रहते हैं वरन् अन्य अधिकांश संगठनों-संस्थाओं में भी और यहाँ तक कि विश्वविद्यालयों, सांस्कृतिक केन्द्रों और विदेशी स्वामित्व वाले उद्योगों में भी उनकी उपस्थिति पाई जाती है। मंत्रियों को भी अपने मंत्रालय से सम्बन्धित दल की समिति और उसके सचिव की ओर देखते रहना होता है। अन्तिम रूप में मंत्रियों को दल के पोलित ब्यूरो के प्रति उत्तरदायी रहना होता है।

प्रान्तीय और स्थानीय शासन

चीनी जनवादी गणतंत्र में पूरा देश प्रान्तों, स्वायत्त क्षेत्रों और सीधे केन्द्रीय सरकार के अधीन नगरपालिकाओं में विभाजित है। प्रान्त और स्वायत्त क्षेत्र स्वायत्त उपखंडों (प्रीफेक्चरों), मंडलों (काउंटियों), स्वायत्त मंडलों और नगरों में बँटे हैं। मंडल और स्वायत्त मंडल आगे बस्तियों, जातीय बस्तियों और कस्बों में बँटे हैं। केन्द्रीय सरकार के अधीन नगरपालिकाएँ, प्रान्तों में बड़े नगर और स्वायत्त क्षेत्र जनपदों और मंडलों में बँटे हैं। स्वायत्त उपखंड मंडलों, स्वायत्त मंडलों और नगरों में विभाजित हैं। प्रशासनिक सुविधा की दृष्टि से बहुस्तरीय व्यवस्था की गई है—दो, तीन या चार स्तरीय।

स्थानीय स्वशासन के अंगों में विभिन्न स्तरों पर जन कांग्रेस, जन सरकारें और जन अदालतें शामिल हैं। स्थानीय सुरक्षा का दायित्व राज्यपरिषद् के अनुमोदन से सैन्य बलों का है। विशेष प्रशासनिक क्षेत्रों में शासन की पद्धति राष्ट्रीय जन कांग्रेस द्वारा पारित विधि के द्वारा तय की जाती है। विशेष आर्थिक अंचलों, विकास अंचलों, खनन औद्योगिक अंचलों और आरक्षित प्रकृति क्षेत्रों में शासन का स्वरूप अन्य स्थानीय सरकारों के प्रशासनिक अंगों से भिन्न है।

चीन में उसके 23 प्रान्तों की सरकारें स्थानीय शासन का प्रथम स्तर हैं। प्रान्तीय सरकारों को राज्यपरिषद् के एकीकृत नेतृत्व को स्वीकारना होता है जिसके द्वारा केन्द्रीय सरकार और प्रान्तीय प्रशासनिक अंगों के बीच दायित्वों का विभाजन तय होता है। राज्यपरिषद् को यह शक्ति भी प्राप्त है कि वह प्रान्तीय सरकारों के अनुचित निर्णयों और आदेशों को निरस्त कर दे। प्रान्तीय सरकारें प्रान्तीय जन कांग्रेसों और उनकी स्थानीय समितियों के निर्णयों, नियमों और स्थानीय विधियों को लागू करती हैं, वे प्रान्तीय जन कांग्रेसों और उनकी स्थायी समितियों के प्रति उत्तरदायी हैं, प्रान्तीय जन कांग्रेसों और उनकी स्थायी समितियों को यह अधिकार है कि वे प्रान्तीय सरकारों के कामों की निगरानी करें और असंगत निर्णयों को बदल

दें या खारिज कर दें। प्रान्तीय सरकारों को यह शक्ति दी गई है कि वे नगरों, मंडलों, बस्तियों और कस्बों की सरकारों को एकीकृत नेतृत्व प्रदान करें तथा उनके आर्थिक, सामाजिक और सांस्कृतिक मामलों पर एकीकृत प्रशासन सुनिश्चित करें।

प्रान्तीय और स्वायत्त स्थानीय सरकारें, राज्यपरिषद् की अनुमति से, आवश्यकता के अनुसार, अपनी शाखाएँ अथवा प्रशासनिक कार्यालय स्थापित कर सकती हैं। इन शाखाओं अथवा कार्यालयों को कोई राजकीय अथवा प्रशासनिक शक्तियाँ प्राप्त नहीं हैं। उनका काम केवल प्रान्तीय अथवा स्वायत्त क्षेत्रीय सरकारों की ओर से पथ प्रदर्शन करना और अपने क्षेत्रों के मंडलों और नगरों के काम का समन्वय करना है। इन कार्यालयों में प्राय: एक आयुक्त, कुछ उपायुक्त और परामर्शदाता होते हैं जिनको नियुक्त करने और पदच्युत करने का अधिकार भी प्रान्तीय अथवा स्वायत्त क्षेत्रीय सरकारों के पास है। इन कार्यालयों के काम की पूरी जिम्मेदारी आयुक्तों की होती है और उनका कोई निश्चित कार्यकाल नहीं होता। समय-समय पर यथावश्यक उन्हें बदला जा सकता है। इन कार्यालयों के कार्यकारी अंग ब्यूरो कहलाते हैं और प्रत्येक कार्यालय में लगभग 40-50 ब्यूरो होते हैं।

सीधे केन्द्रीय सरकार के अधीन नगरपालिकाओं की सरकारें भी स्थानीय राज्य प्रशासन का प्रथम स्तरीय अंग हैं। बीजिंग और शंघाई सहित ऐसी चार नगरपालिकाएँ हैं। इन नगरपालिकाओं की सरकारों को राज्यपरिषद् का एकीकृत नेतृत्व स्वीकारना होता है। राज्यपरिषद् ही इन नगरपालिकाओं और केन्द्रीय सरकार के बीच शक्तियों का विभाजन और अधिकार क्षेत्रों का परिसीमन करती है। राज्यपरिषद् को यह शक्ति भी प्राप्त है कि वह इन नगरपालिकाओं के निर्णयों को बदल दे अथवा निरस्त कर दे। इन नगरपालिकाओं की सरकारों को स्थानीय विधि, नियम और स्थानीय जन कांग्रेस और उसकी स्थायी समिति के निर्णयों को लागू करना होता है। नगरपालिकाओं की जन कांग्रेसें और उनके अनुचित निर्णयों को बदल सकती हैं या खारिज कर सकती हैं। इन नगरपालिकाओं की सरकारों को अधिकार है कि वह जनपदों, नगरों, मंडलों, बस्तियों और कस्बों के कार्यकलापों पर अपना एकीकृत नेतृत्व लागू करें और अपने अधिकार क्षेत्र के भीतर आनेवाले क्षेत्रों के आर्थिक, सामाजिक और सांस्कृतिक मामलों में एकीकृत प्रशासन प्रदान करें।

चीन में 15 नगर ऐसे हैं जो अपेक्षाकृत बड़े हैं किन्तु सीधे केन्द्रीय सरकार के अधीन प्रान्तीय स्तर के चार नगरों जितने बड़े नहीं हैं। इन्हें अनुप्रान्तीय श्रेणी का कहा जा सकता है। इन नगरों की आर्थिक योजनाएँ राष्ट्रीय योजना में अलग से सूचीबद्ध की जाती हैं। इन नगरों की सरकारों को प्रशासनिक दृष्टि से प्रान्तीय सरकारों के अधीन काम नहीं करना होता।

नगरों की तीसरी श्रेणी है उपखंड स्तर के नगरों की जिनमें कुछ थोड़े बड़े और मँझले आकार के नगर आते हैं। प्राय: दो लाख से अधिक, खेतिहरों से अलग

आबादी वाले नगरों को इस श्रेणी में गिना जाता है। इनमें औद्योगिक उत्पाद बहुत अधिक और उच्च स्तर का पाया जाता है। इन नगरों की सरकारें अपनी स्थानीय जन कांग्रेसों और उनकी स्थायी समितियों के प्रति उत्तरदायी होती हैं तथा अपने काम के बारे में उन्हें रिपोर्ट देती हैं। साथ ही वे प्रान्तीय स्तर की सरकारों के प्रति उत्तरदायी होती हैं और उन्हें अपने काम की रिपोर्ट देती हैं और राज्यपरिषद् का एकीकृत नेतृत्व स्वीकार करती हैं। वे अपने नगर की आर्थिक, सांस्कृतिक और प्रशासनिक गतिविधियों का निर्देशन करती हैं और अपने क्षेत्र में आनेवाले मंडलों और उनकी सरकारों के प्रशासनिक काम-काज का भी निर्देशन करती हैं।

चौथी श्रेणी में उपखंडीय स्तर के वे नगर आते हैं जो मंडलों और मंडल स्तर के नगरों का प्रशासन चलाते हैं। इनका उद्देश्य प्रान्त और मंडल के बीच एक सरकारी स्थानीय राजकीय प्रशासनिक इकाई स्थापित करना है।

पाँचवीं श्रेणी में आते हैं मंडल स्तर के नगर। इनमें नगरों के लिए स्थापित मानकों के आधार पर नगर सरकारें बनाई जाती हैं। ये नगर आमतौर से कस्बों वाले मंडलों से बनते हैं या वे पहले ऐसे मंडल रहे होते हैं जिसका विघटन हो गया हो। इन नगरों में प्राय: ग्रामीण शासन की झलक रहती है। इनकी सरकारें बस्तियों, प्रजातीय बस्तियों और कस्बों की सरकार का प्रबन्धन सँभालती हैं। इनके नेतृत्व में पड़ोस कार्यालय भी स्थापित किए जा सकते हैं।

सीधे केन्द्रीय सरकार के अधीन नगरपालिकाओं में, अनुप्रान्तीय स्तर के नगरों और उपखंड स्तर के नगरों में जनपद सरकारें बनती हैं। ये मूलत: शहरी सरकारें होती हैं। इसी प्रकार मंडल सरकारें मूलत: ग्रामीण स्थानीय सरकारें होती हैं और यह ग्रामीण क्षेत्रों में ही होती हैं। ये बस्तियों, प्रजातीय बस्तियों और कस्बों का प्रशासन चलाती हैं।

विभिन्न स्तरों पर स्थानीय सरकारें प्रान्तीय राज्यपालों, महापौरों, मंडलपालों तथा जनपद बस्तियों और कस्बों के प्रधानों के द्वारा उत्तरदायित्व निभाती हैं। प्रान्त और सीधे केन्द्र सरकार के अधीन नगरपालिकाओं में राज्यपाल, उप-राज्यपाल, महापौर, उप-महापौर, महासचिव, विभागों (ब्यूरो) और आयोगों के निदेशक होते हैं। प्रान्तीय राज्यपाल, उप-राज्यपाल, महापौर और उप-महापौर प्रान्तों और नगरपालिकाओं की जन कांग्रेसों के द्वारा अथवा उनकी स्थायी समितियों के द्वारा चुने जाते हैं। उनका कार्यकाल 5 वर्ष का होता है। इसी प्रकार उपखंडीय स्तर के नगरों के महापौर, उप-महापौर, महासचिव और निदेशक होते हैं। महापौर और उप महापौर नगर की जन कांग्रेस के द्वारा 5 साल के कार्यकाल के लिए चुने जाते हैं।

मंडलों, मंडल स्तर के नगरों और जनपदों की सरकारों के मंडलपाल, उप मंडलपाल, महापौर, उप-महापौर, जनपद प्रधान और उप-प्रधान सम्बन्धित जन कांग्रेसों या उनकी स्थायी समितियों द्वारा 5 वर्ष के लिए चुने जाते हैं। इसी प्रकार

बस्तियों, प्रजातीय बस्तियों और कस्बों के प्रधान और उप-प्रधान उनकी जन कांग्रेसों के द्वारा 3 वर्ष के लिए चुने जाते हैं। प्रजातीय बस्तियों के प्रधान आदि उन प्रजातियों के सदस्य होने चाहिए।

सभी स्तर की स्थानीय सरकारों की शक्तियों, अधिकार क्षेत्रों और दायित्वों में शामिल हैं—अर्थव्यवस्था, शिक्षा, विज्ञान, संस्कृति, जन स्वास्थ्य, शारीरिक संस्कृति, शहरी और ग्रामीण विकास, वित्तीय मामले, जन सुरक्षा, न्यायिक प्रशासन, परिवार नियोजन आदि अनेक विषय। इन सभी विषयों में वे आवश्यक निर्णय ले सकती हैं और आदेश जारी कर सकती हैं, प्रशासनिक कर्मियों की नियुक्ति और बर्खास्तगी कर सकती हैं और उनके प्रशिक्षण, काम के मूल्यांकन, इनाम और सजा आदि के प्रबन्ध कर सकती हैं।

विभिन्न जनता की सरकारें अपने-अपने स्तर पर जन कांग्रेसों और राज्य के अपने से ऊपर के प्रशासनिक अंगों के निर्णयों और निदेशों का पालन करती हैं और उनके अनुसार अपने-अपने क्षेत्र का प्रशासन चलाती हैं। स्थानीय जनता की सरकारें विभिन्न स्तरों पर अपनी-अपनी जन कांग्रेस के प्रति उत्तरदायी होती हैं और अपने काम की रिपोर्ट उन्हें देती हैं या उनकी स्थायी समितियों को देती हैं। साथ ही वे अपने से ऊपर के राजकीय प्रशासनिक अंगों के प्रति भी उत्तरदायी रहती हैं और अपने काम के बारे में उन्हें बराबर रिपोर्ट करती हैं। सभी स्थानीय जन सरकारें राज्यपरिषद् के एकीकृत नेतृत्व के अधीन राज्य का प्रशासनिक अंग हैं। हरेक स्तर पर ऊपर की स्थानीय सरकार का दायित्व है कि वह अपने से निचले स्तर की स्थानीय सरकारों पर नियंत्रण रखे और जहाँ उचित समझे उनके निर्णय को बदल दे या उलट दे। मंडल स्तर पर और उसके ऊपर स्थानीय लेखा परीक्षक नियुक्त किए जाते हैं जो स्वतंत्र रूप से अपना दायित्व निभाते हैं और सम्बन्धित स्तर पर तथा उससे ऊपर के एक स्तर पर अपनी रिपोर्ट देते हैं। प्रान्तीय और स्थानीय प्रशासनिक संस्थाओं के बारे में अपेक्षाकृत विस्तृत विवरण आवश्यक है क्योंकि चीन के राजनीतिक इतिहास में विभिन्न स्थानीय इकाइयों के बीच में और उनके तथा केन्द्रीय सत्ता के बीच सम्बन्ध एक दुस्साध्य समस्या रही है। कुल मिलाकर चीन में 40-45 हजार जन सरकारें, जन कांग्रेसें आदि सक्रिय हैं और जो ढाँचा उभरा है, वह जटिल और दुरूह है। स्पष्ट है कि अन्ततः सारी शक्ति वास्तव में ऊपर ही केन्द्रित है।

विशेष प्रशासनिक क्षेत्र

चीनी जनवादी गणराज्य विशेष प्रशासनिक क्षेत्रों की स्थापना कर सकता है। इस समय ऐसे दो क्षेत्र हैं—हांगकांग और मकाओ। राष्ट्रीय जन कांग्रेस को अधिकार है कि कानून के द्वारा तय करे कि इन क्षेत्रों में इनकी स्थिति और आवश्यकताओं के अनुसार कैसी व्यवस्थाएँ लागू हों। विशेष प्रशासनिक क्षेत्रों को भी स्थानीय

प्रशासनिक क्षेत्रों में ही माना जाता है। इन विशेष क्षेत्रों के लिए मूल अधिनियम राष्ट्रीय कांग्रेस बनाती है। क्षेत्रों की अपनी विधायी परिषद् मूल अधिनियमों के अधीन और नियत प्रक्रिया के अनुसार क्षेत्रीय अधिनियम बना सकती है। इन क्षेत्रीय अधिनियमों की सूचना राष्ट्रीय जन कांग्रेस को दी जानी चाहिए। विशेष प्रशासनिक क्षेत्रों के प्रमुख प्रशासकों की नियुक्ति स्थानीय सलाह के बाद केन्द्रीय सरकार द्वारा की जाती है। विदेश नीति और सुरक्षा सम्बन्धी मामले केवल केन्द्रीय सरकार के अधिकार क्षेत्र में आते हैं। राष्ट्रीय जन कांग्रेस हांगकांग और मकाओ जैसे विशे क्षेत्रों में युद्ध की स्थिति की घोषणा कर सकती है। केन्द्रीय सरकार राष्ट्रीय विधियो को लागू करने के लिए आवश्यक आदेश दे सकती है।

विशेष प्रशासनिक क्षेत्रों को पर्याप्त स्थानीय स्वायत्त शासन के अधिकार प्राप्त हैं। वे मूल चीनी भू-क्षेत्र से भिन्न आर्थिक, सामाजिक, राजनीतिक और सांस्कृतिक व्यवस्थाएँ रख सकते हैं। राष्ट्रीय जन कांग्रेस के द्वारा बनाए गए अधिनियमों अथवा उसकी स्थायी समिति द्वारा बनाए गए अधिनियमों का विशेष प्रशासनिक क्षेत्रों में लागू किया जाना केवल तब अनिवार्य होगा जब वे विदेशी या सुरक्षा सम्बन्धी मामलों के बारे में हों। केन्द्रीय सरकार और उसके अंग, प्रान्त, स्वायत्त क्षेत्र और सीधे केन्द्रीय सरकार के अधीन नगरपालिकाएँ कोई भी विशेष प्रशासनिक क्षेत्रों के स्वशासन में दखल नहीं दे सकते। इन क्षेत्रों का राजस्व केन्द्रीय सरकार को नहीं जाएगा, इनकी विधायी परिषदों में केवल स्थानीय निवासी सदस्य होंगे तथा इनमें केन्द्रीय सरकार कोई कर नहीं एकत्र करेगी। ये क्षेत्र विदेशों के साथ आर्थिक और सांस्कृतिक सम्बन्ध स्थापित कर सकेंगे।

विशेष प्रशासनिक क्षेत्र बनाए जाने से पहले वहाँ जो न्यायिक व्यवस्था चलती थी, वही लागू रहेगी। एक बदलाव केवल यह आया कि अन्तिम अपील की एक और अदालत बन गई।

निर्वाचन

राष्ट्रीय जन कांग्रेस के सदस्य सीधे जनता के द्वारा नहीं चुने जाते। उनका निर्वाचन वस्तुतः उनसे एक स्तर निचली जन कांग्रेसों के द्वारा किया जाता है। निर्वाचन में सैन्य बलों के सदस्यों का भी महत्त्वपूर्ण योगदान रहता है। उम्मीदवारों की सूचियों का जारी किए जाने से पहले साम्यवादी दल द्वारा अनुमोदित होना आवश्यक है। प्रान्तीय और नगरपालिका स्तर पर सदस्यों का निर्वाचन उनसे निचले स्तर की जन कांग्रेसों के द्वारा किया जाता है। केवल सबसे नीचे की तृणमूल स्तर पर जन कांग्रेस सीधे जनता द्वारा चुनी जाती है। राष्ट्रीय जन कांग्रेस औपचारिक रूप से राष्ट्रपति, प्रधानमंत्री और मंत्रिपरिषद् के स्तर के अधिकारियों का चयन करती है और इस आधार पर घोषणा करती है कि वे सब निर्वाचित हैं। 1980 के दशक से चीनी

सरकार ने कुछ सीमित सीधे चुनाव करने के प्रयोग आरम्भ किए, विशेषकर ग्रामों के स्तर पर। कुछ स्थानीय जन कांग्रेस इस प्रकार निर्वाचित होती हैं। विभिन्न जन कांग्रेसों के निर्वाचन में विशेष प्रशासनिक क्षेत्रों और तैवान के 'देशभक्तों' में स्थानीय निर्वाचन तथा सैन्य बलों के प्रतिनिधियों के निर्वाचन भी शामिल हैं।

प्रत्येक चीनी नागरिक जो 18 वर्ष की आयु पार कर चुका है, मतदान करने और स्वयं उम्मीदवार बनने का अधिकारी है। यह अधिकार अपराधियों और अभियुक्तों को भी प्राप्त रहता है जब तक उन्हें राजनीतिक अधिकारों से वंचित न किया गया हो। जिन पर राष्ट्रीय सुरक्षा के विरुद्ध काम करने के या अन्य गम्भीर अपराधों के आरोप हों उनके मत देने और चुनाव लड़ने के अधिकार रद्द कर दिए जाते हैं।

मतदाताओं के पंजीकरण से लेकर उनकी अर्हता सम्बन्धी विभेदों को सुलझाने तक का काम हर स्तर पर निर्वाचन समितियाँ करती हैं। अन्तिम निर्णय अदालत का होता है। सभी मतदान गोपनीय होते हैं। निर्वाचन क्षेत्रों का परिसीमन भी निर्वाचन समितियाँ ही करती हैं।

विभिन्न स्तर की जन कांग्रेसों में सैन्य बलों के कितने प्रतिनिधि हों, इसका निर्णय तत्सम्बन्धी प्रान्तों, स्वायत्त क्षेत्रों, केन्द्र सरकार के अधीन नगरपालिकाओं, नगरों और मंडलों की स्थायी समितियों द्वारा होता है।

प्रत्येक चुनाव केवल मंडलों, जनपदों, कस्बों और बस्तियों की जन कांग्रेसों के लिए होते हैं। राजनीतिक दलों, जन संगठनों अथवा किन्हीं 10 से अधिक मतदाता समूहों के द्वारा सामूहिक अथवा स्वतंत्र रूप से उम्मीदवारों का नाम निर्देशित किया जा सकता है किन्तु कोई एक मतदाता निर्वाचकमंडल से चुने जानेवाले प्रतिनिधियों की कुल संख्या से अधिक उम्मीदवारों का नाम निर्देशित नहीं कर सकता। चुनाव जीतने के लिए 50 प्रतिशत से अधिक मत पाना जरूरी है। अगर 50 प्रतिशत से अधिक मत पानेवालों की संख्या कुल चुने जानेवाले प्रतिनिधियों की संख्या से अधिक हो तो सबसे अधिक मत पानेवालों को निर्वाचित माना जाएगा। अगर एक से अधिक उम्मीदवार को एक से मत मिलें तो उनके बीच पुनः मतदान होगा और जिसे अधिक मत मिलें उसे ही निर्वाचित माना जाएगा। अगर 50 प्रतिशत से अधिक मत पानेवाले उम्मीदवारों की संख्या कुल चुने जानेवाले प्रतिनिधियों की संख्या से कम हो तो रिक्त स्थानों को भरने के लिए पुनः निर्वाचन करना होगा। निर्वाचित प्रतिनिधियों की सूची विधि द्वारा निर्धारित प्रतियोगी निर्वाचन प्रणाली सिद्धान्त के अनुसार प्रथम चुनाव में मिले हुए मतों की संख्या के आधार पर तैयार की जाएगी। उप-चुनावों में जिसे अधिक मत मिलें उसे ही जीता हुआ माना जाएगा किन्तु उसके मत कुल मतों के एक-तिहाई से कम नहीं होने चाहिए।

मंडल स्तर से ऊपर जन कांग्रेसों के लिए चुनाव परोक्ष मतदान द्वारा होते हैं। जन कांग्रेसों के सदस्य अपने से एक ऊपर जन कांग्रेस के लिए प्रतिनिधियों का

निर्वाचन करते हैं। सैन्य बलों के प्रतिनिधि और विशेष प्रशासनिक क्षेत्रों से राष्ट्रीय जन कांग्रेस के लिए प्रतिनिधि भी परोक्ष रीति से निर्वाचित होते हैं। राष्ट्रीय जन कांग्रेस के लिए जिन्हें चुना जाए, वह जिस इकाई से निर्वाचित हों उसी के आधार पर उन्हें एक प्रतिनिधिमंडल के रूप में संगठित किया जाता है। प्रत्येक प्रतिनिधि-मंडल का एक अध्यक्ष और एक उपाध्यक्ष होता है। सभी अल्पसंख्यक समूहों को समुचित प्रतिनिधित्व का अधिकार है। यह राष्ट्रीय जन कांग्रेस स्थायी समिति का दायित्व है कि आनेवाली राष्ट्रीय जन कांग्रेस के लिए निर्वाचन वर्तमान 5 वर्ष का कार्यकाल पूरा होने से 2 माह पूर्व पूरा हो जाए। राष्ट्रीय जन कांग्रेस के तथा और जन कांग्रेसों के लिए निर्वाचनों का खर्चा राष्ट्रीय जनकोष द्वारा वहन किया जाता है।

राजनीतिक दल

चीनी राज्य-व्यवस्था एक दलीय शासन की जीवन्त मिसाल है। चीनी जनवादी गणतंत्र के संविधान में चीनी साम्यवादी दल के नेतृत्व का उल्लेख किया गया है। चीन में राज्य की शक्ति का उपयोग चीनी साम्यवादी दल, केन्द्रीय जन सरकार तथा उसके प्रान्तीय और स्थानीय प्रतिरूप मिलकर करते हैं। चीनी साम्यवादी दल के सदस्यों की संख्या लगभग 8 करोड़ है और चीन की सरकार पर उसका पूरा आधिपत्य है। सभी सरकारी संस्थानों में शासन के प्रत्येक स्तर पर दलीय समितियों की विशेष भूमिका रहती है। केन्द्रीय सरकार के कार्यालयों और शहरी आर्थिक, औद्योगिक और सांस्कृतिक क्षेत्रों में केन्द्रीय साम्यवादी दल का नियंत्रण सबसे कठोर रहता है। ग्रामीण क्षेत्रों में केन्द्रीय साम्यवादी दल का सरकार और दल संगठन पर प्रभाव बहुत साधारण है। किन्तु प्रत्येक स्तर पर सत्ताधारी साम्यवादी दल जन कांग्रेस के लिए उम्मीदवारों के चयन में बहुत प्रभावी भूमिका निभाता है।

चीनी साम्यवादी दल की स्थापना 1921 में हुई। लम्बे वर्षों के संघर्ष के बाद 1949 में दल चीनी जनवादी गणतंत्र बनाने में सफल हुआ। श्रमिक वर्ग के हितों की रक्षा, सभी जातीय-प्रजातीय समूहों का प्रतिनिधित्व और समाजवाद का पोषण ही साम्यवादी दल के मुख्य उद्देश्य कहे जाते हैं। चीनी साम्यवादी दल चाहता है कि साम्यवादी सामाजिक व्यवस्था स्थापित हो और यथाशीघ्र चीनी चरित्र और चेहरे का समाजवाद आए। चीनी साम्यवादी दल का दावा है कि वह सब समूहों को साथ लेकर चीन को एक समृद्ध, सशक्त, लोकतांत्रिक और सुसभ्य आधुनिक समाजवादी राष्ट्र बनाना चाहता है और ऐसा करने के लिए आर्थिक विकास को प्राथमिकता देता है। जिन चार मूल सिद्धान्तों के प्रति दल वचनबद्ध है, वे हैं—

1. समाजवाद का पथ,
2. जनवादी लोकतांत्रिक अधिनायकवाद,
3. साम्यवादी दल का एकच्छत्र नेतृत्व, और

4. मार्क्सवाद-लेनिनवाद और माओ की विचारधारा में आस्था रखते हुए, देश को आत्मनिर्भर और उद्योग-प्रोद्यौगिकी के क्षेत्र में अग्रणी बनाना।

दल ने अपनी विचारधारा और प्रतिबद्धता को जिन दो शब्दों में बाँधा है, वह हैं—'लोकतांत्रिक केन्द्रवाद' जिनके अन्तर्गत—

1. दल का प्रत्येक सदस्य दल के संगठन के अधीन है, अल्पसंख्यक बहुसंख्यक के अधीन हैं, नीचे के स्तर का संगठन ऊपर के अधीन है, प्रत्येक संगठन और पूरे दल के सब सदस्य दल की राष्ट्रीय कांग्रेस और केन्द्रीय समिति के अधीन हैं।
2. एजेंसियों और प्रमुख समूहों के अतिरिक्त दल के विभिन्न स्तरों पर मुख्य अंग सब निर्वाचित होते हैं।
3. दल का सर्वोच्च अंग राष्ट्रीय जन कांग्रेस और इसके द्वारा निर्वाचित केन्द्रीय समिति हैं। विभिन्न स्थानीय दल की जन कांग्रेसें और उनकी समितियाँ उन स्तरों पर प्रमुख हैं और समितियाँ जन कांग्रेसों के प्रति उत्तरदायी हैं।
4. उच्चतर स्तर पर दल संगठन अक्सर नीचे के स्तर के दल संगठन के विचारों को सुन सकते हैं और उनकी समस्याओं का समाधान कर सकते हैं किन्तु नीचे के संगठन ऊपर के संगठनों को रिपोर्ट करेंगे और उनकी हिदायतों पर आचरण करेंगे।
5. सभी स्तरों पर दल की समितियों में सामूहिक नेतृत्व, काम और दायित्वों के विभाजन और व्यक्तिगत उत्तरदायित्व के सिद्धान्तों का पालन होता है।
6. दल व्यक्ति पूजा का विरोध करता है। दल के नेताओं का दल के निरीक्षण में रहना जरूरी है। साथ ही, यह भी जरूरी है कि दल का प्रतिनिधित्व कर रहे नेताओं के व्यक्तिगत सम्मान और गरिमा की सुरक्षा हो।

तृणमूल स्तर पर चीनी साम्यवादी दल के लगभग 30 लाख संगठन हैं। दल ने औपचारिक और अनौपचारिक ढंग के विभिन्न समूहों और संस्थानों के जरिए चीनी सरकार के अन्दर तथा देश में सभी स्तरों पर जीवन के अलग-अलग क्षेत्रों में अपना प्रभाव जमाया हुआ है।

साम्यवादी दल के मुख्य कार्यकारी अंग हैं—

1. मुख्य सचिव जो दल का सर्वोच्च पदाधिकारी होता है और देश का सबसे अधिक शक्तिशाली व्यक्ति भी,
2. 25 सदस्यीय पोलित ब्यूरो और उसकी 9 सदस्यीय स्थायी समिति,
3. मुख्य सचिव के अधीन सचिवालय जो दल का प्रमुख प्रशासनिक तंत्र कहा जा सकता है,

4. केन्द्रीय सैन्य आयोग,
5. केन्द्रीय अनुशासन जाँच आयोग जो दल के काडर से भ्रष्टाचार और दुष्करण को दूर करने का जिम्मेवार है।

पोलित ब्यूरो के सदस्य और सदस्यों की संख्या साम्यवादी दल की प्रायः प्रत्येक पाँच वर्ष बाद होनेवाली कांग्रेस के साथ बदलती रहती है। गत कांग्रेस 2007 में हुई थी।

चीन में कोई ठोस वैधानिक राजनीतिक विपक्ष या प्रतिपक्ष नहीं है। देश को साम्यवादी दल ही चलाता है। किन्तु ऐसा नहीं है कि कोई अन्य दल न हो। कई तथाकथित लोकतांत्रिक दल हैं जो जनता की राजनीतिक परामर्शदायी कॉन्फ्रेंस में प्रायः साम्यवादी दल की नीतियों का समर्थन ही करते हैं। ग्राम और कस्बे के स्तर पर इधर उदारवादी नीतियों के चलते जन कांग्रेसों के लिए प्रतिनिधियों के निर्वाचन बहुत-कुछ खुलेआम भी लड़े जाने लगे हैं और उन कांग्रेसों ने सरकारी नियुक्तियों आदि से सम्बन्धित मामलों में अपना प्रभाव डालना शुरू कर दिया है। लोगों की व्यक्तिगत शिकायतों की अभिव्यक्ति सही जानेवाली है किन्तु संगठित विरोध क्षम्य नहीं है।

चीन में आठ छोटी-छोटी पंजीकृत राजनीतिक पार्टियाँ हैं किन्तु वे सब चीनी साम्यवादी दल का नेतृत्व स्वीकार करती हैं और उनकी गतिविधियों का निर्देशन साम्यवादी दल के संयुक्त मोर्चा कार्य विभाग द्वारा होता है। इस प्रकार, अन्य दलों का ऐसा स्वतंत्र अस्तित्व नहीं माना जा सकता जिसके आधार पर बहुदलीय व्यवस्था की बात कही जा सके या माना जा सके कि चीन में एक दल का निर्बाध शासन नहीं रहा। पंजीकृत आठ दलों के अतिरिक्त कुछ और ऐसे छोटे-छोटे दल हैं जो पंजीकृत या मान्यता प्राप्त नहीं हैं अथवा जिनका चीनी सरकार दमन करती रही है।

जन मुक्ति वाहिनी (पीपुल्स लिबरेशन आर्मी)

जन मुक्ति वाहिनी, जो पी.एल.ए. (पीपुल्स लिबरेशन आर्मी) के नाम से प्रसिद्ध है, जन्म देने और संगठित करने का श्रेय चीनी साम्यवादी दल को जाता है। 1949 में जब चीनी जनवादी गणतंत्र की स्थापना हुई तब से पी.एल.ए. राज्य की सेना बन गई। चीन की वर्तमान सैन्य व्यवस्था में जन सैन्य बलों के ऊपर साम्यवादी दल का निरंकुश आधिपत्य है। दल और राज्य ने मिलकर केन्द्रीय सैन्य आयोग की स्थापना की और यह आयोग सैन्य बलों के ऊपर सर्वोच्च नेतृत्व प्रदान करता है। 1954 के चीनी जनवादी गणतंत्र के संविधान के अनुसार राष्ट्रपति सुरक्षा आयोग का अध्यक्ष होता है किन्तु आयोग एक परामर्शदात्री संस्था है, सैन्य बलों की नेता नहीं। इस समय प्रचलित व्यवस्था में दल और सैन्य बलों का मिला-जुला नेतृत्व रहता है। साम्यवादी दल की केन्द्रीय समिति सभी सेना सम्बन्धी मामलों में नेतृत्व प्रदान करती है। कुल मिलाकर, चीनी व्यवस्था में चीनी साम्यवादी दल और सैन्य बल-

दल का केन्द्रीय सैन्य आयोग और राज्य का केन्द्रीय सैन्य आयोग—एक समूह और एक संगठन बनकर संयुक्त नेतृत्व प्रदान करते हैं और सैन्य बलों पर साम्यवादी दल का वर्चस्व सुनिश्चित करते हैं। नाम के वास्ते राज्य का केन्द्रीय सैन्य आयोग और दल का केन्द्रीय सैन्य आयोग, दो अलग-अलग संस्थाएँ हैं। वास्तव में दोनों में वही लोग सदस्य हैं अर्थात् यथार्थ में एक ही संयुक्त आयोग है।

पी.एल.ए. चीन का एकीकृत सैन्य संगठन है जिसमें, वायुसेना, थलसेना और नौसेना तीनों शामिल हैं। लगभग 30 लाख सशस्त्र सैनिक इस सैन्य बल के अंग हैं।

न्यायपालिका

चीनी जनवादी गणतंत्र की न्यायिक व्यवस्था का आधार संविधान के अनुच्छेद-123 से 135 में निहित है। उच्चतम जन न्यायालय, जन अभियोक्ता (पीपुल्स प्रोक्यूरेटोरेट्स), उच्चतम जन अभियोक्ता, सैन्य अभियोक्ता तथा अन्य जन अभियोक्ता राज्य की ओर से कानूनी सर्वेक्षण का काम करते हैं। क्योंकि वे अपराध की जन सुरक्षा अंगों द्वारा की जानेवाली जाँच का निरीक्षण करते हैं और तय करते हैं कि किन मामलों में आगे अदालत में मुकदमा चलाया जाए, उनकी तुलना बहुत कुछ दूसरे देशों के पब्लिक प्रोसीक्यूटर से की जा सकती है।

किन्तु, चीनी प्रोक्यूरेटर जेलों की कार्यवाही, जन न्यायालयों के काम और अदालती निर्णयों के लागू किए जाने की भी जाँच करते हैं।

चीन के उच्चतम जन न्यायालय के अध्यक्ष की नियुक्ति राष्ट्रीय जन कांग्रेस के द्वारा की जाती है। अध्यक्ष की सिफारिश पर राष्ट्रीय जन कांग्रेस उच्चतम जन न्यायालय के उपाध्यक्षों तथा अन्य न्यायाधीशों की नियुक्ति करती है तथा उन्हें उनके पद से हटा भी सकती है।

चीनी न्यायालयों की संरचना में नीचे से ऊपर तक एक श्रेणीबद्धता का माहौल है : उच्चतम जन न्यायालय, उच्चतर जन न्यायालय, मध्य स्तरीय जन न्यायालय और बुनियादी जन न्यायालय। बुनियादी जन न्यायालयों में मंडल (कॉण्टी) स्तर पर 3000 न्यायालय हैं और यह आगे कस्बों और गाँवों में 20,000 न्यायालयों में बँटे हैं जिन्हें जन अधिकरण कहा जाता है। इन सबके अलावा बहुत से विशिष्ट न्यायालय भी हैं।

आमतौर से मुकदमों में केवल एक अपील की जा सकती है। वैसे जागरूक नागरिक समूहों की मध्यस्थता समितियाँ लगभग 90 प्रतिशत दीवानी (सिविल) विवादों का निपटारा कर देती हैं। छोटे-मोटे अपराध के मामले भी इन समितियों के द्वारा तय कर दिए जाते हैं और किसी भी पक्ष का कोई खर्चा भी नहीं होता। ग्रामीण और शहरी इलाकों में कुल मिलाकर ऐसी लगभग आठ लाख मध्यस्थता समितियाँ हैं।

गत बीस–बाईस वर्षों में कानूनी सुधारों पर विशेष जोर दिया गया है। सरकार की ओर से प्रयास हुए हैं कि देश के वकीलों, जजों, जेलों और कानूनों का आधुनिकीकरण और व्यवसायीकरण किया जाए। 1994 के प्रशासनिक प्रक्रिया अधिनियम के अन्तर्गत कोई भी नागरिक सरकारी अफसरों पर समुचित सेवा उपलब्ध न करने के लिए मुकदमा दायर कर सकता है।

संक्षेप

चीनी राज्य–व्यवस्था का यथोचित विश्लेषण और आकलन करना बहुत ही दुष्कर है। चीनी व्यवस्था के भीतर क्या होता है, यह सब पता चलाना सरल कार्य नहीं है। नीचे से लेकर ऊपर तक एकदलीय अधिनायकवाद की स्थिति है। औपचारिक प्रावधानों को देखा जाए तो लोकतंत्र है, निर्वाचन हैं, एक प्रकार सत्ता का विकेन्द्रीकरण है, तृणमूल स्तर तक स्वायत्त स्थानीय जन कांग्रेस और जन सरकारें हैं, मानवीय अधिकार हैं। किन्तु जमीनी वस्तुस्थिति यह है कि निरंकुश शक्ति केन्द्रीय नेतृत्व के पास है, हर स्तर पर नीचे की संस्थाओं का निर्माण और निर्देशन ऊपर से होता है। दल और शासन के बीच कोई रेखा नहीं है। सैन्य बलों, शैक्षणिक संस्थाओं, स्वैच्छिक संस्थानों, विश्वविद्यालयों आदि में भी साम्यवादी दल का वर्चस्व है। कुल मिलाकर, चीनी एक खुली किताब नहीं हैं। नाम के वास्ते चीन में साम्यवादी दल के अलावा और भी राजनीतिक दल हैं किन्तु यथार्थ में वे शक्तिहीन हैं, साम्यवादी दल के अधीन ही काम करते हैं। किसी भी स्वतंत्र राजनीतिक दल को जन्मने–पनपने नहीं दिया जाता। सिद्धान्त रूप में कार्यकारिणी जो राज्यपरिषद् है राष्ट्रीय जन कांग्रेस के प्रति उदारदायी है किन्तु यथार्थ में जन कांग्रेस और उसकी स्थायी समिति राज्यपरिषद् के इशारों पर चलती हैं और राज्यपरिषद् पर पूरा आधिपत्य साम्यवादी दल का और उसके नेतृत्व का है। एक रोचक तथ्य यह है कि कई बार संस्थाएँ या पद अलग दिखाई देते हैं पर गौर से देखने पर पता चलता है कि एक ही व्यक्ति साम्यवादी दल, चीनी सरकार और जन मुक्ति वाहिनी (पी.एल.ए.) तीनों में है। घुमा–फिराकर वही थोड़े से लोगों का समूह सभी महत्त्वपूर्ण पदों पर आसीन है। उदाहरण के लिए चीनी साम्यवादी दल का मुख्य सचिव चीन की सरकार में राष्ट्रपति भी हो सकता है और साथ ही केन्द्रीय सैन्य आयोग का अध्यक्ष होने के नाते पी.एल.ए. का प्रमुख भी।

यदा–कदा दल और शासन को अलग रखने के, विधि का शासन और लोकतंत्र की ओर बढ़ने के कुछ प्रस्ताव और प्रयास सामने आते रहते हैं। तृणमूल स्तर पर कुछ निर्वाचन प्रारम्भ हुए हैं। किन्तु, लम्बी यात्रा शेष है।

9

भारत

लोकतंत्रात्मक गणराज्य

विश्व की प्राचीनतम सभ्यताओं में गिना जानेवाला देश, भारत अर्थात् इंडिया, राज्यों का संघ है। इसके उत्तर में हिमालय, नेपाल, भूटान, तिब्बत और चीन हैं। दक्षिण में हिन्द महासागर, श्रीलंका और मालदीव हैं। पूरब में बांग्लादेश और म्याँमार हैं। उत्तर-पश्चिम में पाकिस्तान और अफगानिस्तान हैं। दक्षिण-पूरब में बंगाल की खाड़ी है।

भारत अनेक धर्मों, भाषाओं, जातियों-प्रजातियों वाला, चीन के बाद विश्व का सबसे अधिक आबादी (लगभग 125 करोड़) वाला देश है किन्तु भूभाग की दृष्टि वह विश्व में सातवें स्थान पर आता है।

प्राचीन भारत की राजनीतिक व्यवस्था

'हम भारत के लोग' और भारत की पहचान तथा एकता की भावना बहुत पुरानी है। वह वैदिक काल से अब तक रही है। लोकतंत्र, प्रातिनिधिक संस्थाएँ, शासकों की स्वेच्छाचारी शक्तियों पर नियंत्रण और विधि का शासन, ये प्राचीन भारत की राजनीतिक व्यवस्था की विशेषताएँ थीं। सच तो यह है कि भारत को लोकतंत्र का पहला पालना कहा जा सकता है। इस बात के पर्याप्त ऐतिहासिक प्रमाण मिलते हैं कि भारत में वैदिक काल (3000-1000 ई.पू.) से ही देश के विभिन्न भागों में राज्यों के निर्वाचित प्रधान, विचारात्मक संस्थाएँ और लोकतंत्र तथा स्वशासन पर आधारित इकाइयाँ फलती-फूलती रही हैं। यह सब यूनान के नगर राज्यों तथा रोम के गणराज्यों से काफी पहले की बात है।

सभा और समिति

ऋग्वेद मानवजाति का सबसे पुराना ग्रन्थ है। उसमें लोकाश्रित संस्थाओं का उल्लेख मिलता है। ऋग्वेद में सभा तथा समिति जैसे शब्द बार-बार आए हैं। ये शब्द उस काल की लोकतंत्रात्मक संस्थाओं के वाचक हैं। वैदिक युग के भारत में इस प्रकार

की अनेक संस्थाएँ थीं। कार्य और प्रतिष्ठा की दृष्टि से ये दोनों संस्थाएँ एक-दूसरे से भिन्न थीं। समिति सामान्य सभा या जनता का सदन थी। इसके विपरीत सभा वरिष्ठ नागरिकों की एक छोटी तथा चुनी हुई संस्था थी। वह आधुनिक विधायिकाओं के उच्च सदन से मिलती-जुलती थी। कुछ विद्वानों का दूसरा मत है। वे सभा को सामान्य सदन मानते हैं तथा समिति को वरिष्ठ नागरिकों का सदन। लुडविग सभा को जनसाधारण का सदन कहते हैं और समिति को विशेष या उच्च सदन। उनके विचार से समिति में धर्माचार्यों तथा ऊँचे और सम्पत्तिशाली वर्गों के प्रतिनिधि होते थे।

ऋग्वेद के काल में औसत राज्य का क्षेत्रफल यूनान के नगर-राज्यों की भाँति कुछ वर्गमीलों तक सीमित था। उसकी राजधानी में कुछ दर्जन गाँवों का क्षेत्रफल सम्मिलित था। गाँवों की अपनी लोकाश्रित सभाएँ थीं। एक विचार यह है कि ये ग्राम सभाएँ सभा कहलाती थीं और राजधानी से समूचे राज्य के लिए काम करनेवाली केन्द्रीय सभा समिति के नाम से विख्यात थी।

सभाओं और समितियों की भारी प्रतिष्ठा थी। इन संस्थाओं का राजकाज से घनिष्ठ सम्बन्ध था। ये अत्यन्त प्रतिष्ठित और प्रभावी संस्थाएँ साधिकार लोक-कल्याण तथा राष्ट्रीय सुरक्षा का कार्य करती थीं। उनका लक्ष्य था—न्याय की स्थापना तथा लोगों की सुख-समृद्धि में वृद्धि।

ऋग्वेद ने समूचे राष्ट्र का आह्वान किया है कि वह राष्ट्र कल्याण के लिए समर्पित जनसाधारण के सभी वर्गों—विद्वानों, बुद्धिमानों तथा योद्धाओं—के प्रतिनिधियों से मिलकर बनी राजसभा की स्थापना के लिए आपस में मिलकर कार्य करें। महिलाएँ भी सभा और समिति की सदस्य हो सकती थीं। सभा और समिति के सदस्यों से आशा की जाती थी कि वे एक स्वर में बोलेंगे। उन्हें विचार तथा तर्क-वितर्क करने की स्वतंत्रता थी। पर मूल विषयों में उनकी सम्मति तथा नीति एक सी होती थी। उनका सदा एक ही मूलमंत्र था—राष्ट्र का कल्याण।

ऋग्वेद में समिति के लिए राष्ट्र संगमनी पद का भी प्रयोग हुआ है। अथर्ववेद में संगतेषु शब्द भी आया है, जिसका अर्थ है—सभा के बीच। समिति का अर्थ था सभा या आपस में मिलना। जायसवाल के अनुसार, समिति सभी लोगों की सभा थी। वह एक शक्तिशाली संस्था थी और कई जगह राजा का निर्वाचन भी करती थी। वह पहले से निर्वाचित राजा को दुबारा चुन सकती थी। इससे उसके प्रभुता-सम्पन्न होने का संकेत मिलता है। हमें अथर्ववेद तथा ऋग्वेद में 'राज्य की समान नीति' के बारे में एक प्रार्थना मिलती है—

समानो मंत्रः समितिः समानो
समानं मनः सह चित्तमेषाम्
समानं मंत्रभि मंत्रये वः
समानेनवो हविषा जुहोमि।

प्रार्थना में कहा गया है कि 'लोगों का लक्ष्य और मन समान हो' तथा वे 'समान यज्ञीय पदार्थों से ईश्वर का स्तवन करें।' इससे ज्ञात होता है कि समिति में राजकाज पर चर्चा होती थी। समिति के गठन के बारे में विश्वसनीय आँकड़े नहीं मिलते। लेकिन जहाँ गणतंत्रात्मक राज्यों तक में केन्द्रीय सभाएँ कुलीन तंत्रात्मक संस्थाएँ थीं वहाँ यह कल्पना करना स्वाभाविक है कि राजतंत्रात्मक राज्यों में भी क्रियाशील समितियों का स्वरूप कुछ ऐसा ही रहा होगा।

समितियों के सदस्य राष्ट्र की सेवा के लिए समर्पित ज्ञानी तथा संकल्पवान व्यक्ति होते थे। उनकी प्रशासन में महत्त्वपूर्ण भूमिका थी। समाज में उनका स्थान बहुत ऊँचा रहा होगा।

सभा का उत्थान भी ऋग्वेद के उत्तरकाल में हुआ था। वह प्राय: समिति की सहचर थी। अथर्ववेद में सभा का एक नाम नरिष्टा है। इसका अर्थ है—'एक साथ चमकनेवाले लोगों का समूह'। कहने का तात्पर्य यह है कि जिन व्यक्तियों को सभा में आसन ग्रहण करने का अधिकार था, वे विशेष आभा से मंडित होते थे और उन्हें परम आदर की दृष्टि से देखा जाता था। चूँकि लोग सभा का निर्माण करते थे, अत: उसके पीछे समूची जनसंख्या का बल होता था। राजा इस प्रकार की सभा की प्रेरणा तथा प्रोत्साहन पर ही कार्य करता था। सभा ही राष्ट्र को रचनात्मक, सृजनात्मक और सक्रिय रूप प्रदान करती थी। सभा के कर्तव्यों में ऐसा हर कार्य सम्मिलित था जिससे लोगों की सर्वतोमुखी उन्नति होती हो। सभा की स्थिति सर्वोपरि थी। सभा के सदस्य सभासद कहलाते थे। चूँकि सभासद और मंत्री राष्ट्र की धुरी होते थे, अत: उनका समूचा जीवन जनसेवा की वेदी पर निछावर रहता था। वैदिक राज्य-व्यवस्था में लोग निर्भीक भाव से सभा के सम्मुख राजकर्मचारियों के विरुद्ध शिकायतें प्रस्तुत कर सकते थे। ऋग्वेद में कहा गया है कि चूँकि सभा लोगों की संस्था थी, अत: वह केवल ऐसे नियम और सिद्धान्त निर्धारित कर सकती थी जिनसे सर्वसाधारण का अभ्युदय हो।

सभा के लिए प्रयुक्त नरिष्टा शब्द का एक अर्थ बहुमत द्वारा निर्णय बताया गया है। इस निर्णय का उल्लंघन या अतिक्रमण नहीं हो सकता था। इसका कारण यह है कि जब बहुत से लोग सभा में एकत्रित होते हैं और एकमत से अपने विचार व्यक्त करते हैं तब उनकी या बहुमत की सम्मति का दूसरे लोग विरोध नहीं करते। सभा में व्यवस्था कायम रखनेवाले व्यक्ति को सभापति या सभाध्यक्ष और सभा के सार्जेंट या मार्शल को सभापाल कहा जाता था। ऋग्वेद ने सभाध्यक्ष के चुनाव के सम्बन्ध में कुछ योग्यताएँ निर्धारित की हैं। जो व्यक्ति सभाध्यक्ष चुना जाए, उसे राजकाज में निपुण, अनुभवी, बुद्धिमान और राजनीति-प्रवीण होना चाहिए। यह भी आवश्यक है कि वह निष्पक्ष, विद्वान, न्यायप्रिय, उदार और आयु तथा ज्ञान में परिपक्व हो।

वैदिक युग का राजा स्वेच्छाचारी या आनुवंशिक शासक नहीं होता था। राजा जनता द्वारा चुना जाता था और उसकी सुरक्षा तथा उसके कल्याण की अभिवृद्धि करने के लिए उसकी सहमति से शासन करता था। ऋग्वेद ने लोगों से विशेष रूप से माँग की है कि वे विहित योग्यताओं से सम्पन्न व्यक्ति को ही अपना राजा स्वीकार करें तथा उसका आदर करें। यजुर्वेद ने भी किसी व्यक्ति को राजपद की जिम्मेदारी सौंपने से पहले उसकी योग्यताओं तथा गुणों को परखने की सलाह दी है। यजुर्वेद के अध्याय 10 श्लोक संख्या–3 और 4 में यह स्पष्ट कर दिया गया है कि कोई व्यक्ति जनता के अनुमोदन से ही राजसिंहासन तक पहुँच सकता है। वह उन पर शासन करे, इस बारे में उसे उनकी स्पष्ट सहमति प्राप्त करनी होती है। इससे यह भी ज्ञात होता है कि प्रभुसत्ता का आवास जनता में स्वीकार किया जाता था। राजा लोगों पर शासन करने के अधिकार की मानो भीख माँगता था। यदि राजा अन्याय करता, झूठ बोलता, गलत वायदे करता या अन्य प्रकार से अपने कर्तव्य-पालन में चूक करता, तो लोग उसे उसके पद से हटा सकते थे। कौटिल्य ने अपने अर्थशास्त्र में कहा है कि प्राचीन भारतीय राजनीतिक व्यवस्था के अन्तर्गत राजतंत्र तक में राजाओं के दैविक अधिकार के लिए कोई स्थान नहीं था। राजाओं की निरंकुशता के ऊपर अनेक प्रतिबन्ध लगे हुए थे।

इस सम्बन्ध में अरविन्द का कहना है—

> मुस्लिम आक्रमण से पहले भारत में राजतंत्र को पवित्र संस्था माना जाता था और राजा की स्थिति सत्तापूर्ण समझी जाती थी। लोग यह स्वीकार करते थे कि राजा का व्यक्तित्व दैवी शक्ति का प्रतीक तथा धर्म का संरक्षक है...इसके बावजूद उसकी शक्ति निरंकुश, निरपेक्ष और स्वेच्छाचारी नहीं थी। उसकी शक्ति व्यक्ति-केन्द्रित नहीं थी। उसे अपनी मर्यादाओं के भीतर रहकर काम करना पड़ता था जिनके कारण उसके लिए अपनी निर्धारित लक्ष्मण-रेखा को लाँघना सम्भव नहीं था। उससे कुछ कम महत्त्व के सार्वजनिक अधिकारी भी थे जो प्रशासनिक विधि-विधान तथा नियंत्रण के मामलों में उसके साथ ही प्रभुसत्ता का उपयोग करते थे। सच पूछा जाए तो वह मर्यादित अथवा संवैधानिक राजा था। राजा धर्म का संरक्षक, निष्पादक और सेवक था। उसका दायित्व था कि वह लोगों से धर्म का पालन कराए तथा अपराधों, गम्भीर अनियमितताओं और अतिक्रमणों को रोके। सबसे पहले वह स्वयं धर्म की मर्यादाओं से बँधा हुआ था। धर्म ने उसके वैयक्तिक जीवन, राजपद तथा राजसत्ता पर जो सीमाएँ आरोपित कर रखी थीं, वे चाहे कितनी भी कठोर हों, उन्हें निभाने के लिए वह कृतसंकल्प था। वेदों में कहा गया है कि यदि राजा धर्म का निष्ठापूर्वक पालन करने-कराने से चूके, तो प्रजा के लिए उसकी आज्ञा

को शिरोधार्य करना आवश्यक नहीं रहता, भले ही राजा का पद कितना ही पवित्र और प्रतिष्ठित क्यों न रहा हो। यदि राजा अयोग्य हो और प्रजा को सन्तोषजनक शासन न दे सके तो सिद्धान्त और व्यवहार दोनों में उसे अपदस्थ करने के लिए ये पर्याप्त कारण थे। मनु ने तो यहाँ तक कहा है कि प्रजा अन्यायी तथा अत्याचारी राजा को उसी तरह जान से मार सकती है जिस तरह लोग पागल कुत्ते को मार डालते हैं। मनु जैसे प्रतिष्ठित शास्त्रकार द्वारा चरम स्थितियों में प्रजा को विद्रोह करने का या राजा की हत्या करने का अधिकार देना—यह स्पष्ट कर देता है कि निरंकुशता या राजा के अबाधित दैवी अधिकार की संकल्पना किसी भी प्रकार भारतीय राज्य-व्यवस्था का अंग नहीं थी।

बुद्ध से पहले के युग की जातक कथाओं में राजाओं के सम्बन्ध में इस प्रकार के निर्देश मिलते हैं कि शुरू में राजा के पद के लिए निर्वाचन होते थे लेकिन बाद में यह पद आनुवंशिक बन गया। कुछ भी स्थिति रही हो, प्राचीन भारत में धार्मिक राजतंत्र का अस्तित्व नहीं था। भारत में राजशक्ति की संकल्पना यूरोप के सामन्तवाद से भिन्न थी जहाँ राजा को अपने राज्यक्षेत्र में सभी व्यक्तियों तथा वस्तुओं पर अधिकार प्राप्त था। राजाओं का 'दैवी अधिकार' पश्चिमी सिद्धान्त था। इसके विपरीत प्राचीन भारत में जनता को निरंकुश राजाओं के विरुद्ध विद्रोह करने का अधिकार था। शुक्राचार्य के नीतिसार ग्रन्थ में राजा की निरंकुश सत्ता के ऊपर आरोपित मर्यादाओं का वर्णन किया गया है।

प्राचीन भारतीय वाङ्मय में जनता के विद्रोहों के ऐसे अनेक सन्दर्भ मिलते हैं जिनमें अन्यायी और अत्याचारी राजाओं को उनके अपराधों के लिए जान से मार डाला गया। शुक्राचार्य का नीतिसार (राजनीति शास्त्र) 10वीं शताब्दी की रचना है। नेहरूजी के अनुसार इस ग्रन्थ में तुर्की और अफगान आक्रमणों से पहले की भारतीय राज्य-व्यवस्था की कुछ झलक मिलती है। राजा अपने मन के अनुसार आचरण नहीं कर सकता था। उसे लोगों के बहुमत के अनुसार आचरण करना पड़ता था। 'जिस प्रकार अनेक धागों से बनी हुई रस्सी शेर तक को खींच सकती है उसी प्रकार लोकमत राजा से ज्यादा शक्तिशाली होता है।'

अर्थशास्त्र विषयक अध्ययन के आधार पर नेहरूजी ने लिखा था—

> राजा को राज्याभिषेक के अवसर पर जैसे ही लोगों के हाथों से राजशक्ति प्राप्त होती थी, तभी उसे लोगों की सेवा करने की शपथ लेनी पड़ती थी। उसे प्रतिज्ञा करनी पड़ती थी—'यदि मैं आपका दमन करूँ तो मैं स्वर्ग, जीवन तथा सन्तति से वंचित हो जाऊँ...' उसे आवश्यक कार्य के लिए सदा तैयार रहना पड़ता था क्योंकि सार्वजनिक कार्य राजा के प्रसाद की प्रतीक्षा नहीं कर सकता था। प्राचीन भारत में राजपद का अर्थ था—

जनता की सेवा। इस देश में राजाओं के दैवी अधिकार अथवा स्वेच्छाचारी शासन का अस्तित्व नहीं था। यदि राजा बुरा बर्ताव करता तो लोग उसे उसके पद से हटाकर दूसरे किसी व्यक्ति को उसके स्थान पर नियुक्त कर सकते थे।

राजा राष्ट्रसभा के अनुमोदन के बिना युद्ध की घोषणा नहीं कर सकता था। राजा अपने पद और प्रतिष्ठा के बावजूद स्वेच्छाचारी शक्तियाँ धारण नहीं कर सकता था। सभा, समिति, सेना और राजकोष ऐसे ही राजा का समर्थन करते थे जो जनता की इच्छा के अनुसार आचरण करता हो। शतपथ ब्राह्मण में कहा गया है कि यदि किसी राजा पर सभा का नियंत्रण न रहता तो वह अत्याचारी बन जाता था और अपनी प्रजा का नाश कर डालता था। स्वेच्छाचारी शक्तियाँ धारण करनेवाले राजा के सन्दर्भ में सभा और समिति सक्षम अवरोधक का कार्य करती थीं। सभा और समिति राजा को सहायता और सलाह देती थीं। वे जनसाधारण के कल्याण-कार्यों के लिए उसे प्रेरणा और प्रोत्साहन प्रदान करती थीं। यदि राजा गलतियाँ करता या अनुचित मार्ग पर चलता तो सभा और समिति उसे उचित सलाह देकर सही रास्ते पर ले आती थीं। राजा उनके निर्णयों की अवहेलना या उपेक्षा नहीं कर सकता था। यदि वह ऐसा करता तो उसे उसके पद से हटाया जा सकता था। अक्सर राजा का भाग्य उसकी इस क्षमता पर निर्भर करता था कि वह अपनी समिति को अपने साथ कहाँ तक ले जा सकता है। यदि समिति राजा के कार्यों में रुकावट डालने लगती, तो राजा का जीवन दयनीय हो जाता था।

वैदिक गणराज्य

सम्भावना यह है कि परवर्ती वैदिक युग में राजतंत्रों के साथ ही अनेक गणराज्यों का भी उत्थान हुआ था। गणराज्य का तकनीकी शब्द गण है जो ऋग्वेद में छियालीस बार प्रयुक्त हुआ है। वैदिक गण कबाइली लोकतंत्र था जो सैनिक, समताकारी, धार्मिक तथा सामाजिक कार्य करता था। गण शब्द का अर्थ 'संख्या' है। गणराज्य 'संख्याओं का शासन' या 'बहुतों का शासन' हुआ। गणराज्य शब्द का अर्थ 'डेमोक्रेसी' या 'रिपब्लिक' समझा जा सकता है। गण सभा या संसद का द्योतक था। इसलिए गणराज्य 'सभा या संसद द्वारा शासन' का सूचक था। गण का गौण अर्थ 'संसद' या 'सीनेट' था। चूँकि गणराज्य गणों द्वारा शासित होते थे, अतः गण का अर्थ गणराज्य हो गया।

विधायी शक्ति

विधायी शक्तियों का प्रयोग न तो राजा ही करता था और न समितियाँ तथा सभाएँ ही। विधियाँ या तो पवित्र होती थीं या लौकिक। यदि वे पवित्र होती थीं तो उनका

आधार धर्मशास्त्र होते थे। यदि वे लौकिक हों, तो उनकी नींव प्रथाओं तथा परम्पराओं में धँसी होती थी। राजा, समिति या सभा का उनके ऊपर कोई नियंत्रण नहीं था। परम्परागत विधियाँ दैवी विधि के समान पवित्र होती थीं। लोगों को डर था कि यदि विधायिका के आदेश पर प्रथागत विधि में जानबूझकर परिवर्तन किया गया, तो इससे समुदाय का नाश हो जाएगा।

विधि का शासन

राजा धर्म से बँधा होता था। यदि वह धर्म के नियमों का उल्लंघन करता या अपनी मर्यादा का अतिक्रमण करता, तो उसे दंड दिया जा सकता था। प्राचीन भारतीय समाज का मूल सिद्धान्त यह था कि शासन का संचालन किसी एक व्यक्ति की इच्छा से नहीं, प्रत्युत अनेक सलाहकारों की सहायता से होना चाहिए। इन सलाहकारों की मंत्रणा का आदर किया जाता था। वेदों के राजनीतिक सिद्धान्त में धर्म को सच्चा सम्प्रभु माना जाता था। धर्म 'रिलीजन' नहीं था। आधुनिक शब्दावली में वह विधि-शासन के निकट था। राजा धर्म या विधि-शासन की रक्षा करता था और उसे लागू करता था। आदर्श रूप में राजा की शक्तियाँ लोगों की इच्छा, रीति-रिवाजों, रूढ़ियों तथा धर्मशास्त्र के समादेशों द्वारा मर्यादित होती थीं। राजा विधि तथा संविधान के प्रति निष्ठा की शपथ लेता था। उसके लिए राज्य लोगों की अमानत था। उसके कन्धों पर लोगों के भौतिक तथा नैतिक कल्याण की जिम्मेदारी थी। इस बात से इनकार नहीं किया जा सकता कि प्राचीन वैदिक राज्य-व्यवस्था मुख्य रूप से राजतंत्र पर आधारित थी। लेकिन उसमें निर्वाचित राजाओं के भी अनेक उदाहरण मिलते हैं। कुछ लोकतंत्रात्मक संस्थाएँ तथा प्रथाएँ प्रायः राजतंत्रात्मक पद्धति में भी गुँथी हुई थीं। यद्यपि आरम्भिक वैदिक ग्रन्थों में प्रभुसत्ता के स्रोत का कोई उल्लेख नहीं मिलता, लेकिन जिस ढंग से राजकाज की संस्थाओं का संचालन होता था, उससे पता चलता है कि अन्तिम प्रभुसत्ता का वास जनता में था।

उत्तर-वैदिक तथा बौद्ध युग के गणराज्य

यद्यपि समिति संहिताओं और ब्राह्मणों के उत्तर काल में तथा जातकों (600 ई.पू.) के पहले लुप्त हो गई थी लेकिन सभा का इस साहित्य में उल्लेख मिलता है और वह भी एक नए अर्थ में। अब वह लोगों की ग्रामसभा नहीं रहती, प्रत्युत राजसभा या प्रिवी कौंसिल का रूप ग्रहण कर लेती है। सभा का इस अर्थ में कई शताब्दियों तक प्रयोग होता रहा। सभा की आए दिन बैठक होती थी। उसका अपना अध्यक्ष होता था। उसकी प्रतिष्ठा राजपुरोहित या राजप्रबन्धक के समान ही ऊँची थी। आश्रित राजा सभा में उपस्थित होते थे। इससे ज्ञात होता है कि अब वह लोकसभा के स्थान पर राजसभा बनती जा रही थी। जातकों के एक पुराने श्लोक में कहा गया

है कि जिस सभा में अच्छे लोग न हों, वह सभा नहीं है; जो लोग धर्म की वाणी नहीं बोलते, वे अच्छे लोग नहीं हैं; जो लोग व्यक्तिगत भावनाओं को दूर रखते हैं और न्याय की भाषा बोलते हैं, वही 'अच्छे लोग' कहलाते हैं। मनुस्मृति ने सलाह दी है कि मूर्खों को विद्यासभा, धर्मसभा या राजसभा का सदस्य नहीं बनाना चाहिए। सिर्फ बुद्धिमान तथा न्यायी व्यक्ति ही इन सभाओं की सदस्यता के पात्र हैं।

इसमें कोई सन्देह नहीं कि सभाओं और समितियों का राजनीतिक संस्थाओं के रूप में अस्तित्व धर्मशास्त्रों के काल (500 ई.पू.) से काफी पहले समाप्त हो गया था। लेकिन जो गणराज्य लघु राज्यों के रूप में बाद के काल में भी बने रहे, उनमें केन्द्रीय लोकसभाएँ फलती-फूलती रहीं। इस बीच बड़े-बड़े राज्य उभरे। ये राज्य विशाल भूखंड में फैले हुए थे। उनमें विभिन्न प्रकार की जातियाँ बसी हुई थीं। इस बदले वातावरण में केन्द्रीय लोकसभा की बैठकों का होना या उनका कार्य करना मुश्किल हो गया। सभा की बैठक तभी हो सकती थी जब कि वह छोटी संस्था हो और उसके सदस्य राजधानी से दूर न रहते हों। इसलिए, जहाँ नई परिस्थितियों में सभा के सदस्यों के लिए आपस में मिलना तथा मिलकर साथ-साथ काम करना मुश्किल होता गया, वहीं निरन्तर बढ़ते हुए राज्यों के अधिपति सारी शक्तियाँ अपने हाथों में समेटने के लिए व्यग्र थे। इस स्थिति में यह स्वाभाविक था कि सभाएँ तथा समितियाँ धीरे-धीरे निर्जीव हो जातीं। लेकिन, ऐतरेय ब्राह्मण में राजा के राज्याभिषेक के अवसर पर उसके द्वारा ली जानेवाली शपथ का उल्लेख किया गया है। राजा प्रतिज्ञा करता था कि वह सामाजिक प्रतिमानों, नियमों तथा परम्पराओं का पालन करेगा। जिन दिनों राजाओं की शक्तियाँ बढ़ रही थीं और साम्राज्य अधिक से अधिक केन्द्रीकरण की दिशा में उन्मुख थे, उन दिनों भी राजा की न्यायसभा में कुछ ऐसे लक्षण पाए जाते थे जिनसे ज्ञात होता था कि वह मूलत: जनता की सभा है। न्याय के प्रशासन में इन लक्षणों का परिचय मिलता था।

ऐतरेय ब्राह्मण, पाणिनि की अष्टाध्यायी, कौटिल्य के अर्थशास्त्र, महाभारत, अशोक के लौहस्तम्भों पर उत्कीर्ण लेखों, समसामयिक यूनानी इतिहासकारों, बौद्ध तथा जैन विद्वानों की रचनाओं एवं मनुस्मृति में इस बात का साक्ष्य मिलता है कि इतिहास के उत्तर-वैदिक युग (66 ई.पू. से 344 ई. तक) में कार्यशील गणराज्यों का अस्तित्व था। ये प्राचीन गणराज्य प्राचीन भारत में स्वशासन की लोकोन्मुखी संस्थाओं का एक अन्य उदाहरण प्रस्तुत करते हैं। गणतंत्रीय राज्य-व्यवस्थाएँ गण या संघ कहलाती थीं। इन गणराज्यों में प्रभुसत्ता जनता के पास रहती थी। जनता इस सत्ता का प्रयोग एक विशाल सभा के माध्यम से करती थी। सभा कार्यपालिका के सदस्यों को निर्वाचित करने के अलावा सैनिक नेताओं का भी निर्वाचन करती थी। वह वैदेशिक मामलों पर नियंत्रण रखती थी तथा युद्ध और शान्ति के प्रश्नों को निपटाती थी। जनता की सभा कार्यपालिका के ऊपर पूरा नियंत्रण रखती थी।

पाली ग्रन्थों में प्राचीन गणराज्यों की सभाओं में अपनाई जानेवाली प्रथाओं तथा प्रक्रियाओं के रोचक विवरण अंकित हैं। कुछ विद्वानों के अनुसार इन विवरणों में उन्नत वैधिक तथा संवैधानिक सिद्धान्तों की झलक मिलती है। उदाहरण के लिए—सभा के अध्यक्ष को विनयधर कहते थे और सचेतक को गणपूरक। सभा संकल्प, गणपूर्ति, बहुमत, वाद-विवाद तथा निरर्थक भाषण जैसे शब्दों से परिचित थी। सभा की चर्चाओं में शुचिता, स्पष्टता, न्याय-भावना तथा स्वतंत्रता के तत्त्व पाए जाते थे। मतदान शलाकाओं द्वारा होता था। शलाकाएँ अलग-अलग रंगों की लकड़ी की पर्चियाँ होती थीं जो विभिन्न मतों को व्यक्त करती थीं। जटिल और गम्भीर प्रश्न सभा के सदस्यों में से निर्वाचित विशेष समिति को सौंप दिए जाते थे।

महाभारत के भयंकर युद्ध के बाद विशाल साम्राज्य विलीन होने लगे और अनेक गणराज्यों का जन्म हुआ। इस दौर में कम से कम दस गणराज्यों की स्थापना हुई, जिनमें मुख्य थे—काशी, कौशल, मगध, कुरु, अंग, अवन्ती, गन्धार, वैशाली, मत्स्य आदि। जातक ग्रन्थों में इन गणराज्यों की कार्यपद्धति के बारे में अनेक सन्दर्भ मिलते हैं। सदस्य संस्थागार नामक स्थान में एकत्रित होते थे। लोगों के प्रतिनिधि खुली सभा में निर्वाचित होते थे। वे अपने गोप को चुनते थे, जो राजा बन जाता था तथा मंत्रिपरिषद् की सहायता से शासन करता था। थामसन ने इन गणराज्यों के मुख्य लक्षणों का निम्न शब्दों में वर्णन किया है—

> लोगों की सामूहिक रूप से कार्य करने की प्रतिभा अनेक स्वशासनकारी संस्थाओं में व्यक्त होती थी। इन संस्थाओं के उच्चकोटि के विकसित संविधान थे, प्रक्रिया सम्बन्धी नियम थे और प्रशासन-तंत्र था। स्वशासनकारी संस्थाओं की इन विशेषताओं की आधुनिक संसदीय संस्थाओं से तुलना की जा सकती है। प्राचीन भारत की स्थानीय संस्थाओं, धार्मिक परिषदों तथा ग्रामसभाओं की कार्यप्रणाली के कुछ महत्त्वपूर्ण तत्त्व थे—निर्वाचन के नियम, गाँवों तथा जिलों का निर्वाचकीय इकाइयों में विभाजन, वाद-विवाद के नियम, कार्य-संचालन तथा चर्चा की व्यवस्था बनाए रखने के आदेश आदि। यदि इस सारे कार्य-व्यापार का अध्ययन किया जाए तो ज्ञात होगा कि इनमें से बहुत से नियम 'हाउस ऑफ कॉमन्स' तथा लन्दन की 'काउंटी कौंसिल' के नियमों से सादृश्य रखते हैं।

यह भी उल्लेखनीय है कि महावीर तथा बुद्ध दोनों गणराज्यों की सन्तान थे। बौद्ध भिक्षु संघों के अध्ययन से ज्ञात होगा कि उस समय के गणराज्यों में संसदें (संघ) थीं। संघों को संसदीय प्रक्रिया के ऐसे अनेक नियमों की जानकारी थी—और वे उनका पालन भी करते थे—जो आज के युग में प्रचलित है। बौद्धकालीन संघों में सदस्यों के बैठने के क्रम, प्रस्तावों, संकल्पों, गणपूर्ति, सचेतक मतगणना, निन्दा प्रस्ताव तथा न्याय-प्रशासन के नियम थे। यद्यपि संसदीय प्रकिया के ये नियम

संघों की बैठकों में लागू होते थे लेकिन शायद इन्हें देश में उन दिनों कार्यशील राजनीतिक सभाओं के नियमों से ग्रहण किया गया था।

चौथी शताब्दी ई.पू. क्षुद्रक मल्ल संघ नामक एक गणराज्यीय संघ ने सिकन्दर महान का डटकर मुकाबला किया था। उस समय के यूनानी इतिहासकारों की रचनाओं में अन्य अनेक गणराज्यों के विवरण मिलते हैं। इनमें से कुछ शुद्ध लोकतंत्रात्मक राज्य थे और कुछ को 'कुलीन तंत्रात्मक गणराज्य' बताया गया है। पाटलिपुत्र (आधुनिक पटना) के निकट लिच्छवी गणराज्य था जिसका शासन कुलीनों की एक सभा करती थी। इस गणराज्य का एक निर्वाचित प्रधान होता था जो नायक कहलाता था।

पाटलिपुत्र में तीस सदस्यों की एक निर्वाचित नगर परिषद् हुआ करती थी। इस परिषद् की छह समितियाँ होती थीं और प्रत्येक समिति में पाँच-पाँच सदस्य होते थे। पंचायतें न्याय-प्रशासन तथा अपीलें सुनने का काम करती थीं। यूनानी विद्वान मेगस्थनीज ने उन लोकाभिमुख सभाओं की जानकारी दी है जो दक्षिण में सक्रिय थीं तथा राजा की शक्तियों पर नियंत्रण रखती थीं।

पंचायतें : तृणमूल लोकतंत्र

भारत की एक विशिष्ट लोकतंत्रात्मक संस्था पंचायत प्रणाली है। यह देश को अपनी प्रतिभा तथा प्रकृति की देन है। पंचायत का अर्थ है—'पाँच की परिषद्' द्वारा शासन। पंचायत गाँव के स्तर पर स्वशासन का कार्य करती थी और उसका जन्म प्राचीन भारत में हुआ था। पंचायत या ग्रामसभा गाँव के निवासियों की परिषद् या संघ होती थी। उसमें अक्सर गाँव के बड़े-बूढ़े लोग सम्मिलित होते थे। यह संस्था प्रशासनिक और न्यायिक कार्य करती थी। कभी-कभी ग्राम संघों तथा पंचायतों का चुनाव गाँव के लोग करते थे। संस्थाएँ इन लोगों के जीवन का नियमन करती थीं। मनुस्मृति (मनु की संहिता), कौटिल्य के अर्थशास्त्र (400 ई.पू.) और महाभारत में इन ग्राम संघों के सन्दर्भ मिलते हैं। महाभारत के शान्तिपर्व में संसद नामक सभा का उल्लेख मिलता है। यह संस्था जनसाधारण की संस्था थी और इसलिए इसे जनसंसद कहते थे। वाल्मीकि रामायण में गणपद का उल्लेख मिलता है। गणपद ग्राम पंचायतों का एक प्रकार का फेडरेशन था। राजा दशरथ की सभा या परिषद् में ब्राह्मण, क्षत्रिय तथा राज्य के अन्य महत्त्वपूर्ण व्यक्ति शामिल थे। लोककल्याण की कामना से ग्रस्त व्यक्ति ही इस सभा के सदस्य बन सकते थे। अपवित्र तथा दुर्जन व्यक्ति सभा के सदस्य नहीं बन सकते थे। आगे चलकर शुक्राचार्य ने भी अपने ग्रन्थ नीतिसार में ग्रामसभाओं का उल्लेख किया है। सच तो यह है कि ग्राम पंचायतों की संस्था किसी न किसी रूप में प्राय: समूचे भारत में लगातार बनी रही थी। जवाहरलाल नेहरू ने भी प्राचीन भारत में ग्राम-स्तर पर लोकतंत्रात्मक संस्थाओं के अस्तित्व की चर्चा की

है और कहा है कि भारत की शक्ति का स्रोत ग्राम गणराज्यों अथवा स्वशासनकारी पंचायतों का व्यापक तंत्र था। ये पंचायतें ग्रामीण जनता द्वारा निर्वाचित होती थीं। इस तरह समूची व्यवस्था का एक लोकतंत्रात्मक आधार था।

नेहरूजी ने दक्षिण भारत के कुछ शिलालेखों की चर्चा की है जिनसे पता चलता है कि पंचायतों के सदस्यों का किस प्रकार निर्वाचन होता था, उनकी योग्यताएँ तथा अयोग्यताएँ क्या थीं उन्होंने 'ग्लिम्प्सेस ऑफ वर्ल्ड हिस्टरी' में लिखा है—

> यदि कोई सदस्य सार्वजनिक रकम का हिसाब न दे पाता तो उसे सदस्यता से वंचित कर दिया जाता था। एक अन्य रोचक नियम यह था कि सदस्यों के निकट रिश्तेदारों को पद ग्रहण करने की अनुमति नहीं थी। यदि यह नियम आज की परिषदों, सभाओं और नगरपालिकाओं में लागू हो पाता, तो कितना अच्छा होता! समिति के सदस्यों में एक महिला का भी नाम आया है। इससे लगता है कि स्त्रियाँ पंचायतों तथा उनकी समितियों में काम कर सकती थीं। समितियों में पंचायतों के निर्वाचित सदस्य होते थे। प्रत्येक समिति का कार्यकाल एक वर्ष होता था। यदि कोई सदस्य बुरा बर्ताव करता, तो उसे तत्काल पद से हटाया जा सकता था। गाँवों का स्वशासन आर्यों की राज्य-व्यवस्था का आधार था। इससे उसे शक्ति मिलती थी...राजा या शासक स्वेच्छाचारी शासक नहीं थे। निर्वाचित पंचायतें उनकी शक्ति पर अंकुश रखती थीं। गाँवों और शहरों में स्वशासन का स्तर ऊँचा था। केन्द्रीय सरकार उनके काम में बहुत कम हस्तक्षेप करती थी।

बौद्धकाल की प्रादेशिक सभाओं (जनपदों), नगर परिषदों (नगर सभाओं) या पौर सभाओं और ग्राम सभाओं के उदाहरणों से पता चलता है कि लोकतंत्र तृणमूल स्तर पर क्रियाशील था। हम कह सकते हैं कि जनपद तथा पौर सभाएँ सभा तथा समिति का कार्य करती थीं। पौर सभा की अध्यक्षता कोई प्रमुख नागरिक सामान्यत: व्यापारी या महाजन करता था। पौर सभा और जनपद की संयुक्त बैठक में महत्त्वपूर्ण विषयों पर चर्चा होती थी। महाभारत से पता चलता है कि जनपद पौर सभा के सदस्य धनी लोग होते थे। यदि वे धनी नहीं थे, तो कम से कम गरीब भी नहीं थे। मेगस्थनीज ने पाटलिपुत्र के नगर प्रशासन का जो विवरण छोड़ा है, उससे प्रतीत होता है कि पौर अनेक उपसभाओं में विभक्त था और ये उपसभाएँ राजधानी के विविध हितों का प्रतिनिधित्व करती थीं। पौर विभिन्न सभाओं का एक प्रकार का मातृसंघ था। पौर जनपद का द्वैत संगठन राजा की स्वेच्छाचारी शक्ति के मार्ग में अवरोधक की भूमिका निभाता था। ये परिषदें स्थानीय उपक्रम तथा स्वशासन की दिशा में सम्भवत: सबसे अच्छे उदाहरण प्रस्तुत करती थीं।

प्राचीन भारत के राजनीतिक चिन्तन ने राजनीतिक संगठन की रूपरेखा तय की तथा शासकों और शासितों के कर्तव्यों तथा उत्तरदायित्वों का भी निरूपण किया।

उसने प्राय: तीन हजार सालों तक सामाजिक संस्थाओं तथा लोगों के व्यवहार को उचित राह दिखाई। प्राचीन भारत के स्गमाजिक मूल्यों में व्यक्ति को सबसे ज्यादा महत्त्व दिया जाता था। व्यक्ति की स्वतंत्रता तथा मानव की गरिमा सर्वोपरि जीवन-मूल्य थे। इतिहास के अनेक उतार-चढ़ावों के बावजूद समाज का बुनियादी संगठन एक-सा बना रहा और उनमें कहीं कोई दरार नहीं पड़ी। भारत की राजनीतिक और सामाजिक व्यवस्था में इतनी आन्तरिक लोच तथा शक्ति थी कि उसने अधिकांश विदेशी प्रभावों को स्वीकार तथा आत्मसात् किया। इस पर भी राष्ट्र की मूल संस्कृति अक्षुण्ण बनी रही।

प्राचीन भारत में संघात्मक सिद्धान्त

श्री अरविन्द ने युक्तियों सहित प्रमाणित किया है कि प्राचीन भारत की सामाजिक-राजनीतिक व्यवस्था गाँवों, शहरों, स्थानीय, प्रादेशिक, क्षेत्रीय या अन्य प्रशासनिक इकाइयों का संगम थी। राज्य या संघात्मक गणराज्य स्वतंत्र और सजीव स्वायत्तशासी इकाइयों को एकता के सूत्र में पिरोए रखने का साधन था। चक्रवर्ती की संकल्पना में भी यही भावना निहित थी। वह इकाइयों की स्वायत्ता को नष्ट किए बिना उनके बीच एकता स्थापित करता था। राजधर्म इस बात की आज्ञा नहीं देता था कि इकाई के शासक को अपदस्थ किया जाए या उसके अफसरों तथा गवर्नरों को बदला जाए। एकताकारी एजेन्सी का कार्य अपनी सर्वोच्च सत्ता की स्थापना करना था। शासकों का मुख्य उद्देश्य बाहरी आक्रमण से देश की सुरक्षा को सुनिश्चित रखना और देश के भीतर अमन-चैन बनाए रखना था। भारत की राजनीतिक व्यवस्था अपने इतिहास के सबसे स्वर्णिम कालों तक में संघीय या परिसंघीय व्यवस्था थी।

निरंकुश राजतंत्रों के युग

ईसाई संवत् की आरम्भिक शताब्दियों के बाद भारत के अधिकांश भागों में मूलत: राजतंत्रात्मक शासन प्रणाली स्थापित हो गई थी। इस शासन प्रणाली में राजा का शब्द ही कानून था। संविधान या विधि-शासन का कोई चिह्न नहीं था। प्रातिनिधिक, विचार-विनिमय करनेवाली, कानून का निर्माण करनेवाली या परामर्श देनेवाली संस्थाओं तक का पूरी तरह लोप हो गया था। इस काल में कभी-कभी अत्यन्त विशाल साम्राज्य बने-बिगड़े। सारा देश या देश का अधिकांश भू-भाग इन साम्राज्यों के अधीन था। मौर्यों, गुप्तों तथा मुगलों के साम्राज्य इसी तरह के थे। इतिहास में कई बार ऐसे भी दौर आए जब देश कई छोटे-बड़े राज्यों में बँट गया था। दोनों स्थितियों में शासक आनुवंशिक राजा या उपराजा होते थे। ये राजा या उपराजा अपने द्वारा नियुक्त कुछ राजभक्त मंत्रियों की सहायता से राजकाज चलाते थे।

सल्तनत काल में केन्द्रीय शासन का गठन फारस की पद्धति पर हुआ था। इसमें चार मंत्रियों की एक सलाहकार परिषद् होती थी जो राजा की कृपा पर निर्भर थी। यद्यपि वास्तविक व्यवहार में सुल्तान उत्तरदायी मंत्रियों के विचारों तथा सलाह को महत्त्व देते थे, तथापि सल्तनत काल में राजतंत्र एक असंगत संस्था थी। वह न तो मुसलमानों के धार्मिक क़ानून के अनुसार थी और न भारत की पूर्वकालीन परम्पराओं तथा सिद्धान्तों के अनुसार। राजा स्वेच्छाचारी था। उसकी स्थिति राजसिंहासन के प्रति उत्तराधिकार के किसी मान्य सिद्धान्त पर आधारित नहीं थी। वह अपने सैन्य बल के आधार पर ही राजसिंहासन तक पहुँच सकता था।

मुगलों के समय में समान प्रशासनिक विधियों ने एकता के बीज बोए, लेकिन अन्ततः प्रशासन में पहला स्थान सम्राट का था। कोई एक निरंकुश शासक, वह चाहे कितना भी बुद्धिमान क्यों न रहा हो, अकेले शासन के बहुमुखी कार्यों को नहीं कर सकता था। इसलिए सम्राट के आदेशों का पालन करने के लिए मंत्रियों और सलाहकारों का होना आवश्यक था। यह लिखा मिलता है कि प्रशासन में व्यावहारिक सहायता देने के लिए परामर्शदाताओं की गुसलखाने (स्नानगृह के निकट निजी कक्ष) में बैठकें होती थीं। लेकिन शासक के लिए यह आवश्यक नहीं था कि वह किसी निश्चित संख्या में मंत्री नियुक्त करे और उसकी मंत्रिपरिषद् का कोई विशेष रूप हो। वह मंत्रियों की सलाह मानने के लिए विवश नहीं था। उसके लिए यह भी जरूरी नहीं था कि वह मंत्रियों की बैठक बुलाए ही बुलाए। मंत्री बादशाह के परामर्शदाता या सचिव मात्र थे। परिषद् आधुनिक अर्थों में 'कैबिनेट' नहीं थी। उसके गठन में बहुत अधिक औपचारिकता तथा अस्पष्टता थी। उस पर शासक की कठोर निगरानी रहती थी। मंत्रिपरिषद् बादशाह की कृपा पर इतनी अधिक आश्रित थी कि उसकी शक्ति के ऊपर किसी प्रकार का अंकुश नहीं रख सकती थी। सलाहकारों से अपेक्षा की जाती थी कि वे बादशाह की नीति को कार्यान्वित करें। वे अपने कार्यों के लिए किसी अन्य संवैधानिक या लोकोन्मुखी संस्था के प्रति उत्तरदायी नहीं थे।

यद्यपि इन सभी युगों में समूचे देश में राजतंत्रात्मक शासन प्रणाली का चलन था और विभिन्न राजा तथा सुल्तान शासन करते रहे थे, लेकिन इसके बावजूद सामाजिक संगठन में किसी प्रकार का कोई बदलाव नहीं आया। गाँवों के स्थानीय मामलों का प्रबन्ध गाँव की परिषद् या पंचायतें करती रहीं। उदाहरण के लिए—राजस्थान में मध्यकाल में ग्राम परिषद् को पंचकुला कहते थे। ग्राम परिषद् का सदस्य बनने के लिए जाति के आधार पर कोई रुकावट नहीं थी। तथापि, सदस्यों के निर्वाचन या चुनाव के बारे में या उनकी योग्यताओं के बारे में कोई लिखित साक्ष्य उपलब्ध नहीं है।

सच पूछा जाए तो पंचायत प्रणाली राज्य के भीतर राज्य की पद्धति प्रकट करती थी। जिस समय सारा देश विदेशी सेनाओं के आक्रमणों से आक्रान्त था, राजाओं तथा राज्यों के भाग्य पल-पल में बन-बिगड़ रहे थे, तब पंचायतों ने लोगों तथा

उनकी संस्कृति की रक्षा की। अराजकता के दौरों को छोड़ दिया जाए तो ग्राम समाज की स्थानीय संस्थाओं ने उसकी सदा रक्षा की। ये संस्थाएँ इतनी मूलग्राही थीं कि मध्यकाल की भयंकर स्थिरता के दिनों में भी उन पर कोई प्रतिकूल प्रभाव नहीं पड़ा। यद्यपि इस प्रकार की ग्रामीण इकाइयाँ भारत के सभी भागों में विद्यमान थीं लेकिन लगता है कि वे दक्षिण भारत में विशेष रूप से संगठित थीं। सभा का निर्वाचन होता था और उसकी निगरानी में कार्यरत अनेक अभिकरणों को विभिन्न प्रशासनिक कार्य सौंप दिए जाते थे। सभा के अवसरों की योग्यताएँ सावधानी से तय कर दी जाती थीं और उनके व्यवहार के लिए नियम निर्धारित कर दिए जाते थे।

सम्भवत: ग्राम पंचायतें सामान्य न्यायिक संस्थाओं के दायरे से बाहर रहकर कार्य करती होंगी। समितियाँ उनकी स्वस्थ कार्यप्रणाली का आधार थीं। समितियों की सदस्यता के लिए आवश्यक न्यूनतम योग्यताएँ, निर्वाचन की पद्धति तथा समितियों का निर्माण, इन सबके बारे में नियम बने हुए थे। प्रबुद्ध शासक शिक्षा-संस्थाओं को उदारतापूर्वक दान देते थे। ग्राम गणराज्य इस दान के द्वारा ही अपना कार्य सुचारु रूप से कर पाते थे।

मुगल सत्ता के पतन के बाद सारे देश में अनिश्चितता तथा घबराहट का वातावरण फैल गया था। इससे ग्राम जीवन भी प्रभावित हो सकता था। लेकिन, यह प्राय: निश्चित है कि जहाँ सरकार की ओर से ग्राम जीवन में कोई हस्तक्षेप नहीं हुआ, वहाँ युद्धों तथा मतभेदों के कारण उसकी परम्परागत जीवन-शैली पर कोई आँच नहीं आई। भारत के गाँवों का जीवन इतना स्वाश्रयी था कि उच्चतर संस्थाओं या राजनीतिक पात्रों के उत्थान-पतन का उनके ऊपर कोई प्रभाव नहीं पड़ता था। मेटकाफ इन संस्थाओं से बहुत प्रभावित हुए थे और उन्होंने इन्हें 'लघु गणराज्य' कहा था।

अस्तु, भले ही कुछ इतिहासकारों ने प्राचीन भारतीय राज्य-व्यवस्था की छवि को आदर्श रूप में अंकित करने का प्रयास किया हो और उसमें आधुनिक विचारों तथा संस्थाओं को खोजा हो, फिर भी यह अकाट्य तथ्य है कि प्राचीन भारत में अनेक कार्यशील गणराज्यों, निर्वाचित राजतंत्रों तथा प्रातिनिधिक संस्थाओं का अस्तित्व था। यद्यपि सभा, समिति और गणराज्यों जैसी संस्थाएँ बाद में काल के गाल में समा गईं लेकिन ग्राम सभा, ग्रामसंघ या पंचायत जैसी ग्राम-स्तरीय संस्थाएँ दीपक की लौ के समान टिमटिमाती रहीं। उन्होंने अनेक राजवंशों के बीच से अपनी यात्रा तय की, मध्य युग तथा मुगल वंश का उत्थान-पतन देखा तथा वे किसी न किसी रूप में अंग्रेजी शासन के आगमन तक और उसके बाद भी जीवित रहीं।

राष्ट्र-निर्माण

भारत परम्परा से अनेक धर्मों, जातियों और भाषाओं का देश है लेकिन उसका इतिहास, सभ्यता, राज्यक्षेत्र और जातितत्त्व एक है। उसका मूलमंत्र है—विविधता

के बीच एकता। एक ही व्यक्ति धर्म, भाषा और जाति-बिरादरी पर आधारित विभिन्न समूहों का सदस्य हो सकता है। चूँकि भारतीय समाज अनेक वर्गों में बँटा हुआ है, इसलिए देश में सर्वव्यापी एकरूपता के लिए कोई गुंजाइश नहीं है। हर धर्म के अपने सम्प्रदाय, भाषाएँ, बोलियाँ, जातियाँ-प्रजातियाँ और उप-जातियाँ हैं। प्राय: प्रत्येक धार्मिक समूह के सदस्य भाषा, प्रदेश और जाति के आधार पर बँटे हुए हैं। इसी प्रकार, विभिन्न भाषा-वर्गों के सदस्यों में भी धर्म, प्रदेश और जाति के आधार पर अनेक विभाजन पाए जाते हैं। प्राय: प्रत्येक भारतीय को अपने धर्म, जाति, भाषा, राज्य, प्रदेश के आधार पर अलग-अलग रूप में पहचाना जा सकता है। भारतीय बहुलवाद का अपना विशिष्ट स्वरूप है। यहाँ बहुमत-अल्पमत की कसौटी जातीय समूहों पर लागू नहीं होती। उदाहरण के लिए—नागालैंड, अरुणाचल प्रदेश और मेघालय जैसे राज्यों में कबाइली लोगों का बहुमत है। लेकिन, इस कारण वे अपनी जातिगत वर्ग-स्थिति से हाथ नहीं धो बैठते। इसके अलावा, एक ही व्यक्ति बहुमत और अल्पमत दोनों का सदस्य हो सकता है। वह धर्म के आधार पर बहुमत का और भाषा के आधार पर अल्पमत का सदस्य हो सकता है। क्रम इससे उलटा भी सम्भव है। वह भाषा के आधार पर बहुमत का और धर्म के आधार पर अल्पमत का सदस्य हो सकता है। जो तोड़ता है वो जोड़ता भी है।

भारतीय इतिहास में विविधता के बीच एकता की भावना प्राय: पाँच हजार साल से भी ज्यादा पुरानी है। भारत एक भौगोलिक और सांस्कृतिक इकाई है। एकता का यह चिरन्तन भाव समान भू-भाग, सामाजिक संस्थाओं, स्वप्नों, जीवन-मूल्यों और ऐतिहासिक तथा आध्यात्मिक अनुभवों के बल पर टिका हुआ है।

स्वतंत्रता-संग्राम ने एकताकारी शक्तियों को बढ़ावा दिया और एक अखिल भारतीय राष्ट्रीय चेतना की सृष्टि की। कुछ विद्वानों का विचार है कि भारत को प्राचीन काल से ही एक सभ्यतामूलक राष्ट्रीय इकाई कहा जा सकता है। इतिहासकार रवीन्द्र कुमार का सुझाव है कि आज भी भारत की राजनीतिक पहचान 'राष्ट्र-राज्य' के रूप में नहीं, 'सभ्यताजन्य राज्य' के रूप में होनी चाहिए। भारत में संस्कृति जोड़नेवाला और राजनीति तोड़नेवाला तत्त्व रहा है। यह बात जितनी अतीत में सच थी, उतनी ही आज भी सच है।

फिर भी, यह भी सच है कि भारतीय समाज में सदा से अनेक दरारें रही हैं। उसमें धर्म, भाषा और जाति की एकता कभी नहीं दिखी। उसके उपवन में अनेक जातियों, धर्मों और भाषाओं के फूल खिलते रहे हैं। भारतीय समाज की यह समृद्ध बहुलता बहुत-कुछ उसके खुलेपन और सहिष्णुता की परम्परा के कारण थी। भारत में संसार के प्राय: सभी धर्म पाए जाते हैं और वे फलते-फूलते रहे हैं। यहाँ न तो यहूदियों को सताया गया और न पारसियों को खदेड़ा गया। भारत की गोद में सभी को शरण मिली और सम्मान मिला। कुछ अपवादों को छोड़कर भारत में सभी धर्मों

और जातियों के लोग आपस में मिल–जुलकर रह रहे हैं और उन्होंने भारतीय एकता के सांस्कृतिक पक्ष को पुष्ट किया है।

भले ही भारत के सुदीर्घ इतिहास में सांस्कृतिक एकता की अन्त:सलिला यदा–कदा रुक–रुककर अनवरत रूप से प्रवाहित होती रही हो, समूचे देश में राजनीतिक एकता की अटूट परम्परा का अभाव रहा है। लेकिन, इस सन्दर्भ में युक्तिपूर्वक यह कहा जा सकता है कि पश्चिम तक में समन्वित शासन प्रणाली से युक्त प्रभुता–सम्पन्न राजनीतिक इकाई के रूप में राष्ट्र–राज्य की संकल्पना का हाल में ही (19वीं शताब्दी में) उन्मेष हुआ है।

भारत को अपनी आजादी के लिए भारी कीमत चुकानी पड़ी। भारतीय क्रान्ति के नेता देश का विभाजन नहीं रोक सके। अंग्रेजों ने भारत से विदा लेते समय देश को दो देशों—भारत और पाकिस्तान—के बीच बाँट दिया। इसके अतिरिक्त वे अपने पीछे लगभग 600 देशी रियासतें भी छोड़ गए। इन रियासतों तथा ब्रिटिश सरकार के बीच सम्बन्ध सर्वोच्च सत्ता के सिद्धान्त पर आधारित थे। इस सिद्धान्त के अनुसार प्रत्येक रियासत यह मानती थी कि ब्रिटिश सरकार की समूचे देश पर सर्वोच्च सत्ता है। अंग्रेजों ने भारत छोड़ते समय व्यवस्था की कि अब सर्वोच्च सत्ता का लोप हो गया है। ब्रिटिश शासकों की इस घोषणा से देश के लिए अत्यन्त भयावह स्थिति उत्पन्न हो गई। 600 देशी रियासतें भारत व पाकिस्तान किसी भी डोमीनियन में शामिल हो सकती थीं या यदि वे चाहतीं तो अपनी आजादी तक की घोषणा कर सकती थीं। सरदार पटेल की राजनीतिक पटुता के कारण देश का विखंडीकरण रुक गया। उन्होंने समस्त देशी रजवाड़ों का भौगोलिक निकटता को ध्यान में रखते हुए समूचे देश के साथ एकीकरण कर दिया।

देश का विभाजन साम्प्रदायिक आधार पर हुआ था। लेकिन भारत के नेताओं ने हिन्दुओं तथा मुसलमानों को पृथक्–पृथक् राष्ट्र नहीं माना। उन्होंने तय किया कि भारत के नागरिकों का धर्म कुछ भी हो, सबको बिना किसी भेदभाव के समान सुविधाएँ तथा अधिकार प्राप्त होंगे। इन नेताओं ने इससे भी एक कदम आगे बढ़कर धर्म, भाषा तथा प्रजाति पर आधारित अल्पसंख्यकों को कुछ ऐसे विशेष अधिकार प्रदान किए जो बहुमत को प्राप्त नहीं थे।

भारत में पन्थ–निरपेक्षता की अवधारणा को एक नया रूप दिया गया है। यहाँ किसी धर्म को विशेष संरक्षण नहीं दिया गया। सभी धर्मों की समान स्थिति है। संविधान निर्माता सोचते थे कि संविधान सामाजिक क्रान्ति का पथ प्रशस्त करेगा। वे इसे सामाजिक संरचना तथा राष्ट्र–निर्माण का साधन समझते थे। वे आर्थिक, सामाजिक और धार्मिक विषमताओं से मुक्त एक ऐसे संयुक्त और समरस समाज की संरचना चाहते थे जिसमें सब स्त्री–पुरुषों, अबाल–वृद्धों को अपने सर्वांगीण विकास के समान अवसर सुलभ हों।

संविधान तथा उसके परवर्ती संशोधनों ने भारत की विविधता की रक्षा की है तथा राष्ट्र की एकता के भाव को सुदृढ़ किया है। अनुच्छेद-370 से 371 झ तक ने जम्मू और कश्मीर, नागालैंड, सिक्किम, असम, मणिपुर, अरुणाचल प्रदेश आदि राज्यों के विषय में विशेष उपबन्ध किए हैं। इन उपबन्धों के अन्तर्गत धार्मिक या सामाजिक प्रथाओं, कबीलों के परम्परागत कानूनों और प्रक्रियाओं, भूमि के स्वामित्व तथा हस्तान्तरण के अधिकारों की रक्षा की गई। संविधान के भाग 16 में अनुसूचित जातियों, अनुसूचित जनजातियों तथा अन्य पिछड़े वर्गों के लिए विशेष उपबन्ध किए गए। संविधान ने विभिन्न समूहों के भाषायी और सांस्कृतिक अधिकारों के संरक्षण की भी व्यवस्था की।

संविधान का निर्माण तथा औपनिवेशिक प्रतिमान की स्वीकृति

भारत ने औपनिवेशिक दासता से मुक्ति पाने के बाद लोकतंत्रात्मक राज्य-व्यवस्था, संसदीय शासन और प्रातिनिधिक विधायी संस्थाओं को ग्रहण किया। इसका अर्थ यह नहीं था कि भारत में ब्रिटिश संस्थाओं का पौधा रोपा जा रहा था। वास्तव में ये संस्थाएँ औपनिवेशिक संस्थाएँ थीं। उनका भारत की विशेष परिस्थितियों में विकास हुआ था और एक खास रूप था। आज हम जिन संसदीय संस्थाओं से परिचित हैं उनका स्वतंत्रता के विभिन्न चरणों में भारत की भूमि पर सहज भाव से उत्कर्ष हुआ था। ब्रिटिश शासकों ने भारत की जनता को रुक-रुककर, बेमन से, संवैधानिक सुधारों की खुराक दी थी। गुलाम की मनोवृत्ति ही कुछ ऐसी होती है कि वह मालिक की हर चीज को अच्छी समझता है। उसकी चाह होती है कि वह लोगों की निगाह में मालिक की तरह जँचे। उसके संघर्ष का मुख्य लक्ष्य यह नहीं होता कि वह आजादी पा ले बल्कि यह होता है कि वह भी मालिक की तरह बन जाए और दूसरों पर हुकूमत चलाए। मनोविज्ञान के अलावा स्वतंत्रता-संग्राम के आरम्भिक दिनों में राष्ट्रवादियों की एक मुख्य माँग यह हुआ करती थी कि अंग्रेज अपनी भारतीय प्रजा को भी वही संस्थाएँ और स्वतंत्रताएँ दें जो उन्हें स्वदेश में प्राप्त हैं। भारत में औपनिवेशिक प्रतिमान के संसदीय शासन के बीज इस माँग में खोजे जा सकते हैं। भारतीय संविधान के निर्माता ब्रिटिश संसदीय संस्थाओं से प्रभावित थे और वे भारत में अपने लिए इसी तरह की संस्थाएँ चाहते थे। उन्होंने ब्रिटिश शासन को विदा दे दी लेकिन औपनिवेशिक शासन प्रणाली को अपना लिया। स्वतंत्र भारत ने संविधान में भारतीय शासन अधिनियम 1935 के एक बहुत बड़े अंश को ज्यों का त्यों अपना लिया था। ब्रिटिश संसद ने इस शासन अधिनियम में भारत को विभाजित करने की रूपरेखा दी थी। भारत को इस शासन प्रणाली का अनुभव था और देश के आकार, विविधता, पृष्ठभूमि तथा आवश्यकताओं को देखते हुए वह उसके लिए सबसे अधिक उपयुक्त थी। वह औद्योगिक क्रान्ति के उत्तरकाल में एक छोटे-से द्वीप में

आनुवंशिक राजतंत्र तथा सामन्तों के बीच लम्बे समय तक जारी संघर्ष का परिणाम था। यह समय ऐसा था जब अंग्रेजों ने एक विशाल साम्राज्य का निर्माण कर लिया था तथा वे आर्थिक समृद्धि एवं ऐश्वर्य का जीवन जी रहे थे। एक देश की संस्थाओं को दूसरे देश में प्रतिस्थापित करना आसान नहीं होता। यह भी जरूरी नहीं है कि जो शासन प्रणाली एक देश में सफल हुई हो, वह दूसरे देश में भी सफल हो जाए। इंग्लैंड के ढंग के संसदीय लोकतंत्र की सफलता के लिए कुछ शर्तें ये हैं—

1. लोग पहले प्रभुता-सम्पन्न राष्ट्र में रहे हों।
2. मूल राष्ट्रीय प्रश्नों पर आम सहमति हो।
3. कुछ आर्थिक स्थिरता तथा समृद्धि का स्तर पहले से प्राप्त कर लिया गया हो।
4. सामाजिक तनाव का अभाव तथा शान्ति का वातावरण होना चाहिए।
5. कुछ लोकतंत्रात्मक परम्पराओं, सजातीय जनसंख्या तथा राजनीतिक चेतना का अस्तित्व होना आवश्यक है।
6. सुसंगठित विचारधारा पर आधारित दो प्रमुख राष्ट्रीय राजनीतिक दलों का संचालन जरूरी है।
7. आनुवंशिक संवैधानिक सम्राट का होना आवश्यक है।

दुर्भाग्यवश, भारत में जिस समय नया संविधान आरम्भ हुआ, उस समय इनमें से कोई भी शर्त पूरी नहीं होती थी। स्थिति चाहे कुछ भी रही हो, संविधान का निर्माण एक मुश्किल और चुनौती भरा कार्य था।

संविधानसभा को एक बहुलवादी समाज के बुनियादी संघर्षों का समाधान करना था। नए राष्ट्र का समूचा भविष्य इन संघर्षों के सन्तोषजनक समाधान पर निर्भर था। संविधान निर्माताओं के लिए यह कम सफलता की बात नहीं थी कि उन्होंने तीन वर्षों से भी कम समय में एक ऐसे संविधान का निर्माण कर लिया जो इस विशाल और बड़ी आबादी वाले देश की सारी जनता को स्वीकार्य हो तथा विभिन्न जातियों, धर्मों तथा भाषाओं की विविधता के बीच राष्ट्रीय एकता की भावना को सुदृढ़ कर सके। कुछ संविधान निर्माता देश के योग्यतम स्त्री-पुरुष में से थे। उन्होंने एक उत्कृष्ट संविधान की रचना की जो समय की कसौटी पर खरा उतरा है। संविधान ने एक समन्वयकारी और जीवन्त आधुनिक राजनीतिक व्यवस्था का गठन किया है जिसके मूल तत्त्व हैं—लोकतंत्र, मूल मानव अधिकारों का चार्टर, समतावाद, पन्थनिरपेक्षता और विधि-शासन।

भारतीय संविधान ने संघर्षों के समाधान का एक सम्पूर्ण उपाय सुझाया है। उसने विभिन्न इकाइयों और विचारधाराओं की आवश्यकताओं को पूरा करने के लिए उपबन्ध किए हैं और अधिकारों के पूर्वापर महत्त्व तथा अनुपात के बीच सन्तुलन रखा है। संविधान ने लोकतंत्रात्मक शासन की स्थापना द्वारा नागरिकों के

सामने विकल्प रखे हैं और अनेक फूलों को मिलाकर एक माला के रूप में गूँथा है। लोग भाषण और अन्तरात्मा के मूल अधिकार के आधार पर अपनी शिकायतें व्यक्त कर सकते हैं और अपनी अलग पहचान बनाए रख सकते हैं।

संविधान में उल्लिखित मूल अधिकारों की योजना ने राजनीतिक और सिविल अधिकारों के बीच और सामाजिक और आर्थिक अधिकारों के बीच तथा व्यक्तिगत अधिकारों और सामाजिक आवश्यकताओं के बीच क्रम सन्तुलन स्थापित करने का प्रयत्न किया है। इस सारी संरचना का दार्शनिक आधार यह है कि व्यक्तिवाद तथा सामाजिक नियंत्रण के बीच संवाद सम्भव है और सिविल, नागरिक, आर्थिक और सामाजिक अधिकार समान रूप से महत्त्वपूर्ण हैं और उनका एक-दूसरे से कोई विरोध नहीं है। संविधान व्यापक सामंजस्य, समझौते तथा सहमति के बाद स्वीकार किया गया। संविधान के निर्माताओं ने यह समझ लिया था कि विभिन्न जातियों की विविधताओं के कारण पैदा होनेवाले दबावों तथा तनावों से जूझना, संघर्षों का शमन करना और उन सबको अखिल भारतीय राष्ट्रीय एकता के एक सूत्र में पिरोना सर्वथा आवश्यक है। जिन विषयों पर वे एकमत नहीं हो सके, उनके बारे में उन्होंने अन्तिम निर्णय टाल दिया। भाषा का प्रश्न ऐसा ही प्रश्न था। इस पर उन्होंने अन्तिम समय तक कोई फैसला नहीं किया और हिन्दी के साथ अंग्रेजी को भी भारत की राजभाषा बनाए रखा।

भारत की राजनीतिक व्यवस्था

भारतीय संविधान की उद्देशिका में कहा गया है—'हम भारत के लोग...दृढ़ संकल्प होकर...संविधान को...आत्मार्पित करते हैं।' इस शब्दावली का बिना किसी सन्देह के यह अर्थ है कि भारत की राजनीतिक व्यवस्था में प्रभुता जनसाधारण में निहित है। हमारी संवैधानिक योजना तथा सार्वभौम वयस्क मताधिकार के उपबन्धों के अधीन लोग अपनी प्रभुत्व-शक्ति का उपयोग करते हैं। संसद, सरकार और न्यायपालिका लोकतंत्रात्मक राज्य-व्यवस्था के मुख्य अवयवों के रूप में स्थापित किए गए हैं। भारतीय राज्य-व्यवस्था के ये तीनों अंग अन्ततः जनता के प्रति उत्तरदायी हैं।

भारतीय संविधान के अन्तर्गत केन्द्रीय विधानमंडल जिसे संसद कहा गया है, वह धुरी है जिसके चारों ओर देश की राजनीतिक व्यवस्था घूमती है।

अपनी शासन व्यवस्था में हम संसद-सदस्यों का निर्वाचन करते हैं। 18 वर्ष से अधिक आयु के वयस्क नागरिक निर्वाचक होते हैं जिन्हें मतदान का अधिकार होता है। वे जिन्हें चाहें अपना प्रतिनिधि चुन सकते हैं। ये प्रतिनिधि लोकसभा में बैठते हैं और लोकसभा के प्रति उत्तरदायी सरकार का निर्माण करते हैं। इस तरह, हमारी शासन प्रणाली प्रातिनिधिक संसदीय लोकतंत्र है।

राज्य-व्यवस्था की संरचना

संविधान ने संसदीय लोकतंत्र की स्थापना की है जिसमें सरकार लोकसभा में जनता के निर्वाचित प्रतिनिधियों के प्रति उत्तरदायी है। लोकतंत्रात्मक राज्य-व्यवस्था की नींव सार्वभौम वयस्क मताधिकार है।

भारत एक छोटा एकात्म द्वीप राज्य नहीं है। हमारे यहाँ इंग्लैंड की तरह राजतंत्र भी नहीं है। भारत संयुक्त राज्य अमेरिका की भाँति एक विशाल गणराज्य है जिसका प्रधान एक निर्वाचित राष्ट्रपति है। संविधान ने संघ और राज्यों के बीच शक्तियों के वितरण द्वारा संघीय राज्य-व्यवस्था की भी स्थापना की है। इस तरह भारत की शासन व्यवस्था एक अनूठी शासन व्यवस्था है। वह संसदीय शासन और गणराज्य होने के साथ ही परिसंघात्मक शासन भी है। भारत 'राज्यों का संघ' है। लेकिन इस संघ का नाश और विघटन नहीं हो सकता। संघ की इकाइयों को संघ से पृथक् होने का अधिकार नहीं है।

भारतीय शासन व्यवस्था का इंग्लैंड की शासन व्यवस्था से एक और भेद है। हमारा संविधान लिखित संविधान है जिसने राज्य के तीन मुख्य अंगों (कार्यपालिका, विधानमंडल और न्यायपालिका) की स्थापना की है, उनके विशिष्ट अधिकार-क्षेत्रों की व्यवस्था की है और उनके पारस्परिक सम्बन्धों का निरूपण किया है।

राष्ट्रपति

संघ की सारी कार्यपालिका शक्ति राष्ट्रपति में निहित है। राष्ट्रपति के निम्नलिखित अधिकार हैं—

1. राष्ट्रपति अपनी कार्यपालिका-शक्ति का प्रयोग सीधे अथवा अपने अधीनस्थ अधिकारियों के द्वारा करता है।
2. राष्ट्रपति को राज्य के उच्च अधिकारियों को नियुक्त करने का अधिकार है। वह उच्चतम न्यायालय तथा उच्च न्यायालयों के न्यायाधीशों को नियुक्त करता है।
3. राष्ट्रपति राज्य के रक्षा बलों का सर्वोच्च सेनापति है। उसे युद्ध और शान्ति की घोषणा करने का अधिकार है।
4. राष्ट्रपति को यह अधिकार है कि यह प्राणदंड को क्षमा कर दे या उसे रोक दे।
5. राष्ट्रपति के कुछ राजनयिक अधिकार हैं। यह राजदूतों को नियुक्त करता है और विदेशी राजनयिक प्रतिनिधियों के प्रमाण-पत्रों को ग्रहण करता है।
6. राष्ट्रपति के कुछ विधायी अधिकार हैं। वह केन्द्रीय विधानमंडल के दोनों सदनों को आहूत कर सकता है, लोकसभा को भंग कर सकता है, विधेयकों पर स्वीकृति देता है और विधि की शक्ति से युक्त अध्यादेशों को जारी करता है।

शक्तियों के इस विशाल भंडार के बावजूद हमारे राष्ट्रपति की स्थिति राज्य के संवैधानिक प्रधान की है। अनुच्छेद-74 (1) में स्पष्ट कर दिया गया है कि राष्ट्रपति मंत्रिपरिषद् की सलाह और सहायता से कार्य करेगा। इस व्यवस्था का आधार हमारी संसदीय शासन प्रणाली है जिसमें मंत्री लोकसभा के प्रति उत्तरदायी हैं।

राष्ट्रपति पाँच वर्षों के लिए निर्वाचित होता है। उसका निर्वाचन ऐसे निर्वाचक-मंडल के सदस्य करते हैं जिसमें संसद के दोनों सदनों के निर्वाचित सदस्य और राज्यों की विधानसभाओं के निर्वाचित सदस्य हों। राष्ट्रपति का निर्वाचन आनुपातिक प्रतिनिधित्व पद्धति के अनुसार एकल संक्रमणीय मत द्वारा किया जाता है। यदि राष्ट्रपति संविधान का उल्लंघन करे तो संसद के दोनों सदन महाभियोग की प्रक्रिया द्वारा उसे अपने पद से हटा सकते हैं।

उप-राष्ट्रपति संसद के दोनों सदनों द्वारा चुना जाता है और वह राज्यसभा का पदेन सभापति होता है।

प्रधानमंत्री की नियुक्ति राष्ट्रपति करता है और अन्य मंत्रियों की नियुक्ति राष्ट्रपति प्रधानमंत्री की सलाह पर करता है। मंत्री राष्ट्रपति के प्रसाद-पर्यन्त अपने पद धारण करते हैं। मंत्रिपरिषद् लोकसभा के प्रति सामूहिक रूप से उत्तरदायी होती है। इसलिए वह एक साथ अपने पद पर बनी रहती है अथवा उससे हटती है। यदि लोकसभा का मंत्रिपरिषद् में विश्वास नहीं रहता तो समूची मंत्रिपरिषद् को त्याग-पत्र देना पड़ता है। सामूहिक उत्तरदायित्व का एक अर्थ यह भी है कि मंत्रियों को सामूहिक रूप से एक-दूसरे से भिन्न विचार व्यक्त नहीं करने चाहिए।

विधायिका

संघ की संसद राष्ट्रपति तथा दो सदनों से मिलकर बनती है। राष्ट्रपति संसद का अभिन्न अंग है। वह दोनों सदनों को आहूत करता है और उनका सत्रावसान करता है। वह लोकसभा का विघटन कर सकता है। विधेयक उसकी स्वीकृति मिलने पर ही विधि बनते हैं।

राज्यसभा वास्तव में राज्यों का सदन है। वह राज्यों की विधानसभाओं के सदस्यों द्वारा निर्वाचित होती है। प्रत्येक सदस्य का कार्यकाल छह वर्ष है। राज्यसभा के तिहाई सदस्य प्रति दूसरे वर्ष की समाप्ति पर निवृत्त हो जाते हैं। वह एक अनवरत सदन है और उसका विघटन नहीं होता। उसके बारह सदस्यों को राष्ट्रपति नामांकित करता है। उसके अधिक से अधिक 20 सदस्य हो सकते हैं।

लोकसभा जनता का सदन है। उसके सदस्य लोगों द्वारा प्रादेशिक निर्वाचन क्षेत्रों से सीधे चुने जाते हैं। राष्ट्रपति आंग्ल भारतीय समुदाय का प्रतिनिधित्व करने के लिए दो सदस्यों को नामांकित कर सकते हैं। लोकसभा के सदस्यों की अधिकतम संख्या 552 हो सकती है। लोकसभा में अनुसूचित जातियों और अनुसूचित जनजातियों के

लिए स्थान सुरक्षित हैं। लोकसभा की पदावधि पाँच वर्ष है। संसद के दोनों सदनों की शक्तियाँ एक-सी हैं। लेकिन धन विधेयकों तथा अविश्वास प्रस्तावों के बारे में लोकसभा को विशेष शक्तियाँ प्राप्त हैं।

भारत में कार्यपालिका संसद का भाग है, वह उससे पैदा होती है, उसका भाग बनी रहती है और उसके निम्न सदन अर्थात् लोकसभा के प्रति उत्तरदायी होती है। संसदीय शासन में उच्चतम कार्यपालिका और विधायी प्राधिकारियों का संयोजन पाया जाता है।

न्यायपालिका

समूचे भारत के लिए एक समन्वित न्याय-तंत्र है। भारत में अधीनस्थ न्यायालयों से लेकर उच्चतम न्यायालय तक न्यायालयों का एक श्रेणीबद्ध संगठन है। न्याय-व्यवस्था में शिखर पर उच्चतम न्यायालय है। उच्चतम न्यायालय द्वारा निर्धारित विधि अन्तिम है और वह भारत के सभी न्यायालयों के ऊपर अनिवार्य रूप से लागू होती है। संविधान ने न्यायपालिका की स्वतंत्रता बनाए रखने के लिए कई उपाय अपनाए हैं। संविधान के अनुसार राष्ट्रपति के लिए आवश्यक है कि वह उच्चतम न्यायालय तथा उच्च न्यायालयों के न्यायाधीशों को मुख्य न्यायमूर्ति तथा अन्य न्यायाधीशों से परामर्श करने के बाद नियुक्त करें। तथापि, उच्चतम न्यायालय ने व्यवस्था दी है कि इन नियुक्तियों में न्यायपालिका की सम्मति को सबसे अधिक महत्त्व दिया जाना चाहिए। उच्चतम न्यायालय के न्यायाधीश 65 वर्ष की आयु तक और उच्च न्यायालयों के न्यायाधीश 62 वर्ष की आयु तक पद धारण करते हैं।

राज्यों में शासन

सामान्य रूप से राज्यों सम्बन्धी संवैधानिक उपबन्ध वही हैं जो संघ के सम्बन्ध में हैं। संसदीय शासन, संवैधानिक प्रधान और विधानमंडल के निम्न सदन अर्थात् विधानसभा के प्रति मंत्रियों का उत्तरदायित्व, ये विशेषताएँ संघ के समान ही राज्य-स्तर पर भी पाई जाती हैं। राष्ट्रपति द्वारा नामांकित राज्यपाल राज्य का प्रधान होता है। राज्य की सम्पूर्ण कार्यपालिका-शक्ति उसमें निहित होती है जिसका वह मंत्रिपरिषद् की सलाह से प्रयोग करता है। पाँच राज्यों को छोड़कर भारत के सभी राज्यों में एक सदनात्मक विधानमंडल हैं। संघ और राज्यों के बीच शक्तियों का वितरण होने से भारत की राज्य-व्यवस्था संघात्मक है।

भारतीय राज्य-व्यवस्था के सिद्धान्त

भारतीय राज्य-व्यवस्था के मूल सिद्धान्त और लक्ष्य उद्‌देशिका, मूल अधिकारों, निदेशक तत्त्वों तथा मूल कर्तव्यों में पाए जाते हैं। ये सभी संविधान के भाग हैं और उसकी आत्मा हैं।

समझा जाता है कि उद्देशिका, मूल अधिकारों तथा निदेशक तत्त्वों के संवैधानिक मूल्य समूचे संविधान में ओतप्रोत हैं। संसदीय लोकतंत्र, वयस्क मताधिकार, स्वतंत्र न्यायपालिका, एकल नागरिकता, संघ तथा राज्यों के बीच शक्तियों का वितरण इन सबका स्रोत उद्देशिका है। सच तो यह है कि संविधान की समूची अट्टालिका तथा राजनीतिक संरचना का लक्ष्य उद्देशिका में मूर्तिमन्त संवैधानिक मूल्यों की रक्षा करना तथा उन्हें बढ़ावा देना है।

आपातकाल के दौरान 1976 के बयालीसवें संशोधन ने 'समाजवादी', 'पन्थनिरपेक्ष' और 'राष्ट्र की अखंडता' शब्द उद्देशिका में जोड़ दिए थे। इसके अलावा मूल कर्तव्यों सम्बन्धी एक नया अध्याय भी संविधान में समाविष्ट कर दिया गया था। इस प्रकार अब हम अपने उच्चतम संवैधानिक मूल्यों का निरूपण निम्नलिखित रूप में कर सकते हैं—

- सम्प्रभुता,
- पन्थनिरपेक्षता,
- लोकतंत्र,
- गणराज्यीय स्वरूप,
- न्याय,
- स्वतंत्रता,
- समानता,
- बन्धुता,
- व्यक्ति की गरिमा,
- राष्ट्र की एकता और अखंडता।

संविधान में मूल अधिकारों का समावेश कई दृष्टियों से उचित था। ये अधिकार भारत की वैविध्यमयी और समृद्ध सांस्कृतिक परम्परा से जुड़े हुए थे। उन्होंने राष्ट्रीय स्वतंत्रता-संग्राम के दिनों में लोगों को प्रेरणा दी थी। ये लोकतंत्र तथा मानववाद की सम-सामयिक मनोवृत्ति के अनुकूल थे। इन्हें मानव अधिकारों की सार्वभौम घोषणा के कुछ समय बाद ही स्वीकृत किया गया था। संसार के अन्य राष्ट्रों के संविधानों में भी उनका उल्लेख मिलता है। मूल अधिकारों तथा राज्य नीति के निदेशक तत्त्वों में मानव अधिकारों की सार्वभौम घोषणा का सार आ गया है।

संविधान 'हम भारत के लोग' नाम से बनाया गया था। इसका उद्देश्य समस्त नागरिकों को न्याय, स्वतंत्रता और समता प्राप्त कराना तथा उन सबके बीच बन्धुता बढ़ाना था। न्याय के तीन आयाम निश्चित किए गए थे—सामाजिक, आर्थिक और राजनीतिक। स्वतंत्रता के अन्तर्गत विचार, अभिव्यक्ति, विश्वास, धर्म और उपासना की स्वतंत्रता सम्मिलित थी। समता का अर्थ था—प्रतिष्ठा और अवसर

की समता। बन्धुता 'व्यक्ति की गरिमा और राष्ट्र की एकता' सुनिश्चित करने के लिए थी। संविधान निर्माताओं ने ये बुनियादी मूल्य निर्धारित किए थे। उन्हें आशा थी कि समय-समय पर जो लोग संविधान का क्रियान्वयन करेंगे, वे जनता के बीच इन मूल्यों को बढ़ाएँगे। मूल अधिकारों तथा राज्यनीति के निदेशक तत्त्वों में इन मूल्यों की आगे व्याख्या की गई थी। संविधान ने व्यवस्था की थी कि स्वतंत्र न्यायपालिका सभी नागरिकों की रक्षा करेगी, कानूनों की न्यायिक समीक्षा होगी। सभी कानून मूल अधिकारों के अधीन रहेंगे और नागरिक मूल अधिकारों की रक्षा के लिए उच्चतम न्यायालय का द्वार खटखटा सकेंगे। सच तो यह है कि उद्देशिका, मूल अधिकारों, राजनीति के निदेशक तत्त्वों और बाद में जोड़े गए मूल कर्तव्यों विषयक अध्यायों में अन्तर्विष्ट मूल्यों ने समूचे संविधान को अनुप्राणित कर रखा है। राजनीतिक लोकतंत्र वयस्क मताधिकार, स्वतंत्र न्यायपालिका, एकल नागरिकता, संघ और राज्यों के बीच शक्तियों का वितरण ये सारे तत्त्व इन्हीं मूल्यों से निकले हैं।

यथा संशोधित उद्देशिका में 'समाजवादी' शब्द को सबसे अधिक महत्त्व दिया गया था और उसे 'प्रभुत्व-सम्पन्न' से ऊँचा स्थान दिया गया था। सामाजिक और आर्थिक न्याय राजनीतिक न्याय से पहले था। राज्य की नीति के निदेशक तत्त्व किसी न्यायालय द्वारा प्रवर्तनीय नहीं हैं, फिर भी वे देश के शासन में मूलभूत हैं और विधि बनाने में इन तत्त्वों को लागू करना राज्य का कर्तव्य है। संविधान में कहा गया है कि राज्य ऐसी सामाजिक व्यवस्था की, जिसमें सामाजिक, आर्थिक और राजनीतिक न्याय राष्ट्रीय जीवन की सभी संस्थाओं को अनुप्राणित करे, भरसक प्रभावी रूप में स्थापना और संरक्षण करके लोककल्याण की अभिवृद्धि का प्रयास करेगा। राज्य आय की असमानताओं को कम करने का प्रयास करेगा, समुदाय के भौतिक संसाधनों का स्वामित्व और नियंत्रण इस प्रकार बाँटेगा जिससे सामूहिक हित का सर्वोत्तम रीति से साधन हो, आर्थिक व्यवस्था इस प्रकार चलाएगा जिससे धन और उत्पादन-साधनों का सर्वसाधारण के लिए अहितकारी संकेन्द्रण न हो, पुरुषों और स्त्रियों दोनों को समान कार्य के लिए समान वेतन दिलाएगा, कुछ दशाओं में काम, शिक्षा और लोक-सहायता पाने के अधिकार की रक्षा करेगा। ये सारे सूत्र 'समाजवाद' की धारणा से निकले हैं। संविधान के निर्माता सिर्फ राजनीतिक लोकतंत्र से सन्तुष्ट नहीं थे। वे देश में सामाजिक और आर्थिक लोकतंत्र की स्थापना के लिए भी कृतसंकल्प थे। सामाजिक-आर्थिक न्याय का अर्थ एक ऐसा समाज था जिसमें जन साधारण की बुनियादी आवश्यकताएँ पूरी हों और लोगों को आधारभूत स्वतंत्रताएँ तथा अवसरों की समता सुलभ हो। नेहरूजी ने संविधानसभा को बता दिया था कि उसका पहला कार्य 'एक ऐसे संविधान का निर्माण करना है जो भूखों को भोजन, नंगों को कपड़ा और हर भारतीय को अपनी क्षमता के अनुसार विकास करने का पूरा अवसर दे सके।'

संविधान की असली कसौटी यह थी कि वह सामाजिक परिवर्तन लाने में कहाँ तक सफल हो सकता है। जो संविधान नंगों और भूखों की समस्या न सुलझा सके, वह सिर्फ कागज का एक टुकड़ा है—बेकार और निरर्थक टुकड़ा।

संविधान निर्माताओं ने हमें जो संविधान दिया था, उसने किसी राज्य-धर्म को मान्यता नहीं दी थी। मूल अधिकारों सम्बन्धी अनुच्छेद-14, 15, 16 और 19 में धर्म के आधार पर नागरिकों के बीच किसी प्रकार का कोई भेदभाव नहीं बरता गया है। अनुच्छेद-25 ने सभी व्यक्तियों को अन्त:करण की स्वतंत्रता का और धर्म के अबाध रूप से मानने, आचरण करने और प्रचार करने का समान हक दिया है। अनुच्छेद-26 के अनुसार प्रत्येक धार्मिक समुदाय को अपने धार्मिक कार्यों के प्रबन्ध का अधिकार है। किसी भी व्यक्ति को ऐसे करों का सन्दाय करने के लिए बाध्य नहीं किया जा सकता जिसके आगम किसी विशिष्ट धर्म या धार्मिक सम्प्रदाय की अभिवृद्धि या पोषण में व्यय करने के लिए विनिर्दिष्ट रूप से विनियोजित किए जाते हैं (अनुच्छेद-27)। राज्यनिधि से पूर्णत: पोषित किसी शिक्षा संस्था में कोई धार्मिक शिक्षा नहीं दी जा सकती (अनुच्छेद-28)। भारत के राज्यक्षेत्र या उसके किसी भाग के निवासी नागरिकों के किसी अनुभाग को, जिसकी अपनी विशेष भाषा, लिपि या संस्कृति है, बनाए रखने का अधिकार होगा। राज्य द्वारा पोषित या राज्यनिधि से सहायता पानेवाली किसी शिक्षा-संस्था में प्रवेश से किसी भी नागरिक को केवल धर्म, मूलवंश, जाति, भाषा या इनमें से किसी के आधार पर वंचित नहीं किया जा सकता (अनुच्छेद-29)। अनुच्छेद-30 ने अल्पसंख्यक वर्गों का यह अधिकार स्वीकार किया है कि वे धर्म या भाषा पर आधारित अपनी रुचि की शिक्षा संस्थाओं की स्थापना और प्रशासन कर सकते हैं।

इस प्रकार, संविधान ने एक ऐसे पन्थनिरपेक्ष समाज की स्थापना का प्रयास किया है जिसमें राज्य की ओर से बहुसंख्यक वर्ग के प्रधान धर्म को कोई विशेष अधिकार नहीं दिया गया है और अल्पसंख्यक वर्गों के धार्मिक अधिकारों की पूरी तरह रक्षा की गई है।

पन्थ-निरपेक्ष राज्य के विविध उपबन्धों के बावजूद जातीयता और साम्प्रदायिकता ने भारत के सामाजिक और राजनीतिक जीवन में जहर घोल रखा है। धर्म और जाति के आधार पर वोट माँगे जाते हैं और इन दो तत्त्वों ने सच्ची राष्ट्रीय एकता के मार्ग में अनेक बाधाएँ खड़ी कर दी हैं।

निर्वाचकीय राजनीति

हमारे प्रातिनिधिक संसदीय लोकतंत्र में राजनीतिक प्रक्रिया के अन्तर्गत अल्पसंख्यक वर्गों के फलने-फूलने का कारण ही यह है कि वे अपने जातीय संगठन के आधार पर राज्य से लाभ प्राप्त कर लेते हैं। प्रतिस्पर्धी निर्वाचकीय राजनीति और वोट बैंकों

को बढ़ाने की आपाधापी ने संकीर्ण इकाइयों की तलाश को प्रोत्साहन दिया है। धर्म, भाषा, जाति या कबीला ये सब निष्ठाओं को जन्म देते हैं और सत्ता की सीढ़ी पर चढ़ने के पायदान बन जाते हैं। यह इसलिए है कि भारत में आधुनिक राजनीतिक दल पद्धति का विकास नहीं हो सका है। राजनीतिक लड़ाई किसी आर्थिक या सैद्धान्तिक कार्यक्रम के आधार पर नहीं लड़ी जाती। निर्वाचक निर्धन और निरक्षर हैं। वे विभिन्न दलों के सैद्धान्तिक तर्क-जाल को नहीं समझ पाते। जनसाधारण प्रदेश, धर्म, भाषा, सम्प्रदाय, कबीले या जाति के संकुचित नारों में आसानी से बह जाता है। मूल प्रश्न हैं—

1. जातिवाद और साम्प्रदायिकता की अहितकारी भूमिका के लिए देश की राजनीतिक पद्धति, राज्य-व्यवस्था का स्वरूप अथवा संविधान कहाँ तक उत्तरदायी है?
2. राजनीतिक सुधारों द्वारा स्थिति में कहाँ तक सुधार किया जा सकता है?
3. ये सुधार क्यों हों?

अगले अध्याय में इन प्रश्नों पर विचार-विनिमय किया जाएगा।

सारांश

भारत में एकता की भावना वैदिक युग से चली आ रही है। ईसा से कई सदियों पहले भारत में गणराज्यों का जाल बिछा हुआ था। भारतीय लोकतंत्र, विधि-शासन और प्रातिनिधिक विचारात्मक संस्थाओं से परिचित थे।

स्वतंत्रता के बाद भारत ने संसदीय शासन-तंत्र के ब्रिटिश औपनिवेशिक प्रतिमान को स्वीकार किया। विशाल और बहुलवादी देश के लिए स्वीकृत संविधान का निर्माण एक बड़ा काम था। संविधान के सार्वभौम सिद्धान्त हैं—राष्ट्र की एकता, व्यक्ति की गरिमा, न्याय, स्वतंत्रता, समता और बन्धुता। भारतीय राज्य-व्यवस्था की संरचना अनूठी है। यद्यपि हमने संसदीय शासन अपनाया है, लेकिन हमारा संविधान लिखित है जिसने शासन के विभिन्न अंगों—कार्यपालिका, विधायिका और न्यायपालिका की शक्तियाँ तय कर दी हैं। कार्यपालिका या सरकार संसद का भाग है, उससे निकलती है और उसके प्रति उत्तरदायी है। संविधान ने न्यायपालिका की स्वतंत्रता के लिए कई उपाय किए हैं।

राज्यों की शासन प्रणाली भी संसदीय है और संघ सरकार के ढंग पर है। संघ और राज्यों के बीच विधायी शक्तियों का वितरण कर दिया गया है। इससे दोनों के बीच सम्बन्ध निश्चित हो गए हैं। कहा जाता है कि भारतीय राज्य-व्यवस्था की भावना एकात्मक है लेकिन उसकी संरचना संघात्मक है। भारत को राज्यों का संघ कहा गया है लेकिन इस संघ का विनाश या विघटन नहीं हो सकता। हमारा शासन प्रातिनिधिक संसदीय लोकतंत्र है। भारत गणराज्य है और उसका प्रधान राष्ट्रपति है। सारी कार्यपालिका शक्तियाँ राष्ट्रपति में निहित हैं लेकिन वह

इन शक्तियों का प्रयोग लोकसभा के प्रति उत्तरदायी मंत्रिपरिषद् की सलाह और सहायता से करता है।

भारतीय राज्य-व्यवस्था में प्रभुत्व शक्ति लोगों के हाथों में है। जातिवाद साम्प्रदायिकता, अपराधीकरण तथा वोट बैंक की राजनीति ने राजनीतिक वातावरण को विषाक्त कर रखा है। मुद्दा यह है कि इन सारे प्रश्नों का राजनीतिक व्यवस्था से क्या सम्बन्ध है। और इनके समाधान के लिए किन राजनीतिक सुधारों की जरूरत है। सुधारों का उद्देश्य राज्य तथा उसके तीनों अंगों—विधायिका, कार्यपालिका तथा न्यायपालिका—के बीच सन्तुलन तथा सामंजस्य बनाए रखना और नागरिक को शासन-चक्र की धुरी बनाना है जिससे शासन की समस्त संस्थाओं को सम्मान प्राप्त हो सके और समूचा शासन नागरिक-सुदृढ़ बन सके।

10

सुधारों की आवश्यकता

एक रूपरेखा

गत 65 वर्ष भारत के इतिहास में बहुत महत्त्वपूर्ण रहे हैं। देश को अनेक बाहरी और भीतरी समस्याओं एवं विकट संकटों और चुनौतियों से जूझना पड़ा। फिर भी, राष्ट्र की एकता और अखंडता अक्षुण्ण रही, संविधान और लोकतंत्र सुरक्षित और सक्रिय रहे, राजनीतिक व्यवस्था समय की कसौटी पर खरी उतरी। इस व्यवस्था के अन्तर्गत अनेक संघर्षों का संवैधानिक मर्यादाओं के अन्दर सन्तोषजनक समाधान हुआ। अनेक उपलब्धियाँ हैं। किन्तु एक दूसरा पक्ष भी है। विफलताएँ भी कम नहीं रहीं। चिन्ता के अनेक प्रश्न उभरे हैं।

आज राष्ट्र एक भयावह संकटकाल से गुज़र रहा है। हमारी राजनीतिक व्यवस्था तनावग्रस्त है। सरकारी संस्थाओं की गुणवत्ता, ईमानदारी और कुशलता में लोगों का विश्वास चरमरा गया है। देश का नेतृत्व और शासन तंत्र जन-जन की आशाओं, आकांक्षाओं और आवश्यकताओं को पूरा करने में असफल रहे हैं। सार्वजनिक जीवन और प्रशासन में आचरण के स्तर गिरे हैं। राजनीति में चरित्र और मूल्यों का संकट है। सामान्य लोकतंत्रात्मक प्रक्रियाओं के प्रति लोगों में उपेक्षा का भाव बढ़ रहा है। राजनीतिक दलों, राजनीतिज्ञों, विधायकों, सांसदों और राजकर्मचारियों के प्रति आदर-सम्मान में भारी कमी आई है।

इधर जो भयंकर घोटालों पर घोटाले सामने आए उन्होंने भी राजनीतिक व्यवस्था की छवि पर गहरी चोट की है। स्वयं प्रधानमंत्री डॉ. मनमोहन सिंह को दुख के साथ कहना पड़ा कि उन्हें देश में संसदीय लोकतंत्र के भविष्य के बारे में चिन्ता हो रही है। एक अर्द्ध सदी से अधिक पहले, भारत के प्रथम प्रधानमंत्री जवाहरलाल नेहरू को भी सन्देह हुआ था कि क्या बढ़ती हुई जनता की अपेक्षाओं और शासन की जटिलता के चलते संसदीय लोकतंत्र का राजनीतिक ढाँचा और प्रक्रियाएँ अपने को नई जरूरतों के लिए ढाल पाएँगे या इस व्यवस्था को बदलना होगा। अपने प्रश्नों

का उत्तर स्वयं ही देते हुए नेहरूजी ने कहा था कि अपनी सारी कमियों और कमजोरियों के बावजूद संसदीय लोकतंत्र भारत के लिए सर्वश्रेष्ठ शासन प्रणाली है। वस्तुत: भारतीय राजनीतिक व्यवस्था कई तरह से अनूठी है। इसे किसी खास ढाँचे या मॉडल में बाँधा नहीं जा सकता। यह संसदीय और राष्ट्रपतीय पद्धतियों का सम्मिश्रण है, परिसंघीय और एकात्मक के बीच का मार्ग अपनाती है। यह जनता के सामाजिक-आर्थिक हितों और व्यक्ति के मौलिक अधिकारों के बीच सन्तुलन बनाने का प्रयास है तथा संसदीय सम्प्रभुता और न्यायिक सर्वोच्चता के सिद्धान्तों के बीच भी एक मध्य मार्ग प्रस्तुत करती है।

समस्या इस आधारभूत राजनीतिक व्यवस्था की या संविधान के स्वरूप की नहीं है। समस्या है कार्यकरण की, व्यवस्था को चलानेवालों की। राजनीति शास्त्र की चिरन्तन समस्या रही है कुशल और श्रेष्ठ शासक कैसे उपलब्ध हों। लोकतंत्र में जनता अपने चुने हुए प्रतिनिधियों के द्वारा अपने ऊपर शासन करती है। आशा की जाती है कि वे जनहित की भावना से प्रेरित होंगे।

पिछले कुछ दशकों में जो भयावह विसंगतियाँ उजागर हुई हैं, उनमें प्रमुख हैं—

(i) राजनीति का अपराधीकरण और अपराध का राजनीतिकरण,
(ii) सभी क्षेत्रों में और सभी स्तर पर भ्रष्टाचार का नग्न नृत्य,
(iii) जाति और सम्प्रदायगत विभेदों का वोट बैंक राजनीति में निर्लज्ज प्रयोग,
(iv) काले धन की समानान्तर अर्थव्यवस्था, विदेशों में जमा विशाल धनराशि,
(v) अशिक्षितों और गरीबों की विशाल संख्या,
(vi) न्याय व्यवस्था में देरी और भारी खर्च,
(vii) संघ-राज्य सम्बन्धों में बढ़ती दरार,
(viii) प्रातिनिधिक संस्थाओं में चारित्रिक ह्रास और विधायकों का आचरण,
(ix) राजनीतिक दलों के लिए कोई भी कानून न होना,
(x) आतंकवाद, साम्प्रदायिकता, नक्सलवाद, माओवाद आदि की हिंसा,
(xi) बेरोजगारी और महँगाई,
(xii) कुशल नेतृत्व और जनहित केन्द्रित स्वशासन का अभाव,
(xiii) निर्वाचन व्यवस्था में दोष।

इनमें से किसी के लिए भी संवैधानिक व्यवस्था अथवा संसदीय लोकतंत्र दोषी नहीं कहे जा सकते। सच यह है कि राजनीतिक मान्यताएँ बदल रही हैं। राजनीति त्याग और सेवा का माध्यम नहीं रही। सभी उदात्त मूल्यों का अवमूल्यन हो रहा है। संस्थाओं का गैर-संस्थानीकरण हो रहा है। प्रातिनिधिक लोकतांत्रिक संस्थाओं के सम्मान में कमी आई है। राज्य के प्रमुख अंग—कार्यकारिणी, विधायिका और न्यायपालिका—ने अपनी छवि खोई है।

मंत्रिपरिषद् के सामूहिक उत्तरदायित्व का संवैधानिक प्रावधान एक परिहास बनकर रह गया है। मंत्रिगण अलग-अलग भाषा बोलते हैं। एक-दूसरे की बात का खंडन करते हैं। प्रधानमंत्री की बात का समुचित सम्मान नहीं होता और 'गठबन्धन की राजनीति की विवशता' के चलते प्रधानमंत्री कहते हैं वे कुछ नहीं कर सकते। प्रधानमंत्री के पद की और मंत्रिमंडल संस्था की इतनी उपेक्षा और अवमानना सम्भवतः संसदीय लोकतंत्र में पहले कभी नहीं हुई। येन केन प्रकारेण सत्ता हथियाना और किसी भी कीमत पर उसमें बने रहना सर्वोच्च मूल्य और उद्देश्य हो गया है, भले ही इसके लिए कितने ही समझौते करने पड़ें और नैतिकता को तिलांजलि देनी पड़े। स्थिति यह हो गई है कि कई बार सत्ता में बने रहने के लिए प्रधानमंत्री और उनके दल को छोटे-छोटे घटकों के ब्लैकमेल के सामने झुकना पड़ता है। हो सकता है, कभी-कभी कुर्सी बचाने के लिए किन्हीं दलों या सांसदों का समर्थन खरीदना भी पड़ता हो। कहते हैं, एक अदद की कीमत करोड़ों में आँकी जाती है।

अपनी संसदीय लोकतंत्रात्मक राजनीतिक व्यवस्था को बचाने का एक ही रास्ता है—व्यापक परिवर्तन। बहुत-कुछ बदलना होगा। मूलभूत सुधार करने होंगे। यद्यपि किसी विशेष संवैधानिक बदलाव की कोई जरूरत नहीं, फिर भी एक समग्र राजनीतिक सुधार योजना का कार्यक्रम बनाना होगा जिसमें प्रशासनिक, न्यायिक और संसदीय सुधार शामिल हों। और इस सबसे अधिक महत्त्वपूर्ण है राजनीति की संस्कृति बदलना। स्वाधीनता संघर्ष के दिनों में लोग राजनीति में आते थे, कुछ त्याग करके, देश-प्रेम और जन-सेवा की भावनाओं से प्रेरित होकर।

महात्मा गांधी ने स्वाधीन भारत के नेताओं को चेतावनी देते हुए अपनी डायरी में गुजराती में लिखा था, 'कांग्रेस ने अपने विभिन्न बलिदानों और तपस्याओं के बल पर लोगों का विश्वास प्राप्त किया, परन्तु अब इस अवसर पर (अर्थात् स्वाधीनता पाने के बाद) यदि वह उनका सेवक बने रहने के बजाय उनका स्वामी बनकर उनके साथ विश्वासघात करती है, तो मैं अपने जीवन के लम्बे अनुभवों के आधार पर यह भविष्यवाणी करने की धृष्टता कर सकता हूँ कि मैं उस समय जीवित रहूँ या नहीं, देश भर में एक क्रान्ति की लहर दौड़ेगी और लोग एक-एक कर सभी सफेद टोपी वालों को चुन-चुनकर खत्म कर देंगे।'

हमारी अनेक समस्याओं के दो मूल कारण हैं—

1. नागरिकों के हितों की उपेक्षा और
2. सुशासन का अभाव।

लोकतंत्रात्मक राज्य-व्यवस्था में प्रभुसत्ता लोगों में निवास करती है, नागरिकों को अपनी प्रभुसत्ता पर जोर देना चाहिए, राजनीतिक व्यवस्था का केन्द्रबिन्दु नागरिक है और इस बात का सबसे अधिक महत्त्व है कि नागरिकों के प्रति मैत्रीपूर्ण शासन की प्रतिष्ठा हो। नागरिकों को चाहिए कि वे अपनी नागरिकता-विषयक जिम्मेदारियाँ

समझें और राजनीतिक प्रक्रिया में सक्रिय भागीदार बनें। आम चुनावों में मतदान में भाग लेना हर नागरिक के लिए अनिवार्य मूल कर्तव्य होना चाहिए। हर नागरिक के, चाहे वह किसी भी स्थिति में हो, अपने साथी नागरिकों के प्रति कुछ दायित्व हैं। सुशासन का अर्थ है—नागरिकों के प्रति मैत्रीपूर्ण शासन।

हर नागरिक का सार्वभौम वयस्क मताधिकार के अन्तर्गत मत देना लोकतंत्रात्मक प्रक्रिया और सरकार के निर्माण में भाग लेने का अवसर है। इसका प्रयोग लोकतंत्र को चलाने और उसकी रक्षा करने के लिए ही होना चाहिए। इस दायित्व के निर्वाह द्वारा लोकतंत्र को अपेक्षाकृत अधिक प्रभावी और सार्थक बनाना चाहिए। यह एक बहुत बड़ी जिम्मेदारी है। इसका प्रयोग, बिना किसी भय और पक्षपात के बेहद सावधानी और पर्याप्त सोच-विचार के बाद करना है। इसके साथ ही एक बात की और जरूरत है। जो लोग योग्य हों, अपने क्षुद्र स्वार्थों से ऊपर उठ सकें और जिनमें जनसेवा की प्रवृत्ति हो, उन्हें चाहिए कि वे आगे आएँ, निर्वाचनों में उम्मीदवार बनें तथा राजनीति में सक्रिय भाग लें। यदि प्रबुद्ध नागरिक अपने लोकतंत्रात्मक अधिकारों तथा दायित्वों का उचित रीति से निर्वाह करने लगें, तो इससे भ्रष्टाचार, अपराधीकरण, धनबल और बाहुबल आदि के प्रभाव का अपने आप अन्त हो जाएगा। यह हमारे राष्ट्रीय कार्यक्रम का एक अभिन्न भाग होना चाहिए कि प्रत्येक नागरिक को उचित शिक्षा मिले। जब तक नागरिक अपने आपको राष्ट्र से अभिन्न नहीं समझेंगे और उसके उत्थान में प्राणपण से नहीं जुटेंगे तब तक न तो राष्ट्र का निर्माण होगा और न देश की आर्थिक शक्ति का विकास।

नागरिक और राज्य

राज्य के सभी ध्येयों और कार्यों के केन्द्र में नागरिक की प्रतिष्ठा आवश्यक है। राज्य को नागरिकों के दैनिक जीवन में अपने राजनीतिक और प्रशासनिक नियंत्रण लागू नहीं करने चाहिए। हमें उन उपायों को खोजने की जरूरत है जिनके द्वारा लोगों की इच्छा सरकार के सभी अंगों—विधायिका, कार्यपालिका और न्यायपालिका —के ऊपर प्रभावी हो सके। इस ध्येय की सिद्धि के लिए हमें समाज में नागरिकता के चिरन्तन मूल्यों के प्रति आस्था जगानी होगी और एक ऐसे शिष्ट समाज का निर्माण करना होगा जिसके नागरिक जागरूक, प्रबुद्ध, उत्तरदायी और कर्मठ हों।

संविधानसम्मत लोकतंत्रात्मक शासन मर्यादित शासन होता है। उसमें राज्य की भूमिका आवश्यक कार्यों तक सीमित रहती है। राज्य उन सुविधाओं का नियोजन करता है जिनसे उद्योग-व्यापार बढ़ सकें और नागरिकों के जीवन-स्तर में सुधार हो।

जहाँ नागरिक अपनी संस्थाओं की रक्षा और उनका संवर्द्धन करने के लिए जान की बाजी लगाने के लिए तैयार नहीं और जहाँ वे सिर्फ अपने हितों तथा अधिकारों का ही चिन्तन करें, वहाँ समाज में नागरिक की भूमिका का कुछ अर्थ नहीं रहता। राजनीतिक

व्यवस्था में नागरिक की रचनात्मक भूमिका का अर्थ होगा—नागरिक अपने साथी नागरिकों, समाज और राज्य के प्रति अपने सारे अधिकारों, दायित्वों तथा कर्तव्यों का सचेत होकर पालन करता रहे। स्वतंत्रता के अधिकारों तथा दायित्वों के निर्वाह का एक अर्थ यह भी है कि यदि दूसरे लोगों के विचार हमारे विचारों से भिन्न हों तब भी हम दूसरे लोगों और उनके विचारों के प्रति सहिष्णुता का भाव रखें। यदि लोकतंत्रात्मक रीति से कोई ऐसा निर्णय किया जाए जो हमें अच्छा न लगे तो हमें वह निर्णय भी स्वीकार करना होगा। लोकतंत्रात्मक पद्धति का सार ही यह है कि हम एक-दूसरे के विचारों को समझें, कुछ खुद झुकें, कुछ दूसरों को झुकाएँ और आपस में समझौता करें।

लोकतंत्रात्मक व्यवस्था में प्रशासन नागरिकों द्वारा और नागरिकों के लिए संचालित होना चाहिए। जब लोग अपनी समस्याओं का समाधान करने के लिए प्रशासन की शरण में जाते हैं तब उन्हें भ्रष्टाचार, देरी और परेशानी का सामना करना पड़ता है। इन कठिनाइयों से तत्काल निबटने की जरूरत है। किसी को यह नहीं भूलना चाहिए कि प्रभुसत्ता जनता में निहित है। राज्य में ऊँचे से ऊँचे पदों पर भी अफसर अन्ततः जनता द्वारा नियुक्त किए जाते हैं। वे सब पहले नागरिक हैं, बाद में अधिकारी या कुछ और। वे अपने साथी नागरिकों के प्रति उत्तरदायी हैं।

- नागरिकों को मंत्रियों, प्रशासकों, निर्वाचित सदस्यों तथा न्यायाधीशों के ऊपर निगरानी रखनी चाहिए। प्रजा को नागरिकों के रूप में बदलने का यही एकमात्र उपाय है।
- सक्रिय नागरिकता श्रेष्ठ नागरिकता है। हर बड़े शहर में नागरिकता के प्रशिक्षण के लिए संस्थान होने चाहिए। सारे देश में नागरिकता जागृति अभियान चलाने की जरूरत है।
- मंत्री और राजकर्मचारी लोकसेवकों की तरह नहीं, मालिकों की तरह आचरण करते हैं। लोगों को वास्तविक सत्ता मिलनी चाहिए और प्रशासन में पारदर्शिता तथा उत्तरदायित्व की भावना होनी चाहिए।
- नागरिकों के अधिकार-पत्रों का व्यापक रूप से प्रचार-प्रसार होना चाहिए। उन्हें कार्यालयों तथा विभागों में इस तरह प्रदर्शित किया जाना चाहिए जिससे सबकी उन पर निगाह पड़ सके। इन अधिकार-पत्रों में उन सेवाओं का उल्लेख होना चाहिए जो नागरिकों को सम्बद्ध कार्यालयों तथा विभागों में उपलब्ध हों। अधिकार-पत्रों में यह भी सूचना रहनी चाहिए कि इन कामों में कितना समय लगेगा और कितना खर्च होगा।
- निर्णय-प्रक्रिया और प्रशासन में शक्तियों का वास्तविक और कारगर विकेन्द्रीकरण होना चाहिए।
- पुराने नियमों तथा विनियमों का धीरे-धीरे अन्त होना चाहिए तथा सारी प्रक्रियाओं को सरल रूप दिया जाना चाहिए।

- शिक्षा का अधिकार केवल कागज पर न रह जाए। सचमुच प्राथमिक शिक्षा सब लोगों को मिलनी चाहिए। योग्य विद्यार्थियों, विशेषकर निर्धन वर्गों के योग्य विद्यार्थियों के लिए छात्रवृत्तियों की व्यवस्था होना उपयोगी है।

जब संविधान तथा उसके संस्थानों की शक्ति उनके विधिसम्मत स्वामियों अर्थात् लोगों को वापस मिलेगी तभी परिवर्तनों का क्रम आरम्भ होगा। सच तो यह है कि जब तक लोग अपनी प्रभुसत्ता का प्रयोग अपने नागरिक दायित्वों की पूर्ति के लिए नहीं करते तब तक न तो कोई सुधार सफल हो सकता है और न स्थिति में परिवर्तन सम्भव है।

जब लोग अपने संकीर्ण स्वार्थों से ऊपर उठते हैं और अपने साथी नागरिकों की खातिर बलिदान करने के लिए कमर कस लेते हैं, तभी राष्ट्रों का निर्माण होता है। जब तक भारत के नागरिक अपने दायित्वों के प्रति सतर्क नहीं होंगे, तब तक स्वतंत्रता और लोकतंत्र का भविष्य निरापद नहीं होगा।

गांधीवादी मार्ग

जहाँ तक राजनीतिक ढाँचे का प्रश्न है, एक आदर्श मार्ग गांधी मार्ग है। इस मार्ग की निम्नलिखित विशेषताएँ हैं—

- राजनीति सत्ता हथियाने और धन कमाने का व्यवसाय नहीं, बल्कि लोगों की सेवा का साधन है। इस लक्ष्य को पाने के लिए सार्वजनिक जीवन में उच्च नैतिक आदर्शों को अपनाना जरूरी है।
- इस व्यवस्था में सत्ता का निम्नतम धरातल तक विकेन्द्रीकरण होगा। साधारण नागरिक अपने आपको स्वतंत्र और शासन व्यवस्था में भागीदार समझेगा। समूची राजनीतिक व्यवस्था में व्यक्ति को शासन की इकाई माना जाएगा।
- राजनीतिक संगठन का रूप एक ऐसा पिरामिड का-सा नहीं होगा जिसमें सारी सत्ता शिखर पर केन्द्रित हो और वह थोड़ा-थोड़ा कर बूँदों के रूप में ऊपर से नीचे की ओर प्रवाहित हो। राजनीतिक संगठन के अनेक स्तर होंगे और सत्ता का प्रवाह ऊपर से नीचे की ओर न होकर, नीचे से ऊपर की ओर होगा।
- प्रत्यक्ष निर्वाचन प्राथमिक स्थानीय शासन के स्तर तक सीमित होंगे।
- शासन-तंत्र अन्योन्याश्रय सिद्धान्त के अनुसार संचालित होगा। हर उच्च स्तर सिर्फ उन कामों को करेगा जिन्हें उससे नीचे का स्तर नहीं कर सकता।

गांधीवादी मॉडल को अव्यावहारिक करार दे दिया जाए तो भी विधायिका, कार्यपालिका और न्यायपालिका तीनों के कार्यकरण और आचरण में, संविधान और संसदीय व्यवस्था के भीतर रहते हुए व्यापक सुधार अपेक्षित हैं।

विधायिका

संसदीय सुधारों के क्षेत्र में सबसे पहली बात है उसकी कार्य-प्रणालियों, नियंत्रण-उपायों, वाद-विवादों तथा नियंत्रण-प्रक्रियाओं में सुधार करने की आवश्यकता। इन प्रक्रियाओं में सुधार करने के साथ-साथ समूची संसदीय शासन व्यवस्था में तेजी लाना जरूरी है। हमें सचेतकों, संसदीय अधिकारियों तथा पीठासीन अधिकारियों की कार्य-पद्धति को अधिक कुशल बनाना चाहिए। संसद लोगों और सरकार के बीच एक सेतु है। संसद और लोगों के बीच ताल-मेल बैठाना आवश्यक है। दोनों को एक-दूसरे के निकट आना चाहिए। संसद लोगों की संस्था है, संसद सदस्यों की नहीं। साधारण लोगों को यह आश्वस्त करने की आवश्यकता है कि सरकारी निर्णय और कानून बनाने में वे भी बराबर के हिस्सेदार हैं और संसद के माध्यम से उनकी आवाज सरकार तक पहुँच सकती है और सरकार को उसकी ओर ध्यान देना होगा। संसद को यह ज्ञान होना चाहिए कि लोग क्या सोच रहे हैं, लोगों को भी इस बात की जानकारी होनी चाहिए कि संसद में क्या हो रहा है। यदि विधानमंडलों के भीतर व्याप्त भ्रष्टाचार का सन्देह हो, तब प्रेस तथा जनता को उसकी आलोचना करने तथा उसे जनता के सामने प्रकट करने का अधिकार होना चाहिए। ऐसा करते समय उन्हें इस बात का डर नहीं होना चाहिए कि उनके ऊपर संसदीय विशेषाधिकार का कानून लागू होगा।

लोगों को यह जानकारी होनी चाहिए कि उनके प्रतिनिधि उनके लिए क्या कर रहे हैं, क्या नहीं। विधानमंडलों तथा विधायकों की दृष्टि से महत्त्वपूर्ण प्रश्नों को इलेक्ट्रॉनिक तथा प्रिंट मीडिया में प्रमुखता से उजागर करना आवश्यक है। विधानमंडल और विधायक दोनों लोगों के प्रति उत्तरदायी हैं। इस सूत्र को सर्वसाधारण में लागू करने की आवश्यकता है।

संसद के सन्दर्भ में प्रेस और लोक-सम्पर्क की व्यवस्था में उचित सुधार करने और उसे एक अत्यन्त विशिष्ट तथा गतिशील सेवा के रूप में विकसित करने की आवश्यकता है। इस सेवा की एक प्रमुख जिम्मेदारी यह होगी कि वह संसद तथा उसकी गतिविधियों के सम्बन्ध में लोकमत को प्रशिक्षित करे। संसद अथवा उसकी कार्यवाहियों के सम्बन्ध में जनता जो कुछ जानकारी प्राप्त करना चाहे, उसे विभिन्न साधनों द्वारा वह जानकारी देने की व्यवस्था होनी चाहिए। संसद के बारे में जानकारी देनेवाले विभिन्न टेलीफोन नम्बरों तथा पतों का व्यापक रूप से विज्ञापन होना चाहिए। पब्लिक कम्प्यूटर टर्मिनल और इंटरनेट वेबसाइट द्वारा भी संसद और सभी राज्य विधानमंडलों-विषयक सूचना प्राप्त की जा सकती है। इन साधनों द्वारा लोग यह भी पता लगा सकते हैं कि कौन-सा विधेयक किस अवस्था में है। किन्तु, हमें यह नहीं भूलना चाहिए कि अभी भी देश में आम आदमी का बड़ा प्रतिशत अशिक्षित है और कम्प्यूटर और इंटरनेट तो थोड़े से लोगों के लिए है।

पंचायतें और संसद

पंचायती राज के कारण संसद सदस्यों की भूमिका में बदलाव लाना जरूरी हो गया है। हमें इस बात की पूरी सावधानी बरतनी चाहिए कि संसद सदस्यों/ विधायकों तथा पंचायतों के बीच किसी प्रकार का टकराव न हो। आदर्श रूप से संसद के सदस्य समूचे भारत के लिए सदस्य हैं और विधायक सम्बद्ध पूरे राज्य के लिए। उनके लिए समूचे राष्ट्र से या राज्य से सम्बन्ध रखनेवाले प्रश्नों की ओर ध्यान देना उचित है। पंचायतों और नगरपालिकाओं को स्थानीय समस्याओं की ओर ध्यान देने की जरूरत है। संसद के प्रत्येक सदस्य को प्रतिवर्ष 5 करोड़ रुपया इस उद्‌देश्य से दिया जाता है कि वह इस राशि को अपने निर्वाचन क्षेत्र के विकास की योजनाओं पर खर्च कर सके। इस तरह की योजनाओं से संसद सदस्यों तथा पंचायती राज संस्थाओं के बीच संघर्ष और टकराव पैदा होना स्वाभाविक है। यह संघर्ष और टकराव व्यर्थ है और इसे रोकने की जरूरत है।

सदस्यों की गुणवत्ता में सुधार

संसद या अन्य विधानमंडलों के विधिवत् कार्यकरण में सदस्यों की गुणवत्ता सबसे प्रमुख तत्त्व है। यदि संसद के किसी सदस्य का महत्त्व न भी हो, तब भी उसके मन में यह धारणा अवश्य होनी चाहिए कि संसदीय प्रक्रिया में उसका भी अपना योग है। संसद की महत्त्वपूर्ण समितियों के सदस्यों को अपने लिए एक कठोर आचरण-संहिता का निर्माण करना चाहिए। उन्हें समिति के सामने उपस्थित होनेवाले वरिष्ठ सरकारी अफसरों से किसी तरह के व्यक्तिगत अनुग्रह की माँग नहीं करनी चाहिए। जब तक समिति के दौरे बिलकुल आवश्यक न हों, तब तक उनसे बचने की जरूरत है। उनके लिए दौरे के वक्त महँगे उपहारों, रात्रिभोजों, निःशुल्क परिवहन और पाँच सितारा होटलों की आवभगत से भी बचना उचित है।

नवनिर्वाचित संसद सदस्यों की राजनीतिक विचारधारा कुछ भी हो और वे किसी भी राजनीतिक दल के सदस्य क्यों न हों, उन्हें सरकार की ओर से संसदीय व्यवहार और परिपाटियों का प्रशिक्षण अवश्य मिलना चाहिए। इस समय संसद के नवनिर्वाचित सदस्यों के लिए जिन विचार-गोष्ठियों का आयोजन किया जाता है, वह आयोजनकर्ताओं तथा भागीदारों, दोनों के लिए रूटीन मात्र हैं और उनमें किसी तरह की सजीवता नहीं होती।

सदस्यों के आचरण में सुधार

सदस्यों के आचरण और निर्देशक सिद्धान्तों की वर्तमान संहिता पहले पहल 1952 में जारी की गई थी। इस संहिता का पालन करने की आवश्यकता है। संसद सदस्यों को सदनों के भीतर और बाहर संसदीय व्यवहार के आदर्शों का कठोरता से अनुसरण करना चाहिए।

अर्थव्यवस्था से सम्बन्धित मार्गदर्शी स्थायी समिति

राष्ट्रीय अर्थव्यवस्था के सम्बन्ध में एक स्थायी मार्गदर्शी समिति के गठन की आवश्यकता है। इस समिति के पास राष्ट्रीय अर्थव्यवस्था से सम्बन्धित विभिन्न विशिष्ट विषयों का अध्ययन करने के लिए विशेषज्ञों के दल होंगे जो नीतियों के निर्माण और उनके क्रियान्वीकरण की गहराई से पड़ताल करेंगे।

विधि-निर्माण का आयोजन और उसकी गुणवत्ता में सुधार

हमारी विधियों की प्रायः इस आधार पर आलोचना की जाती है कि उनका प्रारूप जल्दी में तैयार किया जाता है और संसद में उन्हें बिना किसी गम्भीर सोच-विचार के पास कर दिया जाता है। विधि-निर्माण का कार्य योजनाबद्ध तरीके से और पर्याप्त सोच-विचार के बाद किया जाना चाहिए। इस दिशा में निम्नलिखित कार्यवाही करने की आवश्यकता है—

1. मंत्रिमंडल की संसदीय और विधि-कार्य समिति के कृत्यों को व्यवस्थित रूप देना।
2. विधि आयोग का अधिक उपयोग करना।
3. संसद की एक नई विधि-निर्माण समिति का गठन करना जो विधि-निर्माण के कार्यक्रम की निगरानी कर सके और उसमें समन्वय बनाए रख सके।
4. विधेयकों को विचार और जाँच के लिए विभागों की स्थायी समितियों के पास भेजा जाना।

विभागीय समितियाँ सम्बद्ध हित समूहों से परामर्श कर सकती हैं। वे विशेषज्ञों से सलाह ले सकती हैं। समितियों के अनौपचारिक वातावरण में विधेयक के दूसरे वाचन की अवस्था को पूरा किया जा सकता है। इस प्रक्रिया को अपनाने से विधेयक सर्वथा त्रुटिरहित बनेगा, संसद का भार हल्का हो जाएगा, विधियों के प्रारूपण में सुधार होगा और उनकी अन्तर्वस्तु ज्यादा अच्छी होगी।

संसदीय विशेषाधिकारों का संहिताकरण

संसद एक महान संस्था है। उसकी आलोचना-प्रत्यालोचना होनी स्वाभाविक है। संसद को यह आलोचना सहन करनी पड़ती है। संसदीय विशेषाधिकारों को लोगों के विरुद्ध अधिकारों का रूप ग्रहण नहीं करना चाहिए। अब समय आ गया है कि संसदीय विशेषाधिकारों का संहिताकरण किया जाए जिससे इनके बारे में अनिश्चितता तथा प्रेस और लोगों की चिन्ता दूर हो सके।

सरकार को अनुच्छेद-105 और 194 का संशोधन कर यह बात स्पष्ट कर देनी चाहिए कि सदस्यों की उन्मुक्तियों का यह अर्थ नहीं है कि वे सदन में किसी प्रस्ताव के पक्ष या विपक्ष में बोलने या मत देने के लिए रिश्वत लेने जैसा भ्रष्ट आचरण कर सकते हैं।

याचिका समिति

याचिका समिति को मजबूत करने और उससे अधिक काम लेने की आवश्यकता है। यह समिति 'ओम्बुड्समेन' संस्था या सार्वजनिक शिकायत समिति का रूप ले सकती है। इस समिति के महत्त्व तथा कार्यों के बारे में अधिक प्रचार करना उपयोगी होगा।

प्रश्नकाल

लोगों से यह बात छिपी नहीं है कि अक्सर प्रश्नों का सुझाव संसद सदस्यों से इतर लोग करते हैं। वही प्रश्नों का प्रारूप तैयार करते हैं। कई अवसरों पर जब प्रश्न का उत्तर दिया जाता है तब उसका नोटिस देनेवाला सदन में मौजूद नहीं होता। कभी-कभी प्रश्न बिलकुल महत्त्वहीन होता है लेकिन उसके उत्तर की सामग्री एकत्रित करने में सरकार का बहुत समय और पैसा लगता है।

सदस्यों की अनुपस्थिति

सदन की बैठकों से सदस्यों की अनुपस्थिति एक भयंकर रोग का रूप लेती जा रही है। जिन सदस्यों के लिए गणपूर्ति की घंटियाँ बजती हैं, वे अक्सर सदन के बाहर होते हैं क्योंकि उन्हें वहाँ भी बहुत से काम करने होते हैं। नागरिकों को अपने प्रतिनिधियों से कुछ अपेक्षाएँ होती हैं। वह चाहते हैं कि उनके प्रतिनिधि सदन में कुछ घंटे अवश्य काम करें। सदस्यों के लिए प्रतिदिन कुछ घंटे सदन में संसदीय कार्य में लगाना सर्वथा उचित होगा।

कार्यपालिका

दल-बदल करनेवालों को अनर्ह घोषित करना—दल-बदल करनेवाले सभी सदस्यों को चाहे वे व्यक्ति हों या समूह त्यागपत्र देकर नए सिरे से चुनाव लड़ना चाहिए। किसी सरकार को गिराने के लिए उनके द्वारा डाले गए मतों को भी अवैध समझा जाना चाहिए।

मंत्री के समकक्ष पदों की सीमा और मंत्रियों के वेतन-भत्ते—मंत्री समकक्ष भत्तों और विशेषाधिकारों से युक्त राजनीतिक पदों का निर्माण करने की प्रथा पर अंकुश लगाना चाहिए। ऐसे पद निम्न सदन की कुल सदस्य-संख्या के 2 प्रतिशत तक सीमित होने चाहिए। मंत्रियों के भत्तों, वेतनों और विशेषाधिकारों में भी कमी की जानी चाहिए। आर्थिक दृष्टि से इन पदों को कम आकर्षक बना देना चाहिए। हाँ, उनको सम्माननीय अवश्य बनाना चाहिए। मंत्री पदों के लिए योग्यता के साथ-साथ उनकी जनता के प्रति सेवा और त्याग-भावना का भी ध्यान रखना उचित है।

सदन के नेता (प्रधानमंत्री/मुख्यमंत्री) का निर्वाचन—यदि किसी दल अथवा निर्वाचन-पूर्व दलों के गठबन्धन को लोकसभा या किसी विधानसभा में

स्थानों का स्पष्ट बहुमत प्राप्त न हो और सबसे अधिक स्थान प्राप्त करनेवाला एक दल स्थायी शासन देने की स्थिति में न हो, तब यथास्थिति राष्ट्रपति या राज्यपाल को निम्न सदन से कहना चाहिए कि वह जिस प्रकार अपना अध्यक्ष चुनता है, उसी प्रकार अपना नेता चुने। इस प्रकार निर्वाचित व्यक्ति देश का प्रधानमंत्री अथवा राज्य का मुख्यमंत्री नियुक्त किया जा सकता है। संविधान के अनुच्छेद-86 (2) अथवा 175 (2) के अधीन राष्ट्रपति अथवा राज्यपाल द्वारा निम्न सदन को सन्देश भेजकर यह किया जा सकता है।

कैसी भी स्थिति हो, बहुमत का निर्णय निर्वाचन द्वारा सदन में होना उचित है। यही सबसे सुरक्षित और सरल उपाय है। यदि सदन पहले से प्रधानमंत्री अथवा मुख्यमंत्री का चुनाव कर ले, तब औपचारिक रूप से पद सँभालने के बाद प्रधानमंत्री अथवा मुख्यमंत्री को सदन का विश्वास-मत प्राप्त करने की आवश्यकता नहीं रहेगी। इसके लिए न तो संविधान में संशोधन करने की आवश्यकता है और न कोई नया कानून बनाने की।

अविश्वास प्रस्ताव—जब सरकार का एक बार गठन हो जाए तो जब तक सरकार के खिलाफ अविश्वास प्रस्ताव पास न हो जाए, तब तक दलों के विलय या दल-बदल के बावजूद यह समझा जाना चाहिए कि सरकार को सदन का विश्वास प्राप्त है। वर्तमान प्रक्रिया-नियम 188 (4) में कहा गया है कि जिस मामले पर उसी सत्र में विचार हो चुका है, उस मामले पर उसी सत्र में दुबारा विचार नहीं हो सकता। अविश्वास प्रस्ताव के सन्दर्भ में उसमें वह नया प्रावधान जोड़ देना चाहिए कि सदन के पूरे कार्यकाल में अविश्वास प्रस्ताव पर केवल दो बार विचार हो सकता है अथवा अविश्वास प्रस्ताव पर एक साल बाद ही चर्चा हो सके इससे पहले नहीं।

सरकार (मंत्रिपरिषद्) को विशेष बहुमत के रचनात्मक अविश्वास मत के द्वारा ही हटाने की व्यवस्था होनी चाहिए। इसके लिए प्रक्रिया-नियम 198 को बदलने की आवश्यकता होगी। इस नियम में अविश्वास प्रस्ताव के रूप और प्रक्रिया का उल्लेख है। नई योजना के अन्तर्गत जो प्रस्ताव 'क' के नेतृत्व में गठित मंत्रिपरिषद् में अविश्वास स्वीकृत करेगा उसमें प्रस्तावित उत्तराधिकारी 'ख' का नाम भी दिया जाएगा। इस व्यवस्था के फलस्वरूप सरकार में निरन्तरता बनी रहेगी। मंत्रिपरिषद् में अविश्वास प्रस्ताव स्वीकृत होने की दशा में दूसरा नेता तुरन्त पद भार ग्रहण कर लेगा। इससे वह स्थिति काफी हद तक समाप्त हो जाएगी जिसमें कुछ दल सरकार हटाने के लिए आपस में मिल जाते हैं लेकिन विकल्प पेश नहीं कर पाते और दुबारा चुनाव कराने की जरूरत पड़ जाती है। सत्रों के बीच के काल में सदस्यों का राष्ट्रपति या उपराज्यपाल के पास जाकर यह कहना कि हमने सरकार से अपना समर्थन वापस ले लिया है, गलत है और संविधान की भावना के विरुद्ध

है। संविधान के निर्माताओं ने इस स्थिति की कभी कल्पना नहीं की थी कि राज्य का प्रधान आए दिन यह जानने के लिए सदस्यों की संख्या की गणना करेगा कि कहीं सरकार बहुमत से वंचित तो नहीं हो गई है। यह खतरनाक स्थिति है और दल-बदल तथा सदस्यों की खरीद-फरोख्त को बढ़ावा देती है। सरकार को हमेशा यह डर बना रहता है कहीं उसके हाथ से कुर्सी न निकल जाए। उसे सदा अपनी प्राण-रक्षा की चिन्ता बनी रहती है। परिणामतः विकास कार्य रुक जाते हैं और लोगों के हितों की उपेक्षा होने लगती है।

लोक प्रशासन—प्रशासन को नागरिकों के प्रति मैत्रीपूर्ण बनाने के लिए यह आवश्यक है कि नागरिकों की शिकायतों को दूर करने के लिए उचित व्यवस्था की जाए। सेवा तंत्र के राजनीतीकरण और नागरिकों के जीवन में प्रशासनिक हस्तक्षेप को समाप्त करना होगा। सिविल सेवकों की नियुक्ति, पदोन्नति, स्थानान्तरण तथा उनके और मंत्रियों के बीच के सम्बन्धों पर विचार करने की जरूरत है। आवश्यक सुधारों के द्वारा प्रशासन की जनता के प्रति जवाबदारी सुनिश्चित की जा सकती है। इस दिशा में स्वस्थ परम्पराओं का विकास सम्भव है। वर्तमान सन्दर्भ में निम्नलिखित प्रश्नों पर विचार करने की आवश्यकता है—

1. सबसे पहली और महत्त्वपूर्ण बात यह है कि सिविल सेवाओं के व्यवहार और दृष्टिकोण में परिवर्तन होना चाहिए कि वह जनता की सेवा कर सके, कार्य-संस्कृति का विकास कर सके और कुशलता तथा उत्कृष्टता की भावना को बढ़ावा दे। सिविल सेवकों के मन में जातिवाद, भ्रष्टाचार और राजनीतीकरण की भावना नहीं रहनी चाहिए। एक निर्धारित स्तर अथवा संयुक्त सचिव के स्तर से ऊपर के सारे पदों पर भर्ती विभिन्न प्रकार के स्रोतों से की जानी चाहिए। इन स्रोतों में खुला बाजार भी शामिल है। जब अधिकारी अपना कैरियर आरम्भ करें, तब उन्हें संविधान के प्रति निष्ठा की शपथ लेने के साथ-साथ सुशासन के बुनियादी सिद्धान्तों के पालन की भी शपथ लेनी चाहिए। प्रशासनिक संरचना और पद्धतियों को पुनर्गठित करने की आवश्यकता है।
2. जनता की शिकायतों को समय पर दूर किया जाना चाहिए। यदि ये शिकायतें समय पर दूर न हों, तो इसे एक गम्भीर अपराध माना जाना चाहिए। इस समय प्रशासन के अनेक स्तर हैं और उत्तरदायित्व बँटा हुआ है। यदि लोकसेवकों की भूल-चूक से राज्य को नुकसान हो तो लोकसेवकों को उस नुकसान की पूर्ति करनी चाहिए। इसके साथ ही उन्हें राज्य को मुआवजा भी देना चहिए। भ्रष्ट लोकसेवकों और निजी क्षेत्र में कार्यरत अधिकारियों की बेनामी सम्पत्ति जब्त करने के बारे में विधि का निर्माण वांछनीय है। भ्रष्टाचार निरोधक अधिनियम, 1988 में

संशोधन कर व्यवस्था करनी चाहिए कि जिस लोकसेवक के पास उसकी आय के ज्ञात स्रोतों से अधिक सम्पत्ति पाई जाए और जो इस अपराध के लिए सिद्ध दोष हो जाए, उसकी सम्पत्ति जब्त कर लेनी चाहिए। बिहार में इस दिशा में हुई प्रगति अनुकरणीय है।

3. जाँच, दंड तथा अपीलों की प्रक्रियाएँ जटिल हैं और उन्हें पूरा करने में काफी समय लग जाता है। इन सारी प्रक्रियाओं को सरल करने की जरूरत है जिससे विवादों को जल्दी निपटाया जा सके। अनुच्छेद–311 के अधीन सेवाओं को जो परित्राण प्राप्त हैं उन पर फिर से विचार करने की आवश्यकता है जिससे प्रशासन की जनता के प्रति जवाबदारी बढ़ सके।
4. उच्चतर अधिकारियों का मुख्य कर्तव्य यह होना चाहिए कि वे पर्यवेक्षण और निरीक्षण का कार्य करें। यदि वे इसमें लापरवाही बरतें तो इसे उनके कैरियर पर धब्बा माना जाना चाहिए और उनकी पदोन्नति रोक दी जानी चाहिए। सुधारों के फलस्वरूप सरकार को चाहिए कि वह तुरन्त निर्णय ले सके, मामले को तत्काल निपटा सके, देरी से बचे, विवेक का दुरुपयोग न करे और भ्रष्टाचार से दूर रहे।
5. जनता से सम्पर्क रखनेवाले प्रत्येक कार्यालय को चाहिए कि वह अपने विभाग/कार्यालय से सम्बद्ध नागरिक अधिकार–पत्र का व्यापक रूप से प्रचार करे। इस अधिकार–पत्र में नागरिकों के अधिकारों की घोषणा होने के अलावा उन्हें यह बताया जाना चाहिए कि विभाग/कार्यालय में उनके क्या–क्या काम हो सकते हैं, इन कामों पर कितना खर्च होगा और वे काम कब तक पूरे हो जाएँगे। यदि कामों में देरी हो या जनता को परेशानी हो, तो विभाग यह सूचना दे सकेगा कि मामला किस स्तर पर विचारणीय है।

   राज्यों में तथा केन्द्रीय सरकार के धरातल पर कुछ विभागों/कार्यालयों में इस प्रकार के अधिकार–पत्र प्रकाशित किए गए हैं लेकिन सामान्यतः प्रगति धीमी रही है। पूरे अधिकार–पत्र जारी नहीं हो सके हैं और जहाँ जारी हो गए हैं वहाँ भी इन अधिकार–पत्रों का क्रियान्वयन धीमा रहा है और लाल फीताशाही अब भी मजबूत है। शेष सभी विभागों/कार्यालयों, विशेषकर जनता से सीधे सम्पर्क रखनेवाले विभागों/कार्यालयों, को नागरिकों के सन्दर्भ में अपने अधिकार–पत्र जारी करने की आवश्यकता है।
6. जहाँ अपराध की रिपोर्ट की जाए या जहाँ व्यक्ति अथवा सम्पत्ति की सुरक्षा को खतरा हो, वहाँ शिकायत करनेवाले पक्ष तथा अपराधी पक्ष दोनों के अधिकारों की व्याख्या होनी चाहिए।

7. उपर्युक्त उपचारों की सफलता के लिए निम्नलिखित बातें जरूरी हैं—
   (क) शक्तियों का सच्चा और सार्थक विकेन्द्रीकरण, उत्तरदायित्व का स्पष्ट निर्धारण, विकेन्द्रित निर्णय-प्रकिया, सत्ता का प्रत्यायोजन, प्रशासन में पारदर्शिता, नागरिक सेवाओं की पूर्ति के लिए निम्नतम धरातल तक नियम आधारित तथा स्वविवेक से इतर अधिकारों का निरूपण। दूसरे शब्दों में, नागरिक अपनी सेवा की पूर्ति के लिए एक स्थल पर जाकर अपना आवेदन दे सके। उसका सारा काम एक ही स्थल पर होना चाहिए। सूचना अधिकार के उपयोग से अनेक लाभ हो सकते हैं। मामलों का जल्दी निपटारा हो सकता है। बाबुओं के छलपूर्ण और विलम्बकारी हथकंडों से बचा जा सकता है। रिश्वतखोरी तथा भ्रष्टाचार पर काफी रोक लगाई जा सकती है।
   (ख) अधिक कुशल सुशासन के लिए नित्य नई सामने आनेवाली तकनीकों का पूरा उपयोग किया जाना चाहिए, जिस कार्यालय में लोक सम्पर्क के अनेक मामले हों, उन सभी मामलों को कम्प्यूटर में लेखबद्ध करके रखना चाहिए। नागरिक की हर प्रार्थना या रिपोर्ट के कार्यालय में प्राप्त होने पर मंजूरी, परमिट आदि की तारीख के साथ केन्द्रीय डाटा बैंक में भेज दिया जाना चाहिए। एकबारगी कम्प्यूटर में सारी सूचना एकत्रित होने पर पड़ताल का एक केन्द्रीय बिन्दु निश्चित किया जा सकता है। किसी प्रार्थना या मामले के सारे विवरण दे देने पर सम्बद्ध अधिकारी कम्प्यूटर के द्वारा डाटा बैंक से नागरिक के मामले की नवीनतम स्थिति का जायजा ले सकता है और नागरिक को बता सकता है कि वह कब तक निपटेगा।
8. पुरानी और अनावश्यक विधियों को समाप्त करने की आवश्यकता है। यह प्रक्रिया आरम्भ हो चुकी है और जितनी जल्दी समाप्त हो जाए, अच्छा है। यही बात पुराने नियमों, विनियमों तथा प्रपत्रों पर लागू होती है। उन्हें सरल बनाने की जरूरत है।
9. अधिनियमों, नियमों तथा विनियमों का और नागरिकों के लिए निर्देशिकाओं का मुद्रण तथा प्रकाशन अद्यतन रहना चाहिए। सरकार का यह कर्तव्य है कि वह ये निर्देशिकाएँ नागरिकों को उपलब्ध कराती रहे।
10. प्रशासन-तंत्र को सुगठित करने और प्रशासकों की संख्या में कमी करने की जरूरत है। सरकार के शासनेतर कामों में कमी कर देनी चाहिए और हर स्तर पर प्रशासन के खर्च में कमी करने की जरूरत है।

11. सभी स्तर के सरकारी अधिकारियों के लिए यह जरूरी होना चाहिए कि वे अपनी, अपनी पत्नी तथा आश्रितों के लेनदारियों तथा देनदारियों की घोषणा कर दें। नागरिक जब चाहे तब इस घोषणा की जाँच कर सकते हैं।
12. एक सिविल सेवा बोर्ड की स्थापना पर विचार किया जा सकता है। यह बोर्ड सरकार के अन्तर्गत काम करनेवाले व्यक्तियों के स्थानान्तरणों, पदोन्नति तथा अनुशासनात्मक उपायों पर विचार कर सकता है।
13. 1861 के पुलिस अधिनियम तथा पुलिस नियम-पुस्तिकाओं को बदला जाना चाहिए। पुलिस कमीशन ओर वोरा समिति की रिपोर्टों को शीघ्र ही कार्यान्वित करने पर विचार अपेक्षित है। पुलिस को आधुनिक प्रशिक्षण और साज-सामान से लैस होना चाहिए। राजनीतिज्ञों को उसके काम-काज में हस्तक्षेप नहीं करना चाहिए। वरिष्ठ अधिकारियों को पुलिस बल की कमियों के लिए उत्तरदायी ठहराया जाना चाहिए। संवेदनशील क्षेत्रों में कार्यरत अफसरों को एक निश्चित कार्यकाल तक काम करने की अनुमति होनी चाहिए। विधि और व्यवस्था, अन्वेषण शाखा, सशस्त्र पुलिस और ट्रैफिक पुलिस—इन सबकी संरचनाएँ अलग-अलग होनी चाहिए। दंड और न्याय पद्धति को मजबूत करने के लिए दंडप्रक्रिया संहिता तथा भारतीय साक्ष्य अधिनियम में उपयुक्त संशोधन किए जाने चाहिए। पुलिस विभाग तथा भारतीय सतर्कता प्रकोष्ठों की सहायता के लिए लोक शिकायत प्रकोष्ठों की स्थापना उचित होगी।

निष्कर्ष—हमें स्थिरता तथा उत्तरदायित्व दोनों की आवश्यकता है। सरकार के लिए यह जरूरी है कि वह सुशासन दे। सुशासन लोकतंत्रात्मक, सहयोगात्मक, पारदर्शी, उत्तरदायी और नागरिक-उन्मुख होना चाहिए। उसके लिए आवश्यक है कि वह लोगों के प्रति उत्तरदायी हो तथा उनकी आवश्यकताओं तथा आकांक्षाओं को पूरा करे। उसमें स्थिरता भी होनी चाहिए जिससे वह विकास तथा शासन पर अपना ध्यान केन्द्रित कर सके।

आज सभी स्तरों पर कार्यरत प्रशासनिक सेवाओं के मानसिक गठन को बदलने की आवश्यकता है। औपनिवेशिक युग में शासक अपने आपको लोगों का माई-बाप समझते थे। अब उन्हें अपने आपको जनता का सेवक समझना है। उनका सर्वोपरि कर्तव्य है कि वे जनता को स्वच्छ, पारदर्शी, मैत्रीपूर्ण शासन दें और वह भी बिना किसी भेदभाव के। इसके लिए जरूरी होगा कि सत्ता का विकेन्द्रीकरण तथा प्रत्यायोजन हो, नई प्रौद्योगिक विधाओं का उपयोग किया जाए, सरकारी अफसरों की संख्या में कमी हो, नूतन कार्य-संस्कृति का संवर्धन हो तथा शासन कुशलता, जवाबदारी तथा शिकायत निवारण की ओर ध्यान दे।

अधिकारिता की सीमाओं का उल्लंघन—न्यायालय संविधान में कभी-कभी ऐसी बहुत-सी बातें ढूँढ़ लेते हैं जो उसमें नहीं हैं। कुछ उदाहरण हैं—न्यायाधीशों की नियुक्ति, झारखंड मुक्ति मोर्चा रिश्वत कांड में संसदीय विशेषाधिकारों तथा उन्मुक्तियों की गलत व्याख्या, संसद सदस्यों द्वारा करोड़ों रुपयों की रिश्वत लेने पर भी उनका संरक्षण, न्यायालय अवमानना के मामलों में सत्य की अवहेलना, विभिन्न क्षेत्रों में लोक निकायों या राज्य प्राधिकारियों के लिए लोकनीति निर्धारित करना या कार्यकारी आदेश निकालना। न्यायपालिका अधिक से अधिक अस्थायी समाधान अथवा आपातकालीन उपाय प्रस्तुत कर सकती है। वह कार्यपालिका या विधायिका के कार्य नहीं कर सकती।

न्यायाधीशों की नियुक्ति—अनुच्छेद-124 (2) के अनुसार राष्ट्रपति उच्चतम न्यायालय के न्यायाधीशों की नियुक्ति उच्चतम न्यायालय के और राज्यों के उच्च न्यायालयों के ऐसे न्यायाधीशों से परामर्श करने के पश्चात् जिनसे राष्ट्रपति 'इस प्रयोजन के लिए परामर्श करना आवश्यक समझे' करता है। यह नियुक्ति परामर्श से नहीं, परामर्श के पश्चात् होती है। न्यायाधीशों से परामर्श करने और परामर्श करने के पश्चात् न्यायाधीशों को नियुक्त करने से न्यायपालिका—जिससे परामर्श किया जाना है—नियुक्त करनेवाला प्राधिकरण नहीं बन जाता।

न्यायाधीशों की नियुक्ति की समस्याओं को सुलझाने के लिए राष्ट्रीय न्यायिक आयोग की स्थापना की जानी चाहिए। इस आयोग की सफलता इस बात पर निर्भर होगी कि उसके सदस्य कौन-कौन लोग बनते हैं और न्यायपालिका न्यायाधीशों के चयन और नियुक्ति के मामले में अपनी सर्वोच्च सत्ता का कितना त्याग करती है। आदर्श स्थिति यह होगी कि न्यायिक आयोग का अध्यक्ष उपराष्ट्रपति हो तथा उसके सदस्यों में भारत का मुख्य न्यायमूर्ति, दो अन्य न्यायाधीश, लोकसभा और राज्यसभा में नेता विपक्ष, लोकसभा का अध्यक्ष, गृह और विधि मंत्री हों।

सुधारों का प्रस्ताव—न्यायाधीशों तथा वकीलों की दृष्टि से देखें तो न्यायपालिका में निम्नलिखित सुधारों की जरूरत है—

(i) न्यायाधीशों के सभी रिक्त स्थानों की पूर्ति की जाए।

(ii) विभिन्न स्तरों पर न्यायाधीशों तथा न्यायिक अधिकारियों की संख्या बढ़ाई जाए।

(iii) न्यायिक अधिकारियों को सभी स्तरों पर ज्यादा वेतन और भत्ते दिए जाएँ, उनकी प्रतिष्ठा में वृद्धि की जाए तथा उनकी सेवा-निवृत्ति की आयु बढ़ाई जाए।

(iv) न्यायपालिका को अधिक स्वतंत्रता दी जाए जिसमें वित्तीय स्वायत्तता भी सम्मिलित है।

(v) इन सुधारों के कुछ गुण हो सकते हैं लेकिन न्यायतंत्र को कुशल, ईमानदार, भ्रष्टाचारमुक्त, कम खर्चीला और चुस्त-दुरुस्त बनाने के लिए सारे ढाँचे को बदलना पड़ेगा। तभी सब नागरिकों को समान रूप से न्याय सुलभ हो सकेगा। कुछ सुधार नीचे सुझाए जा रहे हैं जिन पर विचार करने की आवश्यकता है—

1. जब न्यायपालिका के सदस्य अपनी नौकरी शुरू करें तब सभी स्तरों पर उन्हें व्यापक प्रशिक्षण दिया जाए तथा उनके लिए अनुकूल कार्यक्रम आयोजित किए जाएँ। न्यायपालिका के सभी सदस्यों के लिए निम्नतम न्यायालयों से उच्चतम न्यायालयों तक, समय-समय पर नियमित रूप से प्रशिक्षण कार्यक्रम आयोजित किए जाने चाहिए। इन कार्यक्रमों में न्यायिक अधिकारियों को अपने विषय की नवीनतम जानकारी दी जा सकती है। इस तरह के प्रशिक्षण-शिविर वकीलों के लिए भी संयोजित किए जा सकते हैं। वे इन शिविरों के माध्यम से अपनी व्यावसायिक योग्यता को बढ़ा सकेंगे और जिम्मेदारियों को ज्यादा अच्छी तरह समझ सकेंगे।
2. राष्ट्रीय न्यायिक वेतन आयोग ने अधीनस्थ न्यायपालिका के लिए जो सिफारिशें कीं, वे सिफारिशें उच्च न्यायालयों तथा उच्चतम न्यायालय के ऊपर भी लागू हो सकती हैं। उच्च न्यायालयों तथा उच्चतम न्यायालय को अन्य सभी न्यायालयों के लिए आदर्श बनना चाहिए।
3. निम्नतम से उच्चतम तक मुंसिफों से मुख्य न्यायमूर्ति तक सभी न्यायाधीशों को अपने देयादेय की हर साल खुले आम घोषणा करनी चाहिए।
4. संविधान द्वारा प्रत्येक नागरिक को यह मूल अधिकार मिलना चाहिए कि उसे शीघ्र, समय पर और कम खर्च पर बिना किसी भेदभाव के न्याय सुलभ होगा।
5. कानूनी शिक्षा और प्रशिक्षण की गुणवत्ता में और सुधार करना होगा तथा वकालत के पेशे और न्यायिक सेवा में ज्यादा योग्य व्यक्तियों को आकृष्ट करना होगा।
6. न्यायाधीशों, अधिवक्ताओं, अन्वेषणकारी एजेंसियों के प्रधानों और वादियों के बीच अनौपचारिक बातचीत। न्यायिक अलगाव का विचार अब मान्य नहीं।

7. सूचना प्रौद्योगिकी, कम्प्यूटर-प्रक्रिया आदि में नवीनतम सिद्धान्तों तथा तंत्रों के प्रयोग द्वारा मामले को हर स्तर पर समेटने का प्रयास।
8. प्रक्रियाओं और अदालती प्रथाओं को सरल करने की आवश्यकता, दंड प्रक्रिया संहिता, भारतीय दंड संहिता, साक्ष्य विधि आदि में आवश्यक संशोधन जिससे गवाहों को पूरी सुरक्षा मिल सके।
9. लोक अदालतों, गाँव, ब्लॉक और जिला स्तर पर न्याय पंचायतों द्वारा विवादों के निपटाने की समानान्तर तथा वैकल्पिक योजनाओं को प्रोत्साहन। छोटे-मोटे अपराधों का फैसला करने के लिए आनरेरी मजिस्ट्रेटों की पद्धति को फिर से चालू करना। मुकदमा चालू होने से पहले उसको निपटाने के लिए आपसी फैसले और प्रतिकर अदायगी की पद्धति। द्रुतगामी अदालतों तथा उपभोक्ता अदालतों की पहल।
10. उच्च न्यायालयों तथा उच्चतम न्यायालय के सभी न्यायाधीशों की सेवा-निवृत्ति की आयु 70 वर्ष कर देनी चाहिए लेकिन इसके बाद उनके ऊपर यह बन्दिश लगनी चाहिए कि वे लाभ का कोई पद धारण नहीं करेंगे और न किसी तरह का कोई नियोजन करेंगे। वे न तो राज्यपाल बनेंगे और न किसी समिति अथवा आयोग के वैतनिक प्रधान। उनके लिए यह भी सम्भव नहीं होगा कि वे कानूनी सलाह देकर, प्रैक्टिस कर या न्याय-निर्णयन द्वारा निजी तौर पर कोई कमाई कर सकें।
11. जिन अधिवक्ताओं को न्यायाधीशों का पद दिया जाए, उन्हें वह पद स्वीकार करना चाहिए।
12. अपीलों की संख्या सीमित करने की आवश्यकता। सुनवाई को बार-बार स्थगित कर देने का निषेध। मामलों को अन्तिम रूप से निपटाने के लिए समय की सीमा। लिखित युक्तियाँ उपस्थित करने की अनुमति। सुनवाई का अन्त होने के बाद निर्णय सुनाने की समय-सीमा।
13. निर्णय संक्षिप्त, सारगर्भित तथा सटीक होने चाहिए। उन्हें पी-एच.डी. शोध प्रबन्ध की भाँति, जिसमें विदेशी न्यायविदों, न्यायाधीशों तथा निर्णयों के उद्धरणों की भरमार हो, विद्वत्तापूर्ण होने की जरूरत नहीं है। प्रत्येक मामले में केवल एक सर्वसम्मत निर्णय सुनाया जाना चाहिए। पृथक् और विसम्मत निर्णय नहीं होने चाहिए। इससे लोग भ्रम में पड़ते हैं। यदि सहयोगी न्यायाधीश

एक-दूसरे को नहीं समझ सकते अथवा आपस में सहमत नहीं हो सकते तो लोगों का कानून पर विश्वास नहीं रहेगा और वे उसकी सही व्याख्या के बारे में आश्वस्त नहीं होंगे।

14. औपनिवेशिक काल में गरमियों के दिनों में लम्बी छुट्टियाँ होती थीं। इस सामन्ती विरासत का अन्त होना चाहिए। न्यायाधीशों से अपेक्षा की जानी चाहिए कि वे साल में कम-से-कम 220 या 230 दिन काम करें। न्यायाधीशों के लिए दिन में भी काम के घंटे बढ़ाने की जरूरत है। अदालती कमरों की कमी होने पर न्यायाधीश अवशिष्ट मामलों को निपटाने के लिए पारी से बैठ सकते हैं। मामलों को निबटाने के लिए एक समयबद्ध कार्यक्रम तैयार किया जाना चाहिए और उसकी घोषणा की जानी चाहिए।
15. उच्चतम न्यायालय के उन निर्णयों का निष्पक्ष अध्ययन होना चाहिए जिनकी तत्काल समीक्षा करने की आवश्यकता है।
16. अधिवक्ताओं के प्रशिक्षण, अनुशासन तथा वृत्तिक नैतिकता का यह अंग होना चाहिए कि वे अपराधी व्यक्तियों का बचाव न करें। जहाँ वकील को विश्वास हो कि उसके मुवक्किल के मामले में दम नहीं है और उसके जीतने की सम्भावना नहीं है, वहाँ उसे अपने मुवक्किल को सलाह देनी चाहिए कि वह अदालती कार्यवाही में अपने समय और पैसे का अपव्यय न करे तथा अदालत के बाहर समझौता कर ले।
17. वकीलों को क, ख, ग और घ श्रेणियों में बाँटा जा सकता है और उनकी फीस कानून द्वारा तय की जा सकती है। फीस का भुगतान सिर्फ चेक द्वारा होना चाहिए।
18. अदालतों की जवाबदारी सब स्तरों पर बढ़ाई जानी चाहिए। इस समय वह बहुत कम है।
19. न्यायपालिका के विभिन्न स्तरों पर भ्रष्टाचार को रोकने के लिए उपाय किए जाने चाहिए। आदर्श स्थिति यह होगी कि न्यायालय अपने ऊपर कठोर अनुशासन लागू करें।

न्यायिक सुधारों के लिए एक समन्वित नीति अपनाने की आवश्यकता है। न्यायिक सुधार तभी सफल हो सकते हैं जब उनके साथ अन्य आवश्यक सुधार भी किए जाएँ। यह जरूरी है कि विधायिका तथा कार्यपालिका अपनी-अपनी जिम्मेदारियों को समझें और उनका निर्वाह करें। कानून तथा प्रशासन की गुणवत्ता में सुधार की जरूरत है। नागरिकों को अपने कर्तव्यों का निर्वाह करना चाहिए। शासन के तीनों

अंगों में सौहार्द्र बने रहना चाहिए और वे संविधान तथा विधि-शासन के प्रति जवाबदार बने रहें।

संघ-राज्य सम्बन्ध

विकेन्द्रीकरण—भारत में संघ को मजबूत करने का एकमात्र उपाय यह है कि वह अपनी शक्तियों में कमी करे और मुख्य बातों की ओर ही ध्यान दे। आर्थिक उदारीकरण के साथ राजनीतिक शक्ति और व्यवस्था का विकेन्द्रीकरण आवश्यक हो गया है। भारत संघ को फेडरल संघ का रूप देने के लिए यह जरूरी है कि वह स्वायत्तशासी इकाइयों के रूप में काम करे। इस व्यवस्था में शासन के अनेक स्तर हो सकते हैं—पंचायतों से संसद और संघ सरकार तक। प्रस्तावित शासन-संगठन संकेन्द्रित वृत्तों से युक्त होने के कारण गांधीजी के आदर्श के निकट होगा। शक्तियों का वितरण इस तरह होना चाहिए कि हर उच्चतर स्तर की प्रशासनिक इकाई को कम से कम आवश्यक शक्तियाँ दी जाएँ। जो काम तृणमूल धरातल की संस्थाएँ कर सकें, वह उनके हाथ में छोड़ देना चाहिए। उच्च स्तर की सरकार को यह शक्ति नहीं होनी चाहिए कि वह निम्न स्तर की विधिवत् निर्वाचित सरकार को बर्खास्त कर दे।

यदि हम सचमुच बहुस्तरीय शासन की स्थापना करना चाहते हैं और तृणमूल धरातल पर लोगों को सत्ता सौंपना चाहते हैं तो संविधान के अनुच्छेद-245, 246 तथा अन्य प्रासंगिक अनुच्छेदों तथा 7वीं अनुसूची में संशोधन कर संघ, राज्यों और पंचायतों तथा नगरपालिकाओं की स्थानीय सरकारों के बीच शक्तियों का स्पष्ट वितरण करना होगा। इससे संविधान के बुनियादी ढाँचे अथवा संसदीय प्रणाली पर कोई प्रतिकूल प्रभाव नहीं पड़ेगा। इसके कारण सुशासन तथा आर्थिक विकास में सहायता ही मिलेगी।

अब समय आ गया है कि संघ-राज्य सम्बन्धों तथा स्थानीय शासन-संस्थाओं की व्यापक समीक्षा की जाए। इस विषय में कोई सर्वत: स्वीकृत प्रतिमान नहीं हो सकता। भारत को स्थायित्व, सुरक्षा और विकास की आवश्यकता है। यह लक्ष्य एकात्मक और फेडरल राज्य-व्यवस्था के बीच समन्वय स्थापित करने से प्राप्त हो सकता है। सबसे ज्यादा जरूरी यह है कि राजनीतिक व्यवस्था में स्थिरता बनी रहे। इसके साथ ही वह लोगों के प्रति उत्तरदायी भी होनी चाहिए। नया फेडरल राज्य स्वायत्तशासी इकाइयों का संयुक्त राज्य बनेगा। ये स्वायत्तशासी इकाइयाँ संघ की अधीन या सहायक इकाइयाँ नहीं होंगी। वे विभिन्न धरातलों पर फेडरेशन की भागीदार होंगी। भारत फेडरल संघ होगा जिसमें शासन के अनेक स्तर होंगे। सत्ता की शृंखला पंचायतों से शुरू होकर संसद तक पहुँचेगी।

(i) पृथक् राज्यों की राजनीतिक माँगों को जातीय आकांक्षाओं से अलग करके देखना चाहिए। सिद्धान्तत: सुशासन की दृष्टि से बढ़ती हुई

आबादी के कारण छोटे-छोटे राज्य ज्यादा अच्छे हो सकते हैं। संख्या में अधिक राज्य संघ को मजबूती देंगे। कुछ स्थितियों में नए राज्यों का निर्माण करने की अपेक्षा उप-राज्य संरचनाओं का गठन किया जा सकता है। सम्पूर्ण देश को 4-5 जोनों तथा 40 -50 छोटे-छोटे राज्यों में बाँटना हितकर है। ये राज्य यथासम्भव समान आकार के होने चाहिए तथा इन्हें संसद के दोनों सदनों में या कम से कम एक सदन में समान प्रतिनिधित्व प्राप्त होना चाहिए। आशा की जा सकती है कि प्रस्तावित परिवर्तनों से ज्यादा स्थिरता, जवाबदारी, मजबूत संघ, सुशासित, विकसित और तेजी से विकासशील राज्यों का पथ प्रशस्त होगा।

(ii) राज्यपालों की नियुक्ति के मानदंडों में परिवर्तन होने चाहिए। सरकारिया आयोग की सिफारिशों की परीक्षा होनी चाहिए और उन्हें कार्यान्वित किया जाना चाहिए।

(iii) अनुच्छेद-356 से सम्बन्धित समस्याएँ अनुच्छेद-256, 257, 355, 356 और 365 के अनुचित क्रियान्वयन के कारण पैदा हुई हैं। इन सब अनुच्छेदों को एक साथ पढ़ने की जरूरत है। अनुच्छेद-355 के अधीन संघ सरकार अनुच्छेद के अधीन राष्ट्रपति शासन लागू किए बिना राज्य के प्रति कुछ दायित्वों का निर्वहन कर सकती है।

(iv) अर्थव्यवस्था के उदारीकरण के कारण केन्द्रीय नियंत्रण की आवश्यकता नहीं रहती। आय कर, निगम कर और परोक्ष करों को समवर्ती सूची में स्थानान्तरित किया जा सकता है। इससे कर-प्रणाली में सुधार और समन्वय होगा।

(v) संघ-राज्य सम्बन्धों पर समग्र दृष्टि से विचार करने की आवश्यकता है। राजनीतिक सत्ता चार स्तरों पर विभक्त होनी चाहिए। विभिन्न समूहों को शासन में भागीदार बनाने की जरूरत है। इससे संघ मजबूत बनेगा और राष्ट्र में भावनात्मक तथा सांस्कृतिक दृष्टि से निखार आएगा। शक्तियों का वितरण ऐसा होना चाहिए कि शासन के प्रत्येक उच्चतर स्तर को न्यूनतम आवश्यक शक्तियाँ दी जाएँ। उदाहरण के लिए ग्राम पंचायतें या नगरपालिकाएँ जैसी तृणमूल संस्थाएँ जो काम कर सकें, वह काम पूरी तरह उनके ऊपर छोड़ देना चाहिए। उच्चतर स्तर की सरकार को यह अधिकार नहीं होना चाहिए कि वह अपने से नीचे स्तर की विधिवत् निर्वाचित सरकार को बर्खास्त कर सके। कुशल राजकर्मचारी लोकतंत्रात्मक विकेन्द्रित शासन का स्थान नहीं ले सकते।

(v) ग्यारहवीं और बारहवीं अनुसूची को आदेशात्मक बना देना चाहिए। इन दोनों अनुसूचियों को मिलाकर एक सामान्य सूची का निर्माण करना

चाहिए। संसद सदस्यों तथा विधायकों को जिला विकास प्रक्रिया का भाग नहीं होना चाहिए। विधि और व्यवस्था के कार्य स्थानीय निर्वाचित निकायों को ही सौंपना ठीक होगा। ग्रामसभा और ग्राम पंचायतों की शक्तियों का वर्गीकरण करना आवश्यक होगा। स्थानीय निकायों के लिए स्थानीय कर्मचारी रखे जाने चाहिए।

संसद सदस्यों की क्षेत्रीय विकास योजना शक्तियों के वितरण के फेडरल सिद्धान्त के प्रतिकूल है।

(vii) उत्तर-पूर्वी राज्यों के अवैध देशान्तरण को रोकना चाहिए। शासन की स्थानीय परम्परागत संस्थाओं को आधुनिक रूप देने और महिलाओं के साथ न्याय करने की आवश्यकता है। इन परम्परागत संस्थाओं को शासन की संस्थाएँ बनाया जा सकता है। राज्य सरकार स्वायत्तशासी जिला परिषदों और शासन की परम्परागत प्रणाली के अधिकार-क्षेत्र एक-दूसरे से मिलते हैं। इससे अनेक समस्याएँ पैदा होती हैं। अधिकार-क्षेत्र की इस परस्पर-व्याप्ति को रोकने की आवश्यकता है। प्रत्येक स्तर की अधिकारिता का स्पष्ट रूप से निरूपण करना उचित है। छठी अनुसूची में संशोधन कर स्वायत्तशासी जिला परिषदों को अधिक स्वायत्तता दी जानी चाहिए। स्वायत्तशासी जिला परिषदों में गैर-कबाइली लोगों की भागीदारी का प्रश्न विचारणीय है। परम्परागत संस्थाओं स्वायत्तशासी जिला परिषदों तथा अधीन न्याय-पालिका के परस्पर-व्याप्त अधिकार-क्षेत्र के कारण न्याय-प्रशासन में दिक्कतें पैदा हो रही हैं। उन्हें सुलझाने की आवश्यकता है। मानव अधिकारों तथा कबाइली अधिकारों के संघर्ष और संरक्षण विधियों तथा कबाइली अधिकारों के संघर्ष को भी समझने और सुलझाने की जरूरत है।

भ्रष्टाचार

राजनीतिक सुधार कार्यक्रम के अंग के रूप में भ्रष्टाचार को हटाने का उपाय सुझाना मुश्किल नहीं है लेकिन समस्या ऐसे सुझावों की है जो निहित स्वार्थों को चोट न पहुँचाए तथा जिन्हें स्वीकारा और कार्यान्वित किया जा सके।

नागरिकों में भ्रष्टाचार से जूझने के लिए अधिक जागरूकता होनी चाहिए और उन्हें भ्रष्ट लोगों का सामाजिक बहिष्कार करना चाहिए। रिश्वतखोरी के खिलाफ नागरिकों का आन्दोलन खड़ा होना चाहिए। हर बस्ती में भ्रष्टाचार विरोधी नागरिक समूहों का गठन होना चाहिए जो सम्बद्ध उच्च अधिकारियों के पास भ्रष्टाचार की शिकायतें लेकर जा सके। लोकमत सशक्त होना चाहिए। यह उचित होगा कि

संसदीय लोकपाल अलग हो तथा न्यायालयों और सैन्यबलों के भी अलग लोकपाल हों। राज्यों में इसी प्रकार अपनी लोकायुक्तों की व्यवस्था हो।

भ्रष्टाचार-निवारण के लिए कुछ अन्य सुझाव निम्नलिखित हैं—

- जिन लोगों पर भ्रष्टाचार या नैतिक अपराध का आरोप हो, वे जब तक आरोप से मुक्त न हो जाएँ तब तक उन्हें निर्वाचनों में खड़े होने अथवा कोई सार्वजनिक पद धारण करने की अनुमति नहीं होनी चाहिए। जिन्हें दोषी पाया जाए उन्हें 10 वर्ष तक सार्वजनिक जीवन से बेदखल कर दिया जाना चाहिए।
- सार्वजनिक पद के हर अभ्यर्थी को अपनी जीविका के स्रोत, आय, परिसम्पत्ति, देनदारियों, चल और अचल सम्पत्ति का विवरण हर वर्ष देना चाहिए।
- लोकसेवकों के लिए भ्रष्टाचार-विरोधी कानूनों को अधिक कठोर बना देना चाहिए।
- बेईमानी से अर्जित समूची धन-सम्पदा जब्त कर लेनी चाहिए।
- भ्रष्टाचार से उत्पीड़ित व्यक्ति को दोषी व्यक्ति की ओर से प्रतिकर प्राप्त होना चाहिए। जब किसी लोकसेवक के किसी गलत कार्य या भ्रष्टाचार के फलस्वरूप राज्य को नुकसान हो, तो दोषी लोकसेवक से सरकारी नुकसान का हरजाना वसूल किया जाना चाहिए।
- राष्ट्रीय पुलिस आयोग की रिपोर्ट को कार्यान्वित किया जाना चाहिए।
- प्रशासन में राजनीतिक हस्तक्षेप बन्द होना चाहिए।
- सिविल सेवाओं पर राजनीतिक दबाव नहीं होना चाहिए। उनके स्थानान्तरण का काम सिविल सेवा बोर्ड को सौंप देना चाहिए।
- प्रशासन के विस्तार में काफी कमी करने तथा न्यायपालिका और सरकार के सारे रिकॉर्डों को कम्प्यूटर पर लाने से भ्रष्टाचार कम हो सकता है।
- निर्णय-प्रक्रिया में विकेन्द्रीकरण आना चाहिए और उसे पारदर्शी होना चाहिए।
- सरकारी खरीद, ठेकों की अदायगी और आर्थिक कार्यवाही (गैस एजेंसियाँ देने जैसे काम) राजनीति और सरकारी तंत्र से पूरी तरह पृथक् होने चाहिए।

संविधान आयोग के अनुसार जब तक सार्वजनिक पद को एक ऐसा न्यास न समझा जाए जिसे सार्वजनिक सेवक लोकहित के लिए धारण करता है तब तक सामाजिक कल्याण की सबसे प्रबुद्ध नीतियाँ तक सफल नहीं होंगी। भारत के सार्वजनिक जीवन में इस आचारशास्त्रीय और नैतिक आयाम को किस प्रकार प्रतिष्ठित किया जाए, यह इस समय शासन का एक सबसे महत्त्वपूर्ण प्रश्न है।

बेईमान लोग वर्तमान कानूनों के अन्तर्गत किस तरह अपना स्वार्थ साधते हैं, इसके कुछ रास्ते बन्द कर देने चाहिए। भ्रष्टाचार-निवारण के कुछ और मुख्य उपाय सुझाए जा सकते हैं—

1. गलत काम करनेवाले लोगों की सूचना देनेवालों की रक्षा की जाए। इसके लिए आवश्यक कानून बनाए जा सकते हैं।
2. बेनामी सम्पत्ति, गैर-कानूनी ढंग से अर्जित परिसम्पत्ति और आय से ज्ञात स्रोतों से अधिक सम्पत्ति को जब्त कर लिया जाए।
3. लोकसेवकों को विवश किया जाए कि वे अपने गलत कार्यों के लिए हर्जाना दें।
4. अवैध रीतियों से अर्जित धन को चोरी-छिपे विदेशी बैंकों में भेजने से रोकनेवाला कानून बनाया जाए।

सार्वजनिक सम्पर्क के निम्न धरातलों पर भ्रष्टाचार मिटाने के लिए आवश्यक प्रशासनिक सुधार करने की जरूरत है। इस समय साधारण नागरिक प्रशासन तक पहुँच भी नहीं पाता। प्रशासक, अफसर और छोटे बाबू नागरिकों को रिआया समझते हैं।

यदि हम अपने लोकतंत्र और स्वतंत्रता की रक्षा करना चाहते हैं तो हमें स्वच्छ और कुशल प्रशासन की स्थापना करनी होगी। सबसे महत्त्वपूर्ण बात यह है कि हम अपनी व्यवस्था सुधारें और सरकार तथा प्रशासन को नागरिकों के लिए उपयोगी बनाएँ। अन्तिम विश्लेषण में यह तभी हो सकता है जबकि गांधीजी की शब्दावली में सत्ता को एक न्यास तथा लोकसेवा का अवसर माना जाए। राजनीति और सार्वजनिक प्रशासन को धन बटोरने का सोपान नहीं बल्कि त्याग और लोकोपकार का माध्यम मानना चाहिए।

समाज पुरस्कार और दंड के सिद्धान्त पर चलता है। यदि लोगों को भ्रष्टाचार से लाभ नहीं होगा और भ्रष्टाचार के अपराधियों को तुरन्त कठोर दंड मिलना निश्चित हो जाएगा तो भ्रष्टाचार में अपने आप कम से कम कतिपय कमी आ जाएगी।

अधिकांश भ्रष्टाचार का कारण बाजार-केन्द्रित व्यापार और धन-केन्द्रित पश्चिमी उपभोक्तावादी मूल्य हैं। जब तक धन जीवन का उच्चतम मूल्य बना रहेगा, तब तक भ्रष्टाचार का कभी अन्त नहीं होगा।

निर्वाचन व्यवस्था

देश की व्यवस्था के कार्यकरण में पिछले 62 वर्षों में जो समस्याएँ उजागर हुई हैं उन सभी का निराकरण महत्त्वपूर्ण है और सुझाए गए सभी सुझावों पर विचार करने और सार्थक कदम उठाने की अविलम्ब आवश्यकता है किन्तु अगर वरीयता और प्राथमिकता का क्रम निश्चित करना हो तो सबसे ऊपर होगा निर्वाचन और राजनीतिक

दल व्यवस्था में सुधार क्योंकि वह व्यवस्था भ्रष्टाचार सहित अधिकांश समस्याओं और राजनीतिक व्यवस्था में आई विसंगतियों की जड़ में है। लोकतंत्र में निर्वाचनों और राजनीतिक दलों की अहम भूमिका है क्योंकि वही हमें हमारे शासक देते हैं। हमारी सारी राजनीतिक व्यवस्था निर्वाचनों की नींव पर खड़ी है।

आज की निर्वाचन व्यवस्था के चलते जो आम चुनाव में जीतकर आते हैं और विधायक-सांसद बनते हैं उनमें से अधिकांश—लगभग 70 प्रतिशत, वर्तमान लोकसभा में 78 प्रतिशत—ऐसे होते हैं जिनके पक्ष में कम मत पड़े हों और विरोध में अधिक। ऐसी स्थिति में उन्हें जनता का प्रतिनिधि कहने का भी कोई औचित्य नहीं। दूसरी ओर, पंजीकृत राजनीतिक दलों की संख्या आज 1350 से ऊपर है। लोकसभा में 300 करोड़पति हैं और 153 से 175 आपराधिक पृष्ठभूमि वाले सदस्य हैं जिनके विरुद्ध अपराध के मुकदमे लम्बित हैं।

प्रतिनिधित्व की वैधता—वर्तमान व्यवस्था के अन्तर्गत विधायकों के प्रतिनिधित्व को वैधता प्रदान करने के लिए यह निर्धारित किया जा सकता है कि उसी उम्मीदवार को निर्वाचित घोषित किया जाए जो कम से कम 50 प्रतिशत से अधिक मत प्राप्त करे। यह शर्त लागू होने पर उम्मीदवार अपनी जाति, बिरादरी और संकीर्ण समूह से इतर लोगों के मत भी पाने की कोशिश करेगा। यदि पहले राउंड में किसी उम्मीदवार को 50 प्रतिशत से अधिक मत नहीं मिलते तो सबसे ज्यादा मत पानेवाले दो उम्मीदवारों के बीच दूसरे दिन फिर मतदान हो सकता है।

अनिवार्य मतदान—प्रत्येक नागरिक के लिए मतदान अनिवार्य बुनियादी कर्तव्य होना चाहिए। अनिवार्य मतदान का एक लाभ यह है कि मतदाता यह समझेगा कि वह किसी उम्मीदवार के ऊपर अनुग्रह नहीं कर रहा है बल्कि नागरिक के रूप में अपने कर्तव्य का पालन कर रहा है। मतदान करनेवालों को प्रमाणपत्र दिया जा सकता है। जो लोग मतदान करें, उन्हें कुछ सुभीते दिए जा सकते हैं। जो लोग मतदान न करें, उनके लिए नागरिकता के अधिकारों का प्रयोग दुर्लभ करने की व्यवस्था की जा सकती है। पासपोर्ट, ड्राइविंग लाइसेंस, राशन कार्ड आदि तब तक किसी को जारी न किए जाएँ जब तक वह मतदान का प्रमाण-पत्र न पेश करे।

उम्मीदवारों का चयन—वर्तमान व्यवस्था में उम्मीदवार राजनीतिक दलों के द्वारा चुने जाते हैं और इस चयन में आम आदमियों यानी निर्वाचकों की कोई भूमिका नहीं होती। प्राथमिकी (प्राइमरी) के द्वारा या जनसभाओं के द्वारा इसका प्रावधान निर्वाचन आयोग के तत्त्वावधान में किया जाना चाहिए।

निर्वाचन याचिकाएँ—निर्वाचन याचिकाओं को निपटाने के लिए विशेष न्यायालयों की स्थापना होनी चाहिए जो कमिश्नरों के माध्यम से साक्ष्य लेकर छह महीनों के भीतर सारे मामले सुलझा दें।

निर्दलीय उम्मीदवार—निर्वाचनों में निर्दलीय उम्मीदवारों की संख्या कम करने की जरूरत है। इसके लिए सुरक्षा जमानत की राशि बढ़ाई जा सकती है। जिन उम्मीदवारों को डाले गए मतों के 5 प्रतिशत से कम मत मिलें, उन्हें भावी निर्वाचनों में खड़े होने से रोका जा सकता है। इसके अतिरिक्त यह प्रावधान भी किया जा सकता है कि निर्दलीय उम्मीदवारों के नाम का प्रस्ताव और समर्थन पंचायतों तथा नगरपालिकाओं के सदस्य करें।

प्रक्रिया सम्बन्धी कुप्रथाएँ—निर्वाचन-संचालन के दौरान प्रक्रिया को लेकर अनेक कुरीतियाँ पाई गई हैं। निम्नलिखित की ओर ध्यान देने की जरूरत है—

1. गाँव, नगरपालिका वार्ड के स्तर पर सही निर्वाचक नामावलियों को तैयार करना और उन्हें निरन्तर नवीनतम बनाए रखना।
2. सभी वयस्क नागरिकों के लिए बहु-प्रयोजनीय पहचान-पत्र का अनिवार्य किया जाना।
3. प्रत्येक निर्वाचन क्षेत्र के मुख्यालय के डाकघरों में सार्वजनिक जाँच के लिए निर्वाचक नामावलियों का प्रदर्शन।
4. निर्वाचन आयोग को यह अधिकार देना कि वह गोस्वामी समिति की सिफारिशों के अनुसार मतदान केन्द्रों पर कब्जा करने के मामलों में अधिक कठोर कार्यवाही कर सके और निर्वाचन को रद्द करने या दुबारा मतदान कराने के आदेश दे सके।
5. संवेदनशील मतदान केन्द्रों और निर्वाचन क्षेत्रों के मौसम के अनुकूल वीडियो और बिजली से चलनेवाली अन्य निरीक्षण मशीनों का प्रयोग।
6. जिन उम्मीदवारों को डाले गए मतों के 25 प्रतिशत से कम मत प्राप्त हों, उनकी सुरक्षा जमानतों की जब्ती।
7. मुख्य निर्वाचन आयुक्त और निर्वाचन आयुक्तों की प्रधानमंत्री, लोकसभा और राज्यसभा में विपक्ष के नेताओं, लोकसभा के अध्यक्ष और राज्यसभा के उपसभापति से मिलकर बने निकाय द्वारा नियुक्ति।

धनशक्ति का महत्त्व—यदि निर्वाचन प्रक्रिया में गलत स्रोतों से आए धन का प्रयोग नहीं करना है तो निम्नलिखित सुझावों पर विचार किया जा सकता है—

1. निर्वाचनों में होनेवाले खर्च में कमी की जानी चाहिए। इसके लिए निर्वाचन-अभियानों के नियम बदल देना आवश्यक होगा। निर्वाचन-अभियान राज्य के खर्च पर बिजली और कम्प्यूटर-तकनीकों द्वारा किया जाना चाहिए। बड़ी-बड़ी चुनावी रैलियों पर, जिनमें दर्शकों को गाड़ियों में बिठाकर सभा-स्थल पर पहुँचाया जाए, पाबन्दी लगा दी जानी चाहिए। निर्वाचनों में निम्नलिखित पर रोक लगनी आवश्यक है—दीवारों की लिखावटों, कागज या लकड़ी के बड़े-बड़े पुतलों और झंडों के प्रदर्शन,

दल-कार्यालयों, सार्वजनिक सभाओं और अन्य विशिष्ट स्थानों को छोड़कर बाकी स्थानों पर झंडों को फहराना, निर्दिष्ट संख्या से ज्यादा वाहनों का प्रयोग, चलते हुए वाहनों से चुनाव का प्रचार तथा घोषणाएँ करना, नियत समय से परे सावर्जनिक सभाओं का आयोजन, जिला/निर्वाचन अधिकारियों द्वारा निर्दिष्ट स्थानों के अलावा अन्य स्थानों पर विज्ञापनों का प्रदर्शन।

2. जहाँ तक सम्भव हो, पंचायतों, नगरपालिकाओं, राज्य विधानमंडलों तथा संसद के चुनाव एक साथ होने चाहिए।
3. हर उम्मीदवार और राजनीतिक पद धारण करनेवाले व्यक्ति के लिए कानून के द्वारा यह आवश्यक होना चाहिए कि वह अपनी देनदारियों तथा लेनदारियों की घोषणा कर सके। इन घोषणाओं की लेखा-परीक्षा और जाँच होनी चाहिए।
4. किसी भी व्यक्ति को एक से अधिक निर्वाचन क्षेत्र से चुनाव लड़ने की अनुमति नहीं होनी चाहिए।
5. निर्वाचन की आचरण-संहिता को विधि का रूप दे देना चाहिए और उसका उल्लंघन होने पर निर्वाचन आयोग द्वारा तुरन्त दंड दिए जाने की व्यवस्था होनी चाहिए।
6. उम्मीदवारों के लिए यह आवश्यक कर देना चाहिए कि वे निर्वाचनों में भाग लेने से पहले अपने सारे सरकारी ऋण चुका दें और अनधिकृत सरकारी आवास खाली कर दें।
7. एक ऐसे कानून का निर्माण होना चाहिए जिसके अन्तर्गत उम्मीदवार सार्वजनिक या निजी सम्पत्ति को नुकसान न पहुँचा सकें। कानून के अन्तर्गत उम्मीदवारों, राजनीतिक दलों या उनके एजेंटों द्वारा नारों के चित्रांकन, विज्ञापन और झंडे लगाने पर दंड देने की व्यवस्था करनी चाहिए।
8. आवश्यक विनिधियों के विधिसम्मत स्रोतों को निर्धारित किया जाना चाहिए। व्यक्ति तथा कम्पनियाँ अधिक से अधिक कितना चन्दा दे सकें, इसकी सीमा तय कर देनी चाहिए। चन्दा देनेवाले व्यक्तियों तथा सम्पत्तियों को कराधान से भरपूर छूट मिलनी चाहिए।
9. निर्वाचनों में उम्मीदवार अधिक से अधिक कितना खर्च कर सकें, इसकी सीमा तय करना जरूरी है। प्राय: सभी उम्मीदवार निर्वाचन-व्यय के गलत विवरण देते हैं। उम्मीदवार के मित्र और हितैषी उसके निर्वाचन में कितना खर्च करते हैं, इसका भी हिसाब लगाया जाना चाहिए और उसे उम्मीदवार के खर्च में शामिल करना उचित होगा।

इस सारे आय-व्यय की रसीदों के आधार पर लेखा-परीक्षा आवश्यक कर देनी चाहिए।

अपराधीकरण—निर्वाचन-प्रक्रियाओं के अपराधीकरण और अपराध के राजनीतीकरण के क्षेत्र में निम्नलिखित सुझावों पर विचार किया जा सकता है—

1. **गम्भीर आरोपों के अभियुक्तों की अनर्हता और इस तरह के उम्मीदवारों को खड़ा करनेवाले दलों का अमान्यीकरण**—जब न्यायालय किसी व्यक्ति के विरुद्ध अपराधों से सम्बन्धित आरोपों को तय कर दे तब उस व्यक्ति को बरी होने तक निर्वाचनों में खड़े होने की अनुमति नहीं होनी चाहिए।
2. **उम्मीदवारों से सम्बद्ध मामलों की विशेष न्यायालयों द्वारा त्वरित जाँच**—पुलिस ने जिस सम्भाव्य उम्मीदवार के विरुद्ध आरोप निश्चित किए हैं, वह उम्मीदवार सम्बद्ध मामले को विशेष निर्वाचकीय न्यायालय में ले जा सकता है। यह न्यायालय निर्धारित समय में जाँच पूरी करे और निर्णय सुनाए। मूलतः इस न्यायालय को यह तय करना होगा कि क्या प्रथमदृष्टया आरोप बनता है। यदि हाँ तो व्यक्ति को निर्वाचन में भाग लेने की अनुमति नहीं मिलनी चाहिए।
3. **लोक प्रतिनिधित्व अधिनियम, 1951 के विभाग 8 के उपविभाग (1), (2) और (3) के वर्तमान उपबन्धों की असंगतियाँ**—यदि किसी बलात्कारी का दोष प्रमाणित हो जाए और उसे 10 वर्ष का कारावास-दंड दिया जाए तो उसे उपविभाग (1) के अनुसार केवल छह वर्ष के लिए निर्वाचनों में भाग लेने से रोका जा सकता है। जब वह अपनी सजा के अन्तिम चार वर्ष जेल में बिता रहा हो तब वह जेल से ही निर्वाचनों में खड़ा हो सकता है। कानून की यह असंगति दूर करना जरूरी है। कानून में यह व्यवस्था होनी चाहिए कि जब किसी अभियुक्त का अभियोग प्रमाणित हो जाए और उसे छह महीने या इससे अधिक का कारावास-दंड दिया जाए तब से उसे कारावास के काल तथा इसके अतिरिक्त छह साल तक निर्वाचन में खड़े होने की अनुमति नहीं होनी चाहिए।
4. **दोष सिद्ध होने पर वर्तमान सदस्यों की अनर्हता**—विभाग 8 (4) के अन्तर्गत वर्तमान सदस्य दोषी सिद्ध होने पर भी अपील का निर्णय होने तक अनर्ह घोषित नहीं होते। यह उपबन्ध हटना चाहिए। यदि निर्वाचित प्रतिनिधि कुछ विशेष अपराधों से सम्बन्धित आरोपों के बारे में सिद्धदोष हो जाए तो उसके लिए यह जरूरी होना चाहिए कि वह छह महीनों के लिए विधानमंडल से हट जाए और यदि इस अवधि में वह बरी न हो तो उसे विधानमंडल की सदस्यता से वंचित कर देना चाहिए।

5. **घृणित अपराध**—जिन लोगों को घृणित अपराधों के लिए सिद्धदोष पाया जाए उन्हें जीवन भर के लिए स्थायी रूप से अनर्ह घोषित कर देना चाहिए।
6. **जातीय और साम्प्रदायिक हिंसा**—निर्वाचन अभियानों के दौरान जातीय या साम्प्रदायिक घृणा पैदा करनेवालों को निर्वाचन आयोग के आदेश पर कानून द्वारा जेल भेजने या अनर्ह घोषित करने का प्रावधान किया जाना चाहिए।

तथाकथित सभ्य समाज में जिन सुझावों की विशेष चर्चा है, वे हैं—

1. वापस बुलाने की प्रक्रिया (रिकाल),
2. नकारात्मक मत (निगेटिव वोटिंग) अर्थात् किसी को भी मतदान न करने की घोषणा।

ये दोनों सुझाव नितान्त अव्यावहारिक और अर्थहीन हैं। वर्तमान निर्वाचन व्यवस्था में जहाँ जीतने वालों का बहुमत अल्पमत से जीतनेवालों का हो वहाँ रिकाल का अर्थ होगा उन सभी को निर्वाचन के नतीजे निकलते ही वापस बुलाने की सम्भावना। निर्वाचन किसी को निर्वाचित करने के लिए होते हैं और कोई भी यह कहने के लिए कि मुझे किसी को वोट नहीं देना, मतदान केन्द्र तक क्यों जाएगा। अत: निगेटिव वोटिंग का सुझाव भी हमारी स्थिति में बेमायने है।

राजनीतिक दल

राजनीतिक दलों के लिए कानून—राजनीतिक दलों को व्यापक विधान द्वारा संस्थागत रूप देने का समय आ गया है। प्रस्तावित विधान में राजनीतिक दलों की संख्या, गतिविधियों, राष्ट्रीय या राज्य-स्तर के दलों के रूप में उनके पंजीकरण और मान्यकरण, नियमों का पालन न करने पर उनके पंजीकरण और मान्यकरण के बारे में विस्तृत उपबन्ध हो सकते हैं। कानून में राजनीतिक दलों के लिए यह आवश्यक निर्देश होना चाहिए कि वे अपने आय-व्यय का पूरा हिसाब रखें। इस आय-व्यय की नियमित रूप से लेखा-परीक्षा होनी चाहिए। जनता को इस बात की छूट होनी चाहिए कि वह जब चाहे तब इस हिसाब-किताब की जाँच कर सके। राजनीतिक दलों को अपनी आय के स्रोतों तथा अपने आन्तरिक मामलों के स्वच्छ तथा लोकतंत्रात्मक संचालन का भी विवरण प्रस्तुत करना चाहिए। उनके उम्मीदवारों के लिए यह जरूरी होना चाहिए कि वे निर्वाचन के किसी भी स्तर पर और किसी भी पद के लिए खड़े होते समय निर्वाचन अधिकारी के सामने अपनी लेनदारियों तथा देनदारियों की घोषणा करें। विधि में यह भी उल्लेख होना चाहिए कि कोई दल ऐसे उम्मीदवार को चुनाव में नहीं उतारेगा और उसका समर्थन नहीं करेगा जिसे किसी न्यायालय ने फौजदारी के मामले में सिद्धदोष पाया हो या उसके खिलाफ फौजदारी

के आरोप लगाए हों। यदि कोई दल इस नियम का उल्लंघन करे तो सम्बद्ध उम्मीदवार को अनर्ह कर देना चाहिए तथा दल का पंजीकरण तथा मान्यकरण समाप्त कर देना चाहिए। इस सुझाव के कार्यान्वित होने पर राजनीतिक दलों के भीतर अपराधियों के बढ़ते हुए प्रभाव और नियंत्रण पर अंकुश लगेगा।

दलों की संख्या पर नियंत्रण—जब तक राष्ट्रीय और राज्य धरातलों पर राजनीतिक दलों तथा गठबन्धनों की संख्या सीमित नहीं होगी तब तक हमारे विधायक जनता के वास्तविक प्रतिनिधि नहीं कहे जा सकते क्योंकि वर्तमान पद्धति में जिस उम्मीदवार को सबसे अधिक मत मिलते हैं, वही निर्वाचित घोषित कर दिया जाता है। सिर्फ मान्यताप्राप्त राष्ट्रीय राजनीतिक दलों और मतदान-पूर्व गठबन्धनों (जिन्हें डाले गए मतों के कम से कम 5 या 10 प्रतिशत मत मिले हों) को लोकसभा के चुनाव लड़ने के लिए समान चिह्न आवंटित होना चाहिए। राज्य विधानमंडलों और राज्यसभा के चुनावों को लड़ने के लिए राज्य स्तरीय दलों को समान चुनाव-चिह्न आवंटित किए जा सकते हैं। मतदान-पूर्व गठबन्धनों को महत्त्व देने से मतों का समेकन होगा तथा फेडरल दलों तथा गठबन्धनों को बढ़ावा मिलेगा। इससे अपेक्षाकृत स्थिर सरकारों की स्थापना होगी। यह व्यवस्था सभी प्रमुख दलों के हित में होगी। इसलिए इसे संसद के दोनों सदनों में पास कराने में कोई दिक्कत नहीं होगी।

राजनीतिक दलों के आर्थिक स्रोत—राजनीतिक दलों के आर्थिक स्रोतों के बारे में निम्नलिखित सुझाव दिए जा सकते हैं—

1. निर्वाचनों के खर्च में कमी की जानी चाहिए,
2. धन का सदुपयोग होना चाहिए,
3. राजनीतिक भ्रष्टाचार में कमी होनी चाहिए,
4. धन के स्रोतों तथा उपयोग के बारे में सर्वसाधारण को जानकारी मिलती रहनी चाहिए,
5. बड़ी कम्पनियों को ज्यादा चन्दा देने की छूट होनी चाहिए और इसके लिए उन्हें आयकर में छूट मिलनी चाहिए एवं
6. यदि राजनीतिक दल आय-व्यय का गलत विवरण दें, तो उनकी मान्यता समाप्त कर देनी चाहिए।

महिलाओं के लिए स्थान—सरकार को ऐसा कानून बनाना चाहिए जिसके अनुसार विभिन्न राजनीतिक दल अपने संगठन ने विभिन्न स्तरों पर महिलाओं को 50 प्रतिशत पद प्रदान करें। उन्हें साधारण निर्वाचनों में संसद तथा विधानमंडलों के लिए टिकटों का आवंटन करते समय 50 प्रतिशत टिकट महिलाओं को देने चाहिए। यदि राजनीतिक दल ऐसा न करें तो उनकी मान्यता समाप्त की जा सकती है।

दलों के कार्यकर्ताओं का प्रशिक्षण—भारत के राजनीतिक दलों के लिए यह आवश्यक है कि वे अपने कार्यकर्ताओं को राजनीतिक प्रबन्धन की आधुनिक तकनीकों, साधनों, उपायों तथा नेतृत्व कला का प्रशिक्षण दें। संविधान के कार्यकरण की समीक्षा के लिए राष्ट्रीय आयोग ने संस्तुति की थी कि राष्ट्र की प्रमुख समस्याओं के अध्ययन और अनुसन्धान का प्रबन्ध होना चाहिए जिससे राजनीतिक कार्यकर्ता शासन की जिम्मेदारियों के लिए तैयार हो सकें।

सारांश

राजनीतिक दलों और निर्वाचन-तंत्र में सुधार करने के लिए निम्नलिखित प्रश्नों की ओर तत्काल ध्यान देने की आवश्यकता है—

1. निर्वाचन-व्यय, धन की भूमिका, बाहुबल तथा माफिया-शक्ति में कमी की जाए।
2. राजनीति के अपराधीकरण का अन्त किया जाए।
3. निर्वाचन पद्धति में ऐसा सुधार किया जाए जिससे निर्वाचित प्रतिनिधियों को डाले गए मतों का बहुमत मिले तथा वे निर्वाचकों के सच्चे प्रतिनिधि सिद्ध हों।
4. कानूनों और नियमों में इस आशय के संशोधन किए जाने चाहिए जिससे निर्वाचक-नामावलियों में कोई गलती न रहे, सभी मतदाताओं (वयस्क नागरिकों) के लिए बहुप्रयोजनीय पहचान-पत्र बनें।
5. दल-परिवर्तन को पूरी तरह से गैर-कानूनी घोषित किया जाए।
6. निर्वाचनों में शासन-तंत्र का दुरुपयोग न हो।

निर्वाचनों के क्षेत्र में उपर्युक्त सुधार तो आवश्यक हैं ही, इनके अलावा निम्नलिखित सुधार और उपयोगी हो सकते हैं—

(क) राजनीतिक दलों का कानून द्वारा विनियमन होना चाहिए।

(ख) दल के आय-व्यय की लेखा-परीक्षा होनी चाहिए।

(ग) कुछ समय बाद निर्वाचनों का सारा व्यय राज्य उठाए किन्तु दलों या उम्मीदवारों को कोई नकद राशि न दी जाए।

(घ) आयकर विभाग को सभी राजनीतिज्ञों की आर्थिक स्थिति की पड़ताल करनी चाहिए।

(ङ) सभी संसद सदस्यों तथा उम्मीदवारों को अपनी आय और सम्पत्ति की हर वर्ष घोषणा करनी चाहिए।

(च) राजनीतिक दलों की संख्या पर रोक लगनी चाहिए।

(छ) सबसे ज्यादा महत्त्वपूर्ण बात यह है कि मतदाताओं को उनकी नागरिक जिम्मेदारियों से परिचित कराया जाए।